Torsten Geiling

Ich will mich trennen

TORSTEN GEILING

Ich will mich trennen

Klarheit gewinnen, Verantwortung übernehmen, Konflikte bewältigen: der mutige Weg aus unerfüllten Beziehungen

GOLDEGG

Umschlaggestaltung: Kathrin Steigerwald, Hamburg
Umschlag Bildrechte: AdobeStock/janvier
Rechte Autorenfoto: Anke Scheifling
Bildrechte Seile: Herz: istockphoto/gemenacom; Grasknoten: istockphoto/VvoeVale; Achterknoten: istockphoto/kristo74

Der Verlag und seine Autor:innen sind für Reaktionen, Hinweise oder Meinungen dankbar. Bitte wenden Sie sich diesbezüglich an verlag@goldegg-verlag.com.

Der Goldegg Verlag achtet bei seinen Büchern und Magazinen auf nachhaltiges Produzieren. Goldegg-Bücher sind umweltfreundlich produziert und orientieren sich in Materialien, Herstellungsorten, Arbeitsbedingungen und Produktionsformen an den Bedürfnissen von Gesellschaft und Umwelt.

ISBN: 978-3-99060-376-5

Unter den Linden 21 • D-10117 Berlin
Telefon: +49 800 505 43 76-0

Goldegg Verlag GmbH, Österreich
Mommsengasse 4/2 • A-1040 Wien
Telefon: +43 1 505 43 76-0

E-Mail: office@goldegg-verlag.com
www.goldegg-verlag.com

Layout, Satz und Herstellung: Goldegg Verlag GmbH, Wien
Printed in the EU

Für Lisa
Weil du bist, was du bist.

Inhaltsverzeichnis

Vorwort

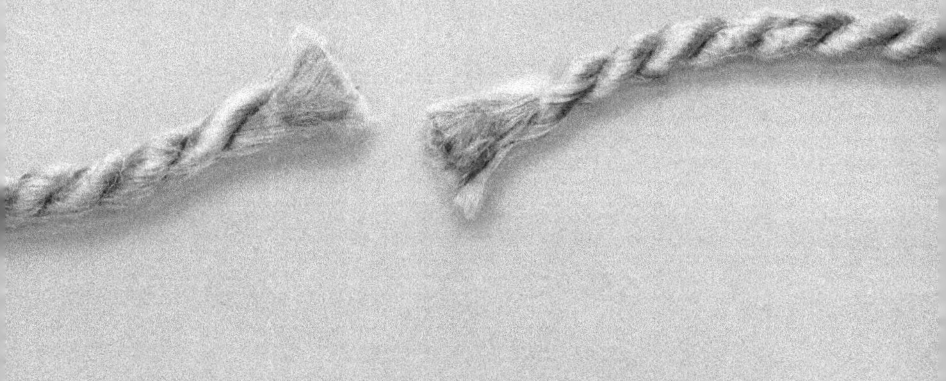

Es ist jetzt einige Jahre her, dass ich selbst in einer Krise steckte. In meiner damaligen Ehe lief es nicht besonders. Tiefs gibt es überall, redete ich mir ein. Aber bald waren sie so zahlreich, dass ich die Hochs kaum mehr wahrnahm. Ich rang mit mir selbst, ob ich nicht besser gehen sollte. Aber ich hatte so viel in diese Beziehung investiert. Dazu die Kinder. Das konnte ich doch nicht einfach so aufgeben.

Tat ich auch nicht. Aber irgendwann hatte ich genug Anläufe unternommen. Ich hatte gelitten und gekämpft, vielleicht auch versagt. Ich konnte nicht mehr, wollte nicht mehr – und trennte mich, gequält von Angst, Wut und Schuldgefühlen.

Ich fühlte mich damals unheimlich allein. Einsam und verzweifelt. Inzwischen weiß ich, dass es nicht nur mir so ging. Ich habe mich an der Universität Augsburg zum Systemischen Coach und zum Beziehungsberater ausbilden lassen, um mich und meine damalige Situation besser zu verstehen. Und um andere Menschen bei ihren Tiefs und in ihrer Orientierungslosigkeit zu unterstützen.

Mittlerweile habe ich Hunderte Menschen begleiten dürfen, vor, mitten in und nach ihrer Trennung, habe mit ihnen gelacht und geweint, habe Anteil genommen und von anderen Menschen in ähnlicher Situation erzählt, habe sie bestärkt und zum Nachdenken gebracht.

Die Mehrzahl hat sich vom Partner getrennt. Die anderen haben einen neuen Anlauf in ihrer Ehe genommen, allein oder mit professioneller Unterstützung, vielleicht auch nur eine Ehrenrunde gedreht, bis auch sie sich eingestanden haben, dass sie ihren Weg allein fortsetzen wollen.

Alle haben sich aber neu entdeckt. Als Menschen mit eigenem Kopf, mit Selbstwert und Gefühlen. Und in dem Bewusstsein: Wir selbst sind es, die den Schlüssel zu unserem Leben in der Hand halten. Selbsterkenntnis kann zwar keine Berge versetzen, aber dabei helfen, unseren eigenen Weg zu finden. Womöglich gehen wir ihn zunächst allein, vielleicht landen wir auch erneut in einer Sackgasse. Es gibt aber immer eine Route um das nächste Hindernis herum, wenn wir in Bewegung bleiben und selbst unser Ziel im Blick behalten.

Hilfe zur Selbsthilfe – auch bei mir hat das funktioniert: Ich habe nicht nur beruflich, sondern auch privat mein Lebensglück neu gefunden.

Torsten Geiling
im November 2023

Einleitung

Im Leben geht es ums Aufbrechen und Loslassen, um Anstiege und Abstiege, um Durststrecken und das erhebende Gefühl, ein Ziel zu erreichen – und manchmal landen wir auch in einer Sackgasse oder an einer Klippe und fragen uns: Wie soll es weitergehen? Deshalb vergleiche ich meine Aufgabe als Coach oft mit der eines Bergführers.

Ein Bergführer hat nicht auf alles am Berg eine Antwort. Er hat aber eine fundierte Ausbildung genossen und selbst einige Erfahrungen in den Bergen gesammelt. Er weiß, wo Steinschläge oder Lawinen drohen, wann man Steigeisen anlegt und wie man sich absichern muss, um nicht abzustürzen oder in eine Gletscherspalte zu fallen. Der Bergführer achtet auf die richtige Ausrüstung, hat das Wetter im Blick und plant die Route zum Gipfel. Das Ziel der Tour bestimmt aber der Wanderer oder Bergsteiger. Er entscheidet, was er sich zumuten möchte. Denn gehen und sein Gepäck tragen, das muss jeder selbst.

Wenn Menschen vor den Scherben ihrer Beziehung stehen, wiegt das Gepäck oft schwer. Sie wissen häufig nicht weiter, kämpfen mit Zweifeln und Schuldgefühlen, sehen sich mit vielen Vorwürfen konfrontiert und fragen sich, ob eine Trennung der richtige Weg ist. Einige buchen dann bei mir ein Coaching, in der Hoffnung, ich sage ihnen, ob sie gehen oder bleiben sollen, wohin sie gehen sollen und mit wem. Dann muss ich sie enttäuschen.

Ich kann nicht die Probleme eines anderen Menschen lösen. Das macht sie gewöhnlich nur noch schlimmer. Ich kann ihn aber unterstützen, die Lösung zu seinem Problem selbst zu finden. Denn er weiß am besten, wo der Schuh drückt.

Mein Selbstverständnis ist die Hilfe zur Selbsthilfe. Im Coaching treffen zwei Experten auf Augenhöhe aufeinander. Ich bin der Experte für den Coaching-Prozess, der das entsprechende Werkzeug bei der Hand hat, um Impulse zu setzen, Grenzen zu erweitern und für die Problemlösung Ressourcen zu finden. Der Klient hingegen ist der Experte für sein Leben, der dafür die Verantwortung trägt, Konflikte aushalten muss und Entscheidungen trifft.

Ich erkläre den Klientinnen und Klienten nicht ihre Welt, sondern helfe ihnen, diese Welt und damit sich selbst besser zu verstehen. Ich begleite sie ein Stück ihres Weges, gerade bei schmerzhaften oder zu schnellen Veränderungen, und ermutige sie, bis sie klarer sehen, wohin ihre Reise geht. Indem sie sich etwa in die Rolle eines Beobachters ihres eigenen Lebens begeben. Das hilft dabei, Fragen zu stellen, die auch zu Antworten führen. Andere Perspektiven und Positionen erlauben eine andere Einschätzung der Situation. Oder wie es Antoine de Saint-Exupéry formulierte: »Um klar zu sehen, genügt oft ein Wechsel der Blickrichtung.«

Der Vergleich zwischen einer Landkarte und einem Navigationssystem, wie wir es heute alle im Auto und im Handy haben, trifft es eigentlich recht gut: Ein Navi ist im Alltag ausgesprochen nützlich. Wir geben eine Adresse ein und die Stimme dirigiert uns sicher ans Ziel. Dabei haben wir aber immer nur die nächste Abzweigung im Blick. Was danach kommt oder davor war, das interessiert uns nicht.

Dabei geht etwas Wesentliches verloren: die Vogelperspektive, aus der wir in Zeiten von Landkarten und Autoatlanten zwangsläufig auf den Weg blickten. Wir wussten zwar nicht ständig, wo genau wir uns befanden. Wenn wir uns über die Karten beugten, hatten wir jedoch den Überblick, wir konnten uns orientieren und kannten zudem die Richtung, in der das Ziel lag.

Weil alles vergänglich ist, können Ziele sich je nach Lebenssituation ändern. Deshalb müssen wir unsere Landkarten anpassen und vielleicht auch Wege neu gestalten, was nicht heißt, dass alles Bisherige schlecht war oder wir alles über Bord werfen müssen. Das ist nicht einfach. Viele Menschen klammern sich aus diesem Grund an ihre alten Wegmarken, stecken fest und haben Angst vor dem Neubeginn. Oder sie hoffen, dass sich der Partner ändert, damit bei ihnen alles beim Alten bleiben darf.

Eine Journalistin fragte mich in einem Interview, ob man bei mir das Schlussmachen lernt. Meine Antwort: »Ja, wenn die Klientin oder der Klient das möchte.« Hat sich jemand für eine Trennung entschieden, liegt es nicht an mir, ihn oder sie vom Gegenteil zu überzeugen, genauso wenig, wie ich meinem Gegenüber eine Trennung einrede, wenn derjenige noch eine Chance in seiner Beziehung sieht.

Allein den Weg durchs Leben zu finden, ist schon schwierig genug. Zu zweit wird das zu einer besonderen Herausforderung. Die wenigsten Paare schaffen es, ihr ganzes gemeinsames Leben im Gleichschritt zu gehen. Das ist auch nicht schlimm. Es kommt nur darauf an, in Sichtweite zu bleiben und sich einander immer wieder anzunähern.

Schwierig wird es dann, wenn wir uns bzw. die Richtung aus den Augen verlieren. Denn dann können wir nicht mehr sicher sein, ob unsere Ziele und damit unsere Wege, diese zu erreichen, überhaupt noch dieselben sind.

Wenn der Abstand größer wird, fällt die Kommunikation schwerer. Wenn wir auf unterschiedlichen Flughöhen oder Routen unterwegs sind, reden wir aneinander vorbei und begegnen uns irgendwann gar nicht mehr. Das Ende der Beziehung ist damit oft vorprogrammiert.

Dieser Ratgeber oder Tourenplaner kann eine Hilfe sein, damit es gar nicht so weit kommt. Er enthält Ausrüstungs-Checklisten und Hinweise zum richtigen Verhalten nach Wetterstürzen oder in Notfällen in unserem Leben. Vor allem soll er aber Orientierung bieten vor, während oder nach einer Trennung.

In Filmen, Romanen und Liedern geht es fast immer um die Verlassenen. Ihnen schlagen Sympathie und Mitgefühl entgegen. Freunde und Familienangehörige nehmen Anteil an ihrem Leid. Und daran ist auch nichts verkehrt. Eine Trennung ist oftmals ein traumatisches Erlebnis – allerdings nicht nur für den, der übrig bleibt.

Aus eigener Erfahrung und auch aus den vielen, vielen Beratungsgesprächen weiß ich, den meisten Menschen, die sich trennen, geht es ebenso. Nur stehen sie oftmals allein da. Sie gelten als selbstsüchtig, böse und scheinen jedes Recht auf Verständnis verwirkt zu haben. Dabei geht kein Mensch einfach so. Viele haben lange Zeit gelitten und um ihre Partnerschaft gekämpft. Vielleicht haben sie sich einsam gefühlt, unbeachtet, eingezwängt.

Dieses Buch soll Mut machen, uns ein Herz zu nehmen und den Absprung zu finden, wenn das der richtige Weg ist. Vor allem aber soll es helfen, das Gedanken-Chaos zu sortieren. Die Auflösung einer Paarbeziehung ist ein schmerzhafter und unübersichtlicher Prozess, zumal wir die Dinge nicht so sehen, wie sie sind, sondern wie wir sind.

Viele Aufbrechende sind häufig emotional überwältigt und mühen sich lange damit ab, eine Entscheidung zu treffen. Dabei tun sie das einzig Richtige, nämlich Verantwortung für sich und ihr Leben zu übernehmen. Und, das betone ich ausdrücklich: Wer leidet, darf gehen.

Die Frage ist nur: Wohin? Um das zu wissen, empfehle ich meinen Klientinnen und Klienten, sich als Erstes mit sich und ihrem bisherigen Leben auseinanderzusetzen. Denn wenn sie wissen, wer sie sind und woher sie kommen, bekommen sie eine Ahnung davon, wo sie gerade auf der großen Karte des Lebens stehen und warum.

Diese Erkenntnis ist ein Schlüssel dazu, nicht im Kreis zu gehen und in der nächsten Beziehung wieder am selben Punkt zu landen. Hierfür ist es notwendig, sich mit seinen Gefühlen auseinanderzusetzen und sich auf sie einzulassen.

Dann können Angst, Wut, Freude, Trauer oder Schmerz auch in Krisen unsere Wegweiser und Helfer sein.

Kehren wir zur Metapher der Bergtour zurück: Bevor wir losgehen, orientieren wir uns auf der Landkarte, wo wir sind und wohin wir wollen. Wenn wir das wissen, kann sich gerne jemand unserem Weg anschließen, der in dieselbe Richtung will und vielleicht sogar dasselbe Ziel hat. Und zwar am besten in dieser Reihenfolge, damit wir uns nicht von dem Menschen abhängig machen, der gerade an unserer Seite ist. Denn Ziele wie Partner können sich ändern.

Ich habe mich bei meinem Buch am chronologischen Ablauf einer Trennung orientiert. Du kannst es deshalb von vorne nach hinten lesen und dich mit den Themen beschäftigen, die sich dir zum jeweiligen Zeitpunkt vor, während und nach einer Trennung stellen.

Genauso ist es aber möglich, direkt in einzelne Kapitel zu springen, um sich themenspezifisch Antworten auf Fragen zu holen: Wie bewältige ich Schuldgefühle und die Trennungsangst? Wie teile ich meinem Partner die Trennungsentscheidung mit? Wie begegne ich meinen Kindern? Und wie starte ich in ein neues selbstbestimmtes Leben?

Im ersten Teil des Buches geht es um die Zeit vor einer Trennung. Gehen oder bleiben? Diese Frage haben die meisten längst für sich beantwortet. Und trotzdem schaffen sie es nicht, sich zu trennen. Woran das liegt, warum unser Bindungsstil und unsere Eltern eine große Rolle spielen können, wie wir unserer Trennungsangst begegnen und weshalb wir einen Termin beim Anwalt machen sollten, darum geht es in den ersten Kapiteln. Abschließend stellen wir uns die Frage, ob eine Paartherapie eine letzte Option sein kann, der Beziehung noch eine Chance zu geben.

Im Mittelteil beschäftigen wir uns mit der Trennung. Wie spreche ich sie aus? Wie begegne ich meinem Ex-Partner, meinen Kindern? Wie Familie und Freunden?

Gerade nach der Trennung werden viele von Schuldgefühlen geplagt. Wie verarbeiten wir diese? Warum trägt Trauern zu einem gelungenen Neuanfang bei? Auf was sollten wir achten, wenn wir in eine neue Liebe starten? Darum geht es im dritten und letzten Teil des Buches. Dieser Teil wird abgeschlossen durch Tipps und Übungen gegen Stress und Erschöpfung, wie wir sie in einer solchen Ausnahmesituation brauchen können.

In meinen Coachings arbeite ich sowohl mit Klientinnen als auch mit Klienten gerne zusammen. Der Anteil ist sogar fast hälftig. Aus Gründen der Verständlichkeit und des Leseflusses verwende ich im Buch manchmal die männliche und manchmal die weibliche Form. Wo es Sinn macht, nutze ich ab und zu auch die Doppelnennung.

Dieses Buch soll dir vor allem zeigen, dass du nicht allein mit deinen Sorgen bist. Das ist einer der wichtigsten Punkte, die ich aus meiner Arbeit in den letzten Jahren gelernt habe.

Rat und Hilfe sind vielen Menschen wichtig, die sich an mich wenden. Noch wichtiger ist ihnen aber das Gefühl, vorurteilsfrei angehört und verstanden zu werden. In Krisen scheint es uns manchmal, als wären wir Inseln ohne Verbindung zu anderen. Einsam, unnormal, den Gezeiten ausgesetzt.

»Wahrscheinlich bin ich der einzige Depp, der das nicht hinbekommt«, schluchzte vor Kurzem eine Klientin. »Das sind Sie nicht«, antwortete ich ihr, nicht nur um sie zu trösten. »Wenn dem so wäre, sollte ich mir einen anderen Beruf suchen.« Daraufhin musste sie schmunzeln und das Eis war gebrochen.

Tatsächlich habe ich noch keinen Menschen getroffen, der in einem tiefergehenden Gespräch keine Probleme in der Liebe und in seiner Partnerschaft erkennen lässt. »Du bist nicht allein in deiner Situation. Das mag im Augenblick nicht helfen, aber vielleicht tröstet es dich.« Wenn meine Klientinnen und Klienten möchten, baue ich gerne Brücken zu anderen Inseln und erzähle ihnen eine Geschichte oder noch lieber von anderen Menschen, denen es ähnlich geht oder ging. Und das will ich auch in diesem Buch tun, beispielhaft von Menschen erzählen, denen ich über die Jahre begegnet bin.

Da ohne Vertrauensverhältnis meine Arbeit nicht möglich ist, habe ich mir das Einverständnis von diesen Menschen geholt, ihre Geschichte zu erzählen. Und um die Anonymität zu wahren, Details so weit verändert, dass diese Menschen nicht mehr zu erkennen sind, ohne den Sachverhalt zu berühren.

Wie bei Konstantin, der eigentlich anders heißt. Ihn durfte ich mehr als ein halbes Jahr begleiten. Konstantin ist 54 Jahre alt, 23 Jahre verheiratet und hat zwei Kinder. »Ich wusste schon seit drei Jahren: Ich muss aus dieser toxischen Beziehung raus. Ich habe mich aber nicht getraut. Die Kinder, das Haus, unser Leben in der Kleinstadt. Ich fühlte mich schuldig und wusste nicht mehr ein noch aus. Erst durch die Coaching-Gespräche habe ich es geschafft, meine Gedanken zu sortieren. Ich habe mir einen Plan erarbeitet und diesen dann auch umgesetzt. Inzwischen bin ich von meiner Frau getrennt. Das war kein einfacher Schritt. Aber der einzig richtige. Auch mir tut die Trennung weh, obwohl ich gegangen bin. Durch das Coaching habe ich gelernt, dass ich so fühlen darf. Das hat mir sehr geholfen.«

Ich wünsche dir, dass auch du den Mut findest, zu gehen oder zumindest zu dir zu finden. Man bekommt nicht immer den Schlussstrich, den man verdient – manchmal muss man ihn selbst ziehen. Es geht um dich, dein Leben und deine Entscheidung. Fühle in dich hinein. Dort findest du die Antworten, die du in den nächsten Tagen, Wochen oder Monaten brauchst.

Hab den Mut, auf dich selbst und dein Herz zu hören und nicht auf den Partner oder die Partnerin, die Kinder, die Freunde oder wen auch sonst. Finde den Mut, dich deinen Ängsten, Zweifeln und Gewissensbissen zu stellen. Damit du am Ende deiner Bergtour den angestrebten Gipfel oder ein anderes, neues Ziel erreichst. Ich hoffe, dieses Buch trägt dazu bei.

Das Leben ist zu kurz für irgendwann – jetzt ist der richtige Zeitpunkt.

Vor der Trennung

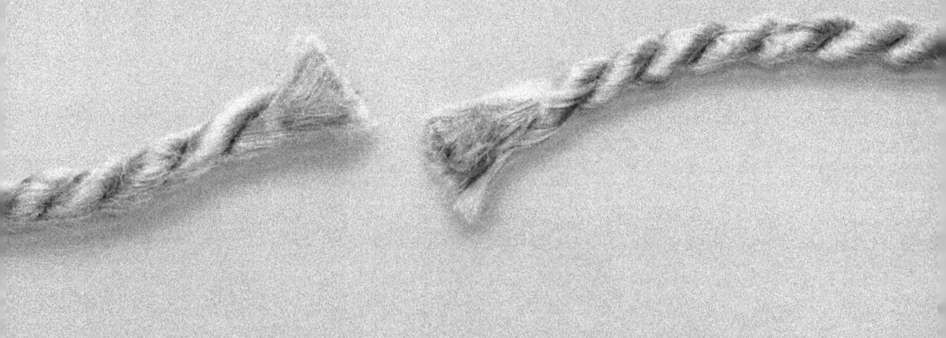

Es ist aus

»Liebe ist gesund. Leidenschaftliches Küssen kann den Blutdruck senken und die Cholesterinwerte verbessern«, zitiert die Zeitung »Welt« eine Studie der Wiener Universitätsklinik. Menschen in stabilen Partnerschaften werden seltener krank und schneller wieder gesund. Händchenhalten stärkt das Herz-Kreislauf-System und Sex entspannt nicht nur, er schützt uns auch vor Infekten.

Kein Wunder, dass es uns alle nach Bindung drängt. Aber Vorsicht! Der Effekt kehrt sich um, wenn in einer Partnerschaft Stress, Streit und ein fehlendes Wir-Gefühl dominieren. So eine Beziehung macht krank – an Seele und Körper! Je konfliktreicher die Beziehung ist, desto höher ist das Herzinfarktrisiko. Die Infektanfälligkeit steigt, Migräne, Burnout und Depressionen drohen. Der physische und psychische Stress kann zu Gewalt führen und auch zu Suizid und Mord.

Trotz dieser unheilvollen Diagnosen fehlt vielen Paaren die Kraft, sich zu trennen, wenn aus Liebe vielleicht nicht gleich Hass wird, aber doch zumindest Gleichgültigkeit. Irgendwie geht es nicht mehr mit ihr/ihm, aber auch nicht ohne sie/ihn. Wir bleiben aus Bequemlichkeit, Angst oder Schuldgefühlen, weil es gemeinsame Kinder gibt oder eine Scheidung die (Schwieger-)Mutter ins Grab bringen würde. Auch Abhängigkeiten, Gewohnheiten und die Konventionen der »Man«-Gesellschaft verbauen uns den Weg.

Jahrelang schaffen wir es nicht, uns voneinander zu lösen. Schließlich war der Partner einmal die große Liebe, die es vermocht hatte, Gefühle zu wecken, die wir vorher nicht kannten. Vielleicht gelingt es diesem Menschen immer noch, aber nun auf der anderen, der dunklen Seite des Gefühlsspektrums.

Wir wollen das Ende, und das, obwohl der Partner sagt, er liebt uns immer noch. Trotzdem fühlen wir uns weggetrieben, abgestoßen und sehnen uns nach etwas anderem. Oftmals wissen wir nicht, was dieses andere ist. Aber in dieser Beziehung zu verharren, in der wir uns gefangen und erschöpft fühlen, ist nicht die Lösung.

Man beschließt, den Partner zu verlassen, und sucht das Gespräch. Der aber weint, verweist auf alles, was man zusammen aufgebaut hat (Haus, Kinder, Leben) und bittet uns mit verzweifeltem Blick zu bleiben.

Was sollen wir tun? Hat unser Partner das verdient? Auch er ist unglücklich und wirft trotzdem nicht alles hin. Nur wir sind so undankbar. Geht es uns nicht gut? Haben wir nicht alles, was wir brauchen? Können wir diesen Menschen nicht einfach wieder lieben lernen? Werden wir nicht lange suchen müssen, um einen ähnlichen Menschen zu finden, der so gut zu uns passt, einen, der uns so gut kennt und wir ihn?

Alles wogt in uns hin und her. Die Wellen des Zweifels brechen über uns zusammen. Es gibt viele gute Gründe zu bleiben – und auch zu gehen. Weil wir Verantwortung spüren, Treue und Vertrautheit. Weil wir aber auch nach Leben lechzen, nach neuen Gefühlen und Wachstum. All das finden wir in dieser Beziehung nicht mehr.

Was sollen wir tun? Warten, dass unser Partner noch einmal aufbricht und sich erneuert? Dass er sein Leben neu in die Hand nimmt, seinen eigenen Weg geht und dadurch wieder interessant für uns wird? Hoffen, dass wir die Liebe in unserer Beziehung wiederentdecken? Oder ist es dafür zu spät, weil der emotionale Druck und die Stagnation der letzten Jahre uns die Hoffnung genommen haben? Uns Gefühle wie Scham, Trauer und Wut den Weg zurück verbauen?

Man sucht nach einem Ausweg, nach Sicherheit, nach Abenteuer und Leidenschaft, und findet die verschwundenen Gefühle vielleicht im Außen wieder. Gerade wir Männer benötigen häufig ein Sprungbrett, das uns beim Absprung hilft. Eine neue Liebe oder zumindest eine kurze Affäre. Das ist jedenfalls meine Erfahrung aus vielen Begegnungen und den Jahren als Coach. »Ohne meine Freundin würde ich die Trennung von meiner Frau nicht hinbekommen«, sagen dann die Klienten. »Ich brauche ein Ziel, eine Vorstellung, wie mein Leben weitergeht.«

Diese Vorstellung ist jedoch ein Drahtseilakt. Absturz nicht ausgeschlossen. Denn was geschieht, wenn nach der Trennung von der Ehefrau ein paar Wochen oder Monate später die Freundin die Beziehung beendet, weil sie sich alles anders vorgestellt hat? Geht der Mann dann zurück zu seiner Frau? Ist sie dann der Trostpreis, weil das neue Leben im Sand verlaufen ist? Gleich mehrere meiner Klienten haben diese Fragen ehrlich mit »Ja« beantwortet, »das wäre dann wahrscheinlich so«.

Merke: Jeder bestimmt selbst über sein Leben. Das respektiere ich. Wenn mich aber jemand nach meiner Meinung fragt, finde ich persönlich es nicht hilfreich, zwischen zwei Frauen zu stehen, wenn man den eigenen Weg gerade sucht. Zumal aus einer Baustelle mit der Ehefrau leicht eine zweite mit der Freundin werden kann. Und schon eine Baustelle ist mehr als fordernd.

Wenn es sich aber so ergibt, ist das so. Dann müssen wir mit der normativen Kraft des Faktischen umgehen lernen. Wir sollten dennoch versuchen, die Baustelle mit der Ehepartnerin zuerst und unabhängig von der anderen zu lösen.

Auch Frauen haben Affären oder verlieben sich neu, aber nutzen diese seltener als Sprungbrett. Das ist zumindest meine Erfahrung. Vielleicht brauchen sie deshalb im Vergleich auch länger, bis sie ihre Beziehung infrage stellen. Haben sie allerdings eine Entscheidung getroffen, dann ziehen sie meist die Trennung schneller und zielgerichteter durch. Das heißt aber nicht, dass sie nicht genauso darunter leiden.

Im Zenbuddhismus sagt man: Wir leiden, wenn das, was ist, mit dem, was wir uns vorstellen und wünschen, nicht übereinstimmt. Wer leidet, darf und sollte gehen.

Andrea hat gelitten. An Körper und Geist. Gegangen ist sie über Monate trotzdem nicht. Weil sie es nicht konnte, oder besser gesagt, weil sie es sich nicht zugestand, gehen zu dürfen. Schließlich war sie es, wie sie mir im Erstgespräch sagte, die das Unglück in die Beziehung gebracht hat. »Er liebt mich – und was mache ich, ich weiß das nicht zu schätzen, gehe fremd und verletze einen so wunderbaren Menschen. Ich bin schuld.«

Das kann man so sehen, man muss es aber nicht. Es gibt immer zwei Seiten. Wäre Andrea in ihrer Partnerschaft zufrieden gewesen, wäre es wahrscheinlich nicht zum Seitensprung gekommen. Die Verantwortung dafür trägt natürlich sie. Dass sie in ihrer Beziehung nicht glücklich war, dafür sind meistens aber beide Partner verantwortlich. Denn eine Beziehung ent- und besteht nun einmal zwischen zwei Menschen.

Ich zitiere hier gerne Fritz Perls, der in seinem Buch »Gestalt-Therapie in Aktion« schreibt: »Ich mache mein Ding und du machst dein Ding. Ich bin nicht auf dieser Welt, um deinen Erwartungen zu entsprechen, und du bist nicht auf dieser Welt, um meine Erwartungen zu erfüllen. Du bist du und ich bin ich, und wenn wir uns zufällig begegnen, ist das wunderbar. Wenn nicht, ist das nicht zu ändern.«

Andrea fiel es nicht leicht, diese Erkenntnis anzunehmen. Sie fand sich selbstsüchtig und sprach sich jedes Recht ab, sich über Jahre unbeachtet und eingezwängt gefühlt zu haben. In unseren Gesprächen erinnerte sie sich oft an die Zeit, als aus der jungen wilden Frau und dem sportlichen jungen Mann ein Paar geworden war. »Wir haben anfangs alles zusammen gemacht und uns immer gut verstanden, obwohl wir so unterschiedlich waren.«

Wie bei vielen hatte alles so wundervoll begonnen. Sie

lernten sich kennen und lieben. Erst kam der Antrag, dann glückstrunken die Heirat und die Kinder. Irgendwann machten die anfängliche Begeisterung und der geheimnisvolle Charakter des oder der anderen Enttäuschungen, Streit und Langeweile Platz. Man könnte auch sagen, dem Alltag.

Eines Morgens wachten sie auf und verstanden nicht, wie sie zu diesem seltsamen Menschen hatten Ja sagen können. Viele Partner versuchen trotzdem erst einmal den anderen anzunehmen, auch wenn sie damit hadern, was er tut, äußert oder denkt.

Manche ziehen an diesem Punkt aber schon den Schlussstrich, andere halten verkrampft an der Beziehung fest, was vielleicht zeigt, wie einsam sie sich davor gefühlt hatten. Manche tun sich schwer mit der Trennung, wegen der Kinder, der Familie oder wegen des gemeinsamen Besitzes, andere fühlen sich vom Partner nicht nur materiell abhängig, sondern auch psychisch und physisch.

Diesen Menschen beschreibe ich mein Ideal von einer Partnerschaft als das zweier in sich selbst ruhender Menschen, die einen Teil ihres Lebensweges gemeinsam gehen, ohne sich selbst zu verleugnen oder aufzugeben. Zumeist entsteht ein *Wir*. Das bedeutet aber auch weiterhin: *Ich* bin ich, und *du* bist du. Wir brauchen nicht seine/ihre Erlaubnis, um zu sein, wer wir sind. Darum geht es und darüber muss man reden. Immer wieder. Der argentinische Gestalttherapeut Jorge Bucay predigt einen gesunden Egoismus, dem ich beipflichte. In seinem Werk »Drei Fragen: Wer bin ich? Wohin gehe ich? Und mit wem?« schreibt er: »Ich baue von ganzem Herzen auf uns. Aber wenn du mich zwingst, zwischen dir und mir zu wählen, dann entscheide ich mich für mich.«

Ich muss der Mittelpunkt meines Lebens sein. Ich finde ein solches Verhalten erstrebenswert und völlig normal. Oder wie es im Talmud geschrieben steht, einer der bedeutendsten Schriften des Judentums: »Wenn ich nicht an mich denke, wer tut es denn sonst?«

Ich kann nur das geben, was ich selbst besitze. Also, nur wenn ich mich selbst liebe, kann ich Liebenswertes in anderen erkennen und Liebe für sie empfinden.

Paare, die dies schaffen, haben beste Chancen, den Weg lange gemeinsam fortzusetzen, auch wenn sie sich mal aus den Augen verlieren und der eine mal schneller oder langsamer unterwegs ist. Es gibt aber auch ganz viele, die sich wieder verlieren. Zumal Zeiträume relativ sind. Der Satz »Bis dass der Tod uns scheidet« stammt aus einer Zeit, als wir kaum älter als vierzig Jahre wurden. Das sollten wir uns öfter bewusst machen.

Das Leben – und damit auch eine Beziehung – ist nicht statisch. Dort wo etwas zusammengewachsen ist, kann es sich auch wieder trennen. Vielleicht wurden wir über die Jahre zu jemand, der oder die wir nicht sind, der oder die vielleicht an einem Ort wohnt, an dem wir nicht sein wollen, oder der oder die etwas tut, was uns keinen Spaß macht. Das ist normal – und bedeutet nicht zwangsläufig die Trennung. Manchmal aber schon.

Es ist aus. Der Moment, in dem wir diesen Satz formulieren, ist hart, nicht nur für den, der verlassen wird. Sondern auch für uns, weil wir ebenfalls geglaubt haben, unsere Paarbeziehung hielte alles aus und liefe immer weiter. Deshalb haben wir geschwiegen und alles geschluckt, geschluckt, geschluckt, haben funktioniert und vieles mit uns ausgemacht, weil die Beziehungsebene verloren gegangen ist und wir nicht mehr miteinander reden, sondern nur noch miteinander streiten konnten.

Erst ist die Trennung nur ein Gedanke, dann wird es ein Gefühl, das sich noch nicht greifen lässt. Spätestens aber, wenn die Hoffnung verloren geht, ist es Zeit, die Verantwortung für uns selbst zu übernehmen. Die Entscheidung, wie unser Leben weitergeht, kann und sollte uns niemand abnehmen.

Einige Wochen, nachdem sich Andrea von ihrem Mann

getrennt hatte, schrieb sie mir: »Durch das Coaching, aber auch durch die Gespräche mit meinem Mann ist mir vieles klar geworden: Ich trage nicht die Verantwortung für sein Leben oder unseres, ich bin nur verantwortlich für meins und das meines Sohnes. Ich habe in den letzten Jahren vieles versucht, und es hat trotzdem nicht gereicht. Fehler haben wir dabei beide gemacht. Wenn ich bleiben würde, würde ich weiter leiden und nicht glücklich sein. Und ich würde es irgendwann bereuen. Habe ja auch nicht mehr alle Zeit der Welt ... Trotzdem wäre es mir am liebsten gewesen, es wäre nie so weit gekommen und ich hätte diese Entscheidung nicht treffen müssen.«

Fast jeder Mensch gerät im Laufe seines Lebens in solche Situationen, in denen es ihm schwerfällt, sich zu entscheiden. Wir können heute so viel bestimmen wie nie zuvor. Das wirkt wie die große Freiheit. Für viele von uns ist sie das aber nicht. Entscheidungen machen Arbeit und bringen Unsicherheit mit sich. Wir fühlen uns unter Druck gesetzt. Welcher Weg ist nur der richtige? Das Herz klopft, die Gedanken fahren Karussell, plötzlich steigt Panik auf: »Argh! Was soll ich tun?! Ich kann mich nicht entscheiden!«, bricht es aus uns heraus.

»Sie sind doch Trennungsexperte: Können Sie mir nicht sagen, was ich tun soll?«, hatte mich auch Andrea gefragt. Tatsächlich ist das die häufigste Frage, die mir Menschen auf meinen Beruf bezogen stellen. Und natürlich könnte ich das, ihnen sagen, welche Entscheidung *ich* treffen würde, aus *meiner* Perspektive, mit *meiner* Lebenserfahrung, mit *meinen* Wünschen und *meinem* Wollen. Und manchmal tue ich das sogar, wenn ich darum gebeten werde. Aber was bringt mein Ratschlag tatsächlich? Nicht viel. Ich bin nicht die anderen. Es geht um ihr Leben und nicht um meines.

Trotzdem kommt die Frage immer wieder: Was soll ich tun? Entscheidungen machen uns Angst. Sie könnten falsch und endgültig sein. Deshalb drücken sich viele davor und hoffen, andere Menschen in ihrem Leben treffen die Entscheidung für sie. »Die Verantwortung soll mal schön mein Mann übernehmen. Schließlich ist er daran schuld, wo wir gelandet sind«, sagte mir unlängst eine Frau am Telefon. Und einer meiner Klienten überlegte sich ernsthaft, sich von seiner Frau in flagranti im Ehebett mit seiner Affäre erwischen zu lassen, damit sie ihn verlässt, weil er sich nicht in der Lage dazu sah, die Beziehung selbst zu beenden.

Natürlich ist das ein Weg. Ich versuche trotzdem, bei meinen Klientinnen und Klienten das Bewusstsein zu wecken, selbst die Verantwortung für ihr Handeln zu übernehmen. Etwas anderes bleibt sowieso nicht. Denn frei nach dem Kommunikationswissenschaftler und Psychotherapeuten Paul Watzlawick, der schon 1969 den Satz »Man kann nicht nicht kommunizieren« geprägt hat, kann man auch nicht nicht entscheiden. Wir treffen auch dann eine Entscheidung, wenn wir keine treffen oder jemand anderen dazu bringen, uns die Entscheidung abzunehmen.

Jede Entscheidung hat ihren Preis, weil sie einen Weg aussperrt. Jedes Ja erzeugt ein Nein. Egal wie ich mich verhalte, es schmerzt. Entscheide ich mich für meinen Ehepartner, dann wird ein neues, unabhängiges Leben nicht möglich sein. Und umgekehrt. Entscheide ich mich nicht, dann wird mich über kurz oder lang die ungelöste Situation aus- und aufzehren. Deshalb stellt sich immer die Frage: Bin ich damit zufrieden? Sowohl mit der Entscheidung selbst als auch mit der Art und Weise, wie sie (nicht) getroffen wurde, und natürlich auch mit den Konsequenzen, die sie auslöst.

Auf einer Party erzählte mir unlängst ein Mann Mitte dreißig bedröppelt, dass er sich nicht von seiner Frau trennen könne, obwohl er seit vier Jahren eine feste Freundin hat, die ihn will und immer wieder mit ihm über Wochen in der ehelichen Wohnung lebt, wenn die Ehefrau auf Geschäftsreise in Asien oder Südamerika ist.

Als er seiner Frau die Affäre in der Hoffnung gebeichtet

hat, sie würde die Beziehung beenden, hat sie völlig anders reagiert: Ihr war nur eines wichtig, dass er sie nicht verlässt. Deshalb war sie auch zu Zugeständnissen bereit, etwa dass die Freundin in ihrer Abwesenheit weiterhin in der Wohnung wohnen darf.

»Dann ist doch alles gut«, sagte ich. »Nein, ich wollte das so nicht«, antwortete er, »das kann sie doch nicht machen. Meine Freundin und ich wollten doch neu miteinander anfangen. Wie steh ich denn jetzt da?« Ich fragte: »Warum trennen Sie sich dann nicht?« – »Das kann ich nicht. Jetzt erst recht nicht. Sie gesteht mir so viel zu. Oder kennen Sie eine andere Frau, die das machen würde?! Da kann ich doch jetzt nicht einfach sagen: Es ist Schluss.«

Doch, das könnte er natürlich. Dafür müsste er aber seine eigene Verantwortlichkeit für die Lebenssituation akzeptieren und sich mit seiner Unzufriedenheit und den Konsequenzen seines Verhaltens auseinandersetzen. Das Leben bietet uns nahezu unendliche Möglichkeiten. Wir haben jedes Recht, diese auch zu wählen – wir sollten nur die Verantwortung übernehmen. Auch dafür, dass wir mit unserer Entscheidung anecken und jemand wehtun könnten, weil dieser eine andere Vorstellung vom Leben hat. Das ist so, aber das ist der Preis, den wir für unseren freien Willen zahlen.

Bei den Worten des Mannes auf der Party musste ich an ein Buch denken, das ich vor einiger Zeit gelesen habe: »5 Dinge, die Sterbende am meisten bereuen«. Geschrieben hat es Bronnie Ware, eine Australierin, die einige Jahre als Sterbebegleiterin gearbeitet hat. Die Quintessenz aus dem Buch ist für mich ein Satz: »Wir bereuen nicht die Dinge, die wir tun. Wir bereuen die Dinge, die wir nicht getan haben.« Das denke ich auch, deshalb empfehle ich dir folgende Übung:

Übung **Unser letztes Stündlein**

Eines der tragischsten Dinge, die wir tun können, ist, unser Leben auf später zu vertagen. Wer weiß, ob später tatsächlich kommt oder wie lange es dauert, um alle unsere Wünsche tatsächlich erfüllen zu können. Stell dir deshalb einmal vor, der heutige Tag könnte dein letzter sein. Was würdest du tun, um ihn bestmöglich zu nutzen, auszukosten und zu genießen? Hörst du auf, ihn mit den ganzen Belanglosigkeiten zu vertrödeln? Wie willst du konkret deine letzten Stunden verbringen? Und mit wem? Was würdest du bereuen, weil du es in der kurzen Zeit vielleicht nicht mehr tun könntest? Nimm ein Blatt und schreib es auf!

Anastasius Grün war ein Lyriker im 19. Jahrhundert. Er soll auf seinem Sterbebett geflüstert haben: »Nicht fertig, nicht fertig! Muss noch leben!« Darüber denke ich öfters nach. Was werde ich mal sagen? Meine Frau meint, genau dieselben Worte. Aber vielleicht kommt man ja auch irgendwann an den Punkt, an dem man denkt, es ist genug. Und ich hoffe nicht, dass es am Ende der Punkt ist, sich eingestehen zu müssen, dass man sein Leben lang eine Leiter hochgeklettert ist, die an der falschen Wand lehnte. Und dass es für einen Neustart zu spät ist.

In Bhutan, das als einziges Land der Welt auch einen Glücksindex ähnlich dem Bruttoinlandsprodukt (BIP) erhebt, soll es ein Sprichwort geben: Wenn man fünfmal am Tag über den Tod nachdenkt, soll das glücklicher machen. Irgendjemand hat zu diesem Gedanken eine App gestaltet, und die habe ich mir vor einiger Zeit aus dem App-Store geladen.

Seitdem werde ich fünfmal am Tag mit einem anderen Zitat an den Tod erinnert: »When it's time to die, let us not discover that we have never lived«, gibt mir in diesem Moment Henry David Thoreau mit auf meinen Weg. Ob mich das glücklicher macht? Keine Ahnung. Es regt aber zum Nachdenken an.

Als ich meinen Sohn letzte Woche schnell, schnell ins Bett bringen wollte, weil ich noch einen Termin vorzubereiten hatte, und ich deshalb sein Betteln nach einer zweiten Vorlesegeschichte zurückwies, hat das Handy gesummt. Dadurch an den Tod erinnert, habe ich mich gefragt: Was ist jetzt wichtiger: die nächsten fünf Minuten in die Arbeit zu investieren oder doch lieber die gemeinsame Zeit mit meinem Sohn? Du kannst dir denken, wie ich mich entschieden habe.

Warum schreibe ich das? Weil du wahrscheinlich gerade auf deiner Leiter stehst und dich fragst, ob du den größten Fehler deines Lebens machst, wenn du sie an eine andere Wand stellst. Vielleicht bist du auch schon herabgestiegen und überlegst nur noch, an welche andere Wand du sie lehnen sollst.

Bewusst oder unbewusst malen wir uns aus, was geschehen könnte, wenn wir diese oder jene Entscheidung treffen, oder wie es hätte sein können, hätten wir dieses oder jenes schon längst beschlossen. Wir bewegen uns ständig in parallelen Welten, quälen uns mit möglichen Zukünften und Vergangenheiten, anstatt die Entscheidung in der Gegenwart tatsächlich zu treffen. Anstatt »hätte, hätte Fahrradkette …« besser »einfach mal machen«.

Viele Menschen wissen, dass sie sich damit selbst im Weg stehen. Sie verzweifeln, weil sie nicht im Jetzt sind oder bleiben können. Ich versuche sie dann zu beruhigen. Niemand macht etwas falsch, wenn er feststellt, seine Gedanken schweifen ab. Unser Geist möchte sich die Welt sinnhaft erschließen und wandert aus diesem Grund umher.

Es geht darum, dem gegenwärtigen Augenblick unsere Aufmerksamkeit zu schenken. Unsere Gedanken und Gefühle zu beobachten, ohne sich von ihnen mitreißen zu lassen oder gegen sie anzukämpfen. Wie Wellen sollen sie kommen und gehen – und wir schauen dabei zu, um dann den Fokus unseres Geistes ganz sanft wieder auf den gegenwärtigen Moment zurückzuschieben.

Wenn wir eine Entscheidung treffen wollen, sollten wir auf beides hören: unsere Gedanken und unsere Gefühle. Es ist wie bei dieser Geschichte mit den zwei Bettlern. Der eine ist blind und der andere querschnittsgelähmt. Als in ihrer Unterführung Feuer ausbricht, merken beide schnell, dass der eine ohne den anderen nicht überleben kann. Der eine kann sehen, der andere gehen. Ähnlich verhält es sich auch mit unseren Gedanken und Gefühlen.

Eine gute Entscheidung treffen wir nur, wenn beide zu Wort kommen dürfen. Probiere es doch mit folgender Übung gleich einmal aus und achte darauf, was deine Gefühle und deine Gedanken sagen.

ÜBUNG **Entscheidungskreise**

Zeichne zwei Kreise. Der erste steht für dein altes Leben und der zweite für den Neustart nach der Trennung. In diese Kreise zeichne noch einmal zwei Kreise: In jeweils einen der beiden schreibst du »Was spricht dafür?«, in den anderen »Was spricht dagegen?«. Nimm dir Zeit, um die Fragen zu beantworten. Da nicht jedes Argument gleich schwer wiegt, kannst du anschließend Punkte von 1 bis 10 vergeben und diese Punkte dann zusammenzählen.

In welchem Feld steht die größte Summe? Was sagt dir das? Wie fühlt sich dieses Ergebnis an? Nimm nun den Neustart-Kreis und subtrahiere »dafür« und »dagegen« voneinander. Dann machst du das gleiche in deinem »alten Leben«. Wo steht nun das höchste Ergebnis? Wie fühlt sich das an? Was löst das bei dir aus?

Lass uns die Perspektive wechseln: Mal angenommen, das wären die Lebenskreise deines besten Freundes oder deiner besten Freundin. Was würdest du ihm/ihr bei diesem Ergebnis raten?

Wie hilft uns diese Erkenntnis aber, wenn wir wieder über unser *Dürfen, Sollten, Hätten* oder *Müssten* grübeln? Wir Menschen seien keine objektiven Informationsverarbeiter, sagt die Neurowissenschaftlerin Maren Urner in ihrem Buch »Raus aus der Dauerkrise. Mit dem Denken von morgen die Probleme von heute lösen«. Im Gegenteil: Die meisten von uns wissen nicht, was sie wollen und – was das Ganze noch schlimmer macht – nicht einmal, dass sie das nicht wissen. Und das sei das eigentliche Dilemma. Schließlich stecke alles in uns.

In dem Moment, in dem uns eine Information erreicht, ordnen wir sie ein. Dabei haben wir einen Hang zum Negativen, was aus evolutionsbiologischer Sicht auch Sinn macht: Einmal eine Gefahr oder ein Geräusch falsch zu interpretieren, konnte den Tod bedeuten, falls es beispielsweise ein Säbelzahntiger war.

Inzwischen wartet nur noch äußerst selten ein Säbelzahntiger hinter der nächsten Ecke. Deshalb müssten wir eigentlich auch nur selten unsere Warnlampen im Gehirn einschalten, die zwar für unser kurzfristiges Überleben sorgen, uns aber daran hindern, langfristige, gut überlegte Entscheidungen zu treffen. Denn der Fokus aufs Negative stresst uns auf psychischer Ebene dauerhaft.

Stattdessen sollten wir den Hebel in unserem Gehirn umlegen. Schluss mit Angst und Dauerkrise, hin zu Neugier und Optimismus. Das Nachdenken über Probleme schafft Probleme. Das Nachdenken über Lösungen schafft Lösungen. Wie das praktisch gelingt? Indem wir uns nicht »dagegen«, sondern »dafür« entscheiden. Und uns fragen: Was jetzt? Wie mache ich weiter? Wie mache ich es besser?

Das ist der Hebel: Wir können entscheiden, jeder von uns, immer. Ist das Glas halb voll oder halb leer? Gehe ich nach links oder rechts? Will ich weiter an der Seite dieses Menschen verbringen oder nicht? Solange physische oder psychische Gewalt keine Rolle spielt, gibt es objektiv gesehen kein Richtig oder Falsch. Ja oder nein – beides ist richtig.

Zumal sich zu trennen letztendlich nicht so schlimm ist, wie man denkt. Es gibt Millionen von Menschen, wahrscheinlich sogar Milliarden, die ihre Trennungen überstanden haben. Wenn du mir nicht glaubst, dann vielleicht dem Wissenschaftler Daniel Gilbert. Der hat sich in seinem Buch »Stumbling on Happiness« angeschaut, warum wir gerade negative zukünftige Ereignisse gerne überschätzen. Er kam zu dem Schluss, dass wir uns Horrorszenarien vorstellen, um gegen die tatsächlichen Folgen psychisch gewappnet zu sein. Kurz gesagt: Wir übertreiben im Vorfeld, um dann aufatmen und sagen zu können, war ja doch alles nicht so schlimm. Dafür unterschätzen wir gerne unsere Stärken und Ressourcen.

Macht uns »nur« unsere Beziehung unglücklich oder sind wir tatsächlich mit der Gesamtsituation unzufrieden? Folgende Übung hilft uns dabei, die Schieflagen in unserem Leben zu entdecken.

Übung **Rad des Lebens**

Dieses Werkzeug hilft dir dabei, einen Blick auf deine verschiedenen Lebensbereiche zu werfen und ihre Zusammenhänge untereinander deutlich zu machen. Es zeigt dir, wie zufrieden du bist und wo Veränderungsbedarf besteht. Dafür zeichnest du auf ein Blatt einen großen Kreis und unterteilst ihn wie ein Tortenstück in zehn gleich große Stücke. In diese Stücke schreibst du deine Lebensbereiche: Liebe/Partner, Selbstverwirklichung, Sinn/Spiritualität, Karriere/Beruf, Freizeit/Urlaub, Geld/Finanzen, Gesundheit/Körper, Familie/Freunde, Umgebung/Wohnort, Kreativität/Hobbys.Nun schreibst du auf, wie es dir in den Bereichen geht, mithilfe einer Skala von 1 bis 10 (wobei 1 ungenügend und 10 perfekt bedeutet). Anschließend schaust du dir die Bereiche noch einmal genauer an: Welche haben für dich einen besonders hohen Stellenwert? Wo investierst du ausreichend Zeit und Energie? Wo zu wenig? Ist das der Grund, warum du in diesen Bereichen vielleicht unzufrieden bist? Was lässt sich daran ändern? Wo wünschst du dir eine Veränderung? Welche? Was wäre in deinem Leben anders, wenn du in diesen Bereichen erfüllter leben würdest? Was sind die ersten drei Schritte, die du davon umsetzt? Mit welchem Bereich fängst du an?

Den meisten Menschen geht es übrigens besser, sobald sie eine Entscheidung gefällt haben. Sie werten die gewählte Alternative auf und die andere Möglichkeit ab. Sie haben nämlich keine Lust, noch einmal in diesen Zustand der Unsicherheit zu geraten. Dies würde erneut eine kognitive Dissonanz erzeugen, wie ihr Entdecker Leon Festinger die Diskrepanz zwischen unseren Einstellungen und unserem Verhalten genannt und darüber ausführlich in seinem Werk »Theorie der Kognitiven Dissonanz« geschrieben hat. Diese Dissonanz wollen wir unter allen Umständen vermeiden. Deshalb halten viele auch so lange an einer einmal getroffenen Entscheidung fest und reden sie sich schön. Aus einer eingeschlafenen Beziehung wird dann ein Ort der Vertrautheit und Ruhe und aus einem cholerischen Partner ein Mensch, der Gefühle zeigt.

Gewissheit lässt sich nicht erreichen, indem man Zweifeln aus dem Weg geht, sondern man muss sich ihnen stellen und ehrlich zu sich selbst sein. Keine Angst: Das heißt noch nicht, dass ich eine Trennung sofort umsetzen muss. Aber wenn ich mich selbst in einer Partnerschaft verliere, in der die Parameter nicht mehr stimmen, dann sollte ich das in Erwägung ziehen. Dafür ist es nie zu spät! Mein bisher ältester Klient war 86 Jahre alt, als er sich trennte.

Andrea habe ich vor ein paar Tagen eine Mail geschrieben und sie gefragt, wie es ihr mit ihrer Entscheidung geht. »Gut«, kam die Antwort eine Viertelstunde später zurück, mit einem Smiley verziert: »Letztendlich habe ich Jahre jeden Tag darüber nachgedacht, mich aus dieser Ehe zu befreien. Innerlich bin ich schon lange weit entfernt gewesen von meinem Mann. Die Trennung war nur der letzte Schritt. Der äußerliche und sichtbare Schritt, den nun alle mittragen müssen und sehen können. Alles Vorherige habe ich viel mit mir selbst ausgemacht. Ich habe oft geschwiegen und geschluckt, gleichzeitig akzeptiert, dass mein Leben nur in kleinem Glück zu denken ist. Ich hatte keine Träume mehr. Das habe ich für mich akzeptiert. Dafür hatten mein Mann und mein Sohn eine heile Welt und ich meine Absicherung.

Doch dann kam ich an den Punkt, an dem ich mich entscheiden musste. Und selbst an diesem Punkt blieb ich noch viele, viele Monate stehen. Ich wusste, dass ich kaputtgehen würde. Psychisch. Weil es mir egal war, ob ich lebte oder nicht. Ich konnte nicht mehr atmen, nicht mehr träumen und mich auf nichts mehr freuen. Ich funktionierte für mein Umfeld. Ich lachte zwar und machte das Beste draus. Aber ich war am Ersticken.

Und dann kam der Moment, in dem ich aus der Spirale ausgetreten bin. Ich habe mich getrennt. Wenn ich nun schlechte Tage oder Momente habe und weine, dann sind es Prozesse, die ich abschließen kann. Jedes Mal gehe ich einen Schritt nach vorne. Die Endlosspirale ist vorbei. Ich bin auf dem Weg nach vorne. Und das macht frei, das lässt mich atmen und Glück empfinden.«

Wissen To Go

- Im besten Fall hält die Liebe ein Leben lang. Die Realität sieht aber anders aus. Die Mehrzahl aller Partnerschaften endet vor dem eigenen Tod.
- Eine Trennung ist oftmals ein traumatisches Erlebnis. Trotzdem tut man das einzig Richtige, nämlich Verantwortung für sich und sein Leben übernehmen. Wer leidet, darf gehen.
- Für eine Trennung muss man sich nicht schuldig fühlen.
- Ist nicht alles besser als der Zustand jetzt, in dem man sich gegenseitig das Leben in Bitterkeit zerstört?
- Wer leidet, wenn man bleiben würde? Wahrscheinlich beide, zumindest aber man selbst.
- Den Menschen zu verlassen, den man einmal geliebt hat, kann dennoch sehr schwer sein. Wir haben Angst, ihn oder sie zu verletzen. Wir haben aber auch Angst vor dem Unbekannten und der Einsamkeit, die vielleicht auf uns wartet.
- Steh zu deiner Entscheidung. Je konsequenter du sie umsetzt, desto leichter machst du es dir und vor allem auch den anderen, damit umzugehen.

Wie konnte es so weit kommen?

Der Mann, der mir im Video-Chat gegenübersaß, stellte sich als Erik vor. Er wolle sich von seiner Partnerin trennen. So weit, so gewöhnlich. Während des Gesprächs lernte ich dann aber nur seine Frau kennen – und zwar von ihren schlechtesten Seiten. Wenn ich die sechzig Minuten zusammenfasse, lebte er seit Jahren mit einem herrischen, eifersüchtigen, launischen, nachtragenden, jähzornigen, egomanischen Drachen zusammen.

Ich fragte Erik zum Schluss, ob er denn nach seiner Meinung auch Schuld am Scheitern seiner Ehe habe. Das machte ihn kurz sprachlos. Er fragte sich wohl, ob er sich den richtigen Gesprächspartner ausgesucht hatte. »Sie haben doch gehört, wie sie sich verhält.«

Ich nickte: »Das habe ich. Meine Frage war aber, ob Sie Ihrer Meinung nach auch Schuld am Scheitern Ihrer Ehe haben.« Er zuckte mit den Schultern. »Dann möchte ich Sie etwas anderes fragen: Sie leben mit Ihrer Frau seit 24 Jahren zusammen, haben ein Kind und ein Haus. Sie haben mir von einigen guten Momenten, sonst aber vor allem von einer schrecklichen Zeit erzählt. Warum haben Sie sich das so lange angetan? Warum haben Sie sie denn nicht früher verlassen?« Erik stutzte, sagte aber nichts.

Mit seiner Ansicht zur Schuldfrage war er nicht allein. Nach einer repräsentativen Umfrage machen zwei Drittel aller Frauen und Männer den (Ex-)Partner für das Scheitern der Beziehung verantwortlich.

Ich fragte Erik, ob ich ihm etwas erzählen dürfe. Vor einigen Wochen hatte ich ein paar Tage am Katschberg in Kärnten verbracht. Eine gemütliche Wanderung führt dort hoch zur Gamskogelhütte. Der Weg ist gesäumt von roten

Herzerln und weisen Sprüchen. Über einem Herz steht: »Hier siehst du den Menschen, der für dein Leben verantwortlich ist!« Und auf dem Herz klebt – ein Spiegel.

Viele Menschen suchen die Ursache für die Veränderung in ihrer Liebe und Partnerschaft beim anderen – und fühlen sich von diesem manchmal sogar um das eigene Glück betrogen. Was sie nicht begreifen, meinte schon Erich Fromm in seinem Buch »Die Kunst des Liebens«, ist, dass sie beide nicht mehr die Menschen sind, die sie waren, als sie sich ineinander verliebten.

Erik schien kurz zu überlegen und dann nickte er. »Ja, Sie haben recht. Wahrscheinlich habe auch ich meinen Teil dazu beigetragen, dass das alles so schiefgelaufen ist.« Jetzt konnten wir mit der Arbeit beginnen. Erst wenn ein Klient oder die Klientin zu einer Auseinandersetzung mit sich selbst bereit ist und aus der Opferrolle aussteigt, kann ich ihn/sie als Coach unterstützen und begleiten.

»Die einzige Person, der nicht geholfen werden kann, ist diejenige, die anderen die Schuld gibt«, brachte es der US-amerikanische Psychotherapeut Carl R. Rogers in seinem Buch »Entwicklung der Persönlichkeit« auf den Punkt. Suchst du die Schuld nämlich immer bei anderen, übergibst du ihnen die Verantwortung für dein Leben. Du machst dich abhängig, weil dir damit die Macht fehlt, Fehler selbst zu korrigieren. Erwachsensein heißt aber, sich den Herausforderungen des Lebens zu stellen, die möglichen Optionen abzuwägen, eine Entscheidung zu treffen und zu dieser zu stehen – um sich vielleicht später einzugestehen, einen Fehler gemacht zu haben. Denn: »Menschen machen Fehler, sonst wäre am Bleistift kein Radiergummi«, wie die Figur Lenny in der Fernsehserie »Die Simpsons« sagt.

Als Coach versuche ich, Menschen dabei zu unterstützen, Zugang zu sich selbst zu finden, um eine stimmige Entscheidung zu treffen. Ich begegne vielen, die über lange Jahre eine Partnerschaft gelebt haben, ohne sich die Frage zu stellen, wie es ihnen tatsächlich damit geht. Das muss nicht schlimm sein, manchmal ist das so mit Leidenschaften (vielleicht heißen sie auch deshalb so).

Beziehungen reifen und verändern sich allerdings. Wir leben in einem komplizierten Geflecht aus Einflüssen. Neben Erziehung, Familienerfahrungen, Persönlichkeitszügen und genetischer Veranlagung spielen auch gesellschaftliche Konventionen und Anforderungen eine Rolle, in die wir uns fügen. Manchmal schwingt das Pendel plötzlich zurück und wir merken, wir sind nicht mehr im Einklang mit uns selbst oder vielleicht waren wir es auch nie, weil wir versucht haben …

- dem Partner alles recht zu machen, und dafür darauf verzichtet haben, selbst der Mittelpunkt unseres Lebens zu sein,
- uns einem Lebensmodell anzupassen, das nicht unser eigenes ist,
- die Person zu sein, die wir sein sollten, statt der, die wir sind (zumal auch wir uns im Laufe des Lebens ständig verändern),
- zwischen Denken und Fühlen zu trennen oder auch zwischen Fühlen und Handeln,
- im Tausch für Anerkennung, Harmonie und Gewohnheit unsere Bedürfnisse und Authentizität zu lange zu ignorieren.

Auf Dauer sich selbst zu verleugnen, ist aber keine gute Idee. Man muss nicht allen Wünschen und Bedürfnissen nachgeben, die man hat, man sollte aber akzeptieren, dass sie da sind. Völlig wertneutral. Das bedeutet zu akzeptieren, dass Dinge, Umstände, Situationen und Menschen einfach so sind, wie sie sind, nicht mehr und nicht weniger.

Vielleicht hätten wir uns auch nur gefreut, wenn der andere unter Liebe genau dasselbe verstanden hätte wie wir:

Ich gebe dir alles von mir, zumindest viel. Im Gegenzug würde ich das auch von dir erwarten. Aber von dir kommt nichts zurück, zumindest nicht viel. Wir versuchen trotzdem, dass der andere nicht auf uns verzichten mag. Indem wir uns kümmern. Gebraucht zu werden vermittelt manchmal den Anschein, geliebt zu werden – zum Preis der Selbsttäuschung. Die Ent-täuschung ist dann umso größer.

Vielleicht müssen wir uns eingestehen, dass das Leben ein Handel, ein Geschäft ist, bei dem wir geben und nehmen und bei dem (viele) andere uns geben, was sie haben, oder was sie zu geben bereit sind. Und manchmal passen Angebot und Nachfrage einfach nicht zusammen. Es tut oft weh, das zu erkennen. Manche Paare trennen sich nach dieser Erkenntnis. Andere verharren in ihrer Partnerschaft, arrangieren sich damit und sind dann oftmals gemeinsam einsam.

Wenn ich meine Klienten frage, was ihnen unsere Zusammenarbeit gebracht hat, sagen viele, Klarheit und die ernüchternde Erkenntnis, dass man den Partner nicht ändern kann. Man muss den anderen in all seinen Facetten akzeptieren – oder eben nicht.

Und den meisten wird spätestens dann klar, es gibt eigentlich nur einen Weg, etwas zu bewegen: Ich muss an meiner eigenen Einstellung und meinem Leben arbeiten. Unser Gegenüber werden wir nicht ändern. Da hilft es auch nicht, Druck auszuüben oder Angst zu verbreiten. Denn niemand kann jemand anderem (langfristig) seinen Willen aufzwingen.

Mir kommt eine meiner Wander- und Bergmetaphern in den Sinn: Mit jemand gemeinsam zu gehen ist das eine. Den anderen bei jedem Schritt vom Weg überzeugen zu müssen das andere. Sich gegenseitig an der Hand zu nehmen ist das eine, sich an den anderen zu klammern das andere. Gemeinsam die Welt zu erkunden ist das eine, dem anderen unterwürfig nachzulaufen das andere. Ich finde es schön, wenn wir jemand haben, der mit uns den Lebensweg teilt. Ich bin aber kein Fan davon, um jeden Preis in einer Schicksalsgemeinschaft zu verharren, so sehr wir uns auch nach Liebe und Nähe sehnen. Wenn es uns schlecht geht, ist das Beste, was wir tun können, stehen zu bleiben, uns zu orientieren und dann jeder seiner Wege zu gehen, auch wenn die in unterschiedlichen Richtungen liegen.

Mag sein, es wäre anders gekommen, wenn wir schon bei den ersten Zweifeln vor Jahren versucht hätten, die Beziehung in eine andere Richtung zu lenken. Aber damals waren wir noch nicht die Menschen, die wir heute sind. Wahrscheinlich war der Leidensdruck damals nicht groß genug, die Probleme waren nicht so deutlich zu erkennen und wir waren noch nicht so weit, unsere eigenen Interessen wahrzunehmen. Sonst hätten wir das sicher getan.

Vielleicht haben wir schlichtweg Zweifel nicht zugelassen. Ein Klient, der bis dahin nichts auf seine Ehe und seine Frau hatte kommen lassen, erzählte plötzlich davon, dass er im Rückblick beides idealisiert hatte und es nie zur vollen Befriedigung seiner sexuellen Wünsche gekommen sei. Das habe er sich aber bisher nie eingestanden – und es ihr auch nicht gesagt. Wer hat nun Schuld am Scheitern der Beziehung?

Für Erik, der seine Frau für das Scheitern der Beziehung verantwortlich gemacht hatte, war die Schuldfrage bald nicht mehr wichtig. Er beschäftigte sich mit seiner Person, mit seinen Wünschen und Zielen. Weil er verstanden hatte: Es gibt nur einen Menschen, der weiß, ob das, was wir sagen und tun, ehrlich, offen und authentisch ist. Und dieser Mensch sind wir selbst.

Das bedeutet aber auch: Alles, was wir tun, basiert auf unseren Entscheidungen. Schuld sind nicht unsere Eltern, frühere Beziehungen, unser Lebensalter, die Arbeit oder das Wetter. Wer gehen will und nicht geht, bleibt, weil er oder sie nicht bereit ist, den Preis für diese Entscheidung zu zahlen. Schuld ist nicht unser Partner oder unsere Partnerin. Wir allein tragen dafür die Verantwortung. Sehen wir uns dazu eine kurze Übung an.

ÜBUNG **Öko-Check**

Kennst du die Spiele Jenga oder Mikado? Wenn man ein Stäbchen an einer Stelle entfernt, kann das Auswirkungen auf die Stabilität des gesamten Turms oder Systems haben. Ähnlich funktioniert der Öko-Check, ein Werkzeug, mit dessen Fragen man überprüfen kann, welchen Einfluss eine Veränderung auf unser Leben hat. Stell dir folgende Fragen:

- Welchen Vorteil hast du durch die Veränderung?
- Was würdest du in deinem Leben neu für dich entdecken?
- Was würdest du durch die Veränderung aufgeben müssen?
- Was würdest du verlieren oder was müsstest du zusätzlich tun?
- Wovor hättest du Angst oder was könnte noch passieren?
- Wenn du nichts änderst, welche Vorteile hat der gegenwärtige Zustand?
- Wer würde unter deiner Veränderung leiden? Wie würden andere Menschen darauf reagieren?
- Alles im Leben hat seinen Preis: Bist du bereit, diesen für deine Veränderung zu zahlen?

Diese Technik hilft dabei, das Ziel deutlicher zu formulieren und damit erreichbarer zu machen. Die Folgen werden konkreter und die Kosten lassen sich leichter akzeptieren.

Wenn wir wirklich verstehen wollen, warum wir sind, wer wir sind, und warum wir uns verhalten, wie wir uns verhalten, mit all unseren Macken und Problemen, aber auch Vorzügen und charakterlichen Stärken, müssen wir ganz vorne anfangen. In unserer Kindheit. Dort finden wir die Blaupausen für unsere Beziehungen im Erwachsenenalter. Denn Nähe beginnt und endet immer bei uns selbst. Damit wollen wir uns im nächsten Kapitel beschäftigen.

Wissen To Go

- Der Mensch, der für dein Leben verantwortlich ist, bist du. Alles basiert auf deinen Entscheidungen. Sei also dir gegenüber ehrlich.
- Wenn etwas nicht nach deinem Willen läuft, sind nicht die anderen schuld.
- Andere Menschen sehen Dinge nicht unbedingt wie du. Nicht, weil sie mit dir streiten wollen. Sondern weil sie in ihrer eigenen Welt leben.
- Wenn du etwas verändern möchtest, musst du an deiner eigenen Einstellung und deinem Leben arbeiten. Dein Gegenüber wirst du nicht ändern.
- Menschen und Beziehungen reifen und verändern sich. Vielleicht hättest du zu einem früheren Zeitpunkt deine Partnerschaft retten können. Vielleicht war dein Leidensdruck noch nicht groß genug und du noch nicht der Mensch, der du heute bist. Die Vergangenheit lässt sich nicht ändern. Mach deshalb jetzt das Beste daraus.
- Du musst nicht allen Wünschen und Bedürfnissen nachgeben, die du hast, du solltest aber akzeptieren, dass sie da sind.
- Erst wenn du zu einer Auseinandersetzung mit dir selbst bereit bist, kannst du dich und damit deine Umwelt ändern.
- Wer gehen will und nicht geht, bleibt, weil er oder sie nicht bereit ist, den Preis für diese Entscheidung zu zahlen.

- Die Trennung bedeutet Ende und Neuanfang gleichermaßen, wenn du bereit bist, aus deinen Erfahrungen zu lernen.

Eine Frage von Nähe und Distanz

Die meisten von uns suchen sie. Die große Liebe. Manche finden sie, andere suchen ein Leben lang und werden nicht fündig. Auch Steve haderte mit seinem Pech. Eine Beziehung nach der anderen fuhr gegen die Wand. Ehe er auf Therese traf.

Für ihn war es Liebe auf den ersten Blick, als er die Studentin bei einer Party ausgelassen tanzen sah. Er sprach sie an. Sie wollte ihn erst gar nicht. Aber Steve blieb hartnäckig, umwarb sie und eroberte schließlich doch noch ihr Herz. Fast 15 Jahre waren sie ein Paar.

Von Anfang an legte Therese die Bedingungen ihrer Beziehung fest, und Steve ließ es zu. Er wollte mit ihr unter allen Umständen zusammen sein und nahm jedes Fitzelchen Liebe, das er bekommen konnte. »Sie war immer so stark und wusste genau, was sie wollte«, sagte er und gab zu, sie auf einen Sockel gestellt und verehrt zu haben. Therese gefiel das – zuerst.

Wenn man sich an einen Partner bindet, schwingt bei manchem die Angst mit, etwas zu verpassen. Man schaut nach links und rechts und fragt sich, ob die Beziehung zu einer anderen Person nicht erfüllender wäre. In Beziehungen werden deshalb Entfernungen ständig neu vermessen – und damit das eigene Risiko. Wir leben in dem psychologischen Spannungsfeld zwischen dem Wunsch nach Zuneigung und dem nach Unabhängigkeit. Dieser Wunsch sieht bei jedem anders aus. Schon Honoré de Balzac schrieb in »Physiologie der Ehe«: »In der Liebe gibt es immer einen, der leidet, und einen, der sich langweilt.«

Liebe ist da, wo Mut ist, nicht Angst. Sie entsteht nicht, wenn wir uns hinter einem Schutzpanzer verbergen. Sie gedeiht am besten bei offenem Visier und einer möglichst großen Verwundbarkeit. Für einen geliebten Menschen schälen wir uns nach und nach aus unserem schützenden Zwiebellook, der uns im Alltag vor großen und kleinen Verletzungen schützt. Wir ziehen die derben Stiefel und die Fäustlinge aus, legen die Jacke und die Protektoren ab, das Sweatshirt und die Hose, bis wir irgendwann nackt und verletzlich dastehen. Wir zeigen uns frei von den Rollen, die wir sonst im Beruf und im Privaten spielen, offenbaren ungeschützt unsere Überzeugungen und Gefühle und hoffen, der andere tut das Gleiche und nutzt unsere Offenheit nicht aus.

Auch Therese wollte und brauchte Steve. Aber Steves großes Bedürfnis nach emotionaler Nähe, Intimität und Sex wurde ihr bald zu viel. Sie zog sich nach und nach zurück. Darunter litt Steve viele Jahre. Dann suchte er sich Bestätigung im Außen. Ein Flirt reihte sich an den anderen, Affären kamen und gingen, dann verliebte sich Steve plötzlich in eine andere Frau.

Steve sah und fühlte, Liebe kann auch noch andere Aggregatzustände annehmen. »Ich dachte, ich war glücklich mit Therese – und irgendwie waren wir das auch. Ich merkte aber: Eine Beziehung hat noch so viel mehr zu bieten.«

Über Monate kämpfte er mit Schuldgefühlen und Ängsten, ehe er den ersten Versuch unternahm, sich zu trennen. Es folgten viele, viele weitere. Denn Therese wollte die Trennung nicht. Sie hatte sich in der Beziehung eingerichtet und mochte sie im Großen und Ganzen so, wie sie war. Steves Untreue gefiel ihr natürlich nicht, auf der anderen Seite wollte er dadurch nicht so viel Intimität von ihr. Ihn gehen lassen? Das konnte sie sich nicht vorstellen.

Wenn es zu den Trennungsgesprächen kam, schrie Therese, wütete und setzte ihn unter Druck. Sie heulte aber auch und zeigte sich verzweifelt. Ob bewusst oder unterbewusst drückte sie damit bei Steve die richtigen Knöpfe, indem sie ihm zu verstehen gab, dass er ihr viel bedeutete und auch sie große Nähe zu ihm empfand. Wie von einem Schwarzen Loch wurde er von Thereses Nähe und einer echten, tiefen Vertrautheit eingesaugt. In ihren Armen wurde er völlig ruhig, aller Stress und Zweifel fielen von ihm ab.

Therese gestand Fehler ein, gelobte Besserung, mehr Aktivität im Schlafzimmer und forderte viele letzte Chancen. Steve versuchte, sich darauf einzulassen, wurde wieder enttäuscht und wollte sich dem entziehen, schaffte es aber nicht. Sie redeten und redeten, weinten und quälten sich.

Steve und Therese befanden sich mit ihrer Verbindung in einer Dauerschleife aus Nähe und Ferne, aus Festhalten und Loslassen. Über Monate ging das so. Das zehrte an beiden. Ein großer Teil ihres Leids lag darin, der Mittelpunkt im Leben eines anderen sein zu wollen und dafür ihr eigenes Leben aufzugeben. Das machte sie voneinander abhängig.

Wie wir uns als Erwachsene in Beziehungen verhalten, ist nicht willkürlich. Unser Zuwendungs- und Bindungsstil spiegelt – neben unserer genetischen Veranlagung – unsere Bindungserfahrungen mit Bezugspersonen in der Kindheit wider. Unsere ersten Lebensjahre prägen den Blickwinkel und die Linse, durch die wir unsere Umwelt und unsere Mitmenschen betrachten. Spätestens mit dem Moment unserer Geburt treten wir in Kontakt mit anderen und lernen aus diesen Begegnungen und Erfahrungen. Ob wir umsorgt, behütet, verhätschelt oder auch vergessen und im Stich gelassen wurden, darauf basieren unsere Vorannahmen und Verhaltensmuster, die sich bis ins Erwachsenenalter auswirken.

Als Steve auf die Welt kam, waren seine Eltern noch sehr jung, standen am Anfang ihrer Berufskarriere und kamen kaum damit klar, ein Kind aufzuziehen. Deshalb wuchs er die ersten fünf Lebensjahre unter der Woche abwechselnd bei beiden Großelternpaaren auf. Die einen waren sehr streng, während die anderen ihn mit ihrer Liebe überschütteten. Nur am Wochenende war er regelmäßig bei seinen Eltern, die jedoch oft gestresst und mit sich beschäftigt waren. Steve entwickelte früh das Gefühl, dass es keinen festen Platz für ihn gibt. Eine sichere Bindung konnte er kaum entwickeln.

Der englische Kinderpsychiater John Bowlby (1907–1990) und seine Kollegin, die Psychologin Mary Ainsworth (1913–1999), haben aus solchen Zuwendungs- und Verhaltensmustern eine Bindungstheorie formuliert. Wer anders als Steve beispielsweise mit Bezugspersonen aufwächst, die verlässlich auf die emotionalen oder körperlichen Bedürfnisse des Kindes reagieren, entwickelt mit größter Wahrscheinlichkeit eine solche sichere Bindung. Diese ist eine gute Grundlage, um als Erwachsener gesunde Beziehungen aufbauen und leben zu können, wenngleich es keine Garantie ist, glücklich in einer Partnerschaft zu werden.

Wer in Beziehungen klammert oder den anderen lieber auf Distanz hält, leidet womöglich unter Bindungsangst. Ihre Wurzeln liegen in kindlichen Traumata und anderen Erfahrungen, die wir als Kinder mit unseren nahen Bezugspersonen machen. Meistens sind das Mama und Papa. Je nachdem, wie wir aufwachsen, können das aber auch die Großeltern, Onkeln und Tanten, ältere Geschwister oder auch das Kindermädchen sein.

Die Psychologie unterscheidet zwischen mehreren Bindungsstilen. Am häufigsten kommt der *sichere Bindungsstil* vor, etwa die Hälfte der Bevölkerung kann diesen Typ entwickeln. Diese Menschen haben keine allzu große Angst, verlassen zu werden oder dass ihnen jemand zu nahekommen könnte.

Dann gibt es noch die *unsicheren Bindungsstile*: *ängstlich-vermeidend* (23 Prozent), *ängstlich-ambivalent* (20 Prozent) und *desorganisiert* (2 Prozent). Wir wollen uns die ersten beiden genauer ansehen.

Menschen mit einem *ängstlich-vermeidenden Bindungsstil* haben typischerweise in ihrer Erziehung wenig Körperkontakt genossen. Ihre Bedürfnisse wurden vielfach ignoriert. Als Erwachsene ziehen sie sich oft zurück, wenn es zu emotional wird, und können Schwierigkeiten haben, Partner in ihrem Leben zuzulassen. Sie neigen dazu, sich emotional zu distanzieren, und haben Probleme, sich auf eine intime Verbindung einzulassen. Im Prinzip haben sie ihr Bindungssystem aus vermeintlichem Selbstschutz deaktiviert. Ihr Motto lautet: Nur auf mich selbst ist Verlass.

Typische Anzeichen für Vermeidende: Sie ziehen sich immer dann zurück, wenn die Beziehung enger und verbindlicher wird. Manche finden andere vor allem anziehend, wenn sie sie nicht haben können, weil sie etwa verheiratet sind oder kein Interesse haben. Oder sie brauchen nur die Bestätigung, dass der andere noch an ihrer Angel hängt. Für langfristige romantische Beziehungen haben sie daher eine weniger gute Prognose.

Menschen mit einem *ängstlich-ambivalenten Bindungsstil* konnten sich auf ihre Bindungspersonen nicht verlassen. Mal kümmerten sie sich um das Kind, mal ließen sie es schreien, mal waren sie aggressiv, mal fürsorglich. Die Motive, warum sich die Eltern so verhalten haben, können sehr vielschichtig sein, und vermutlich war ihnen ihr Verhalten oft nicht bewusst, sondern getrieben von eigenen Bedürfnissen, Ängsten und Nöten.

Dies hatte jedoch Auswirkung auf ihre Kinder. Sie lernten keine sicheren Wenn-dann-Verbindungen. Als Erwachsene können sie daher sehr bedürftig sein und oft das Gefühl haben, dass ihre Partner sie nicht vollständig verstehen, ihre Bedürfnisse erfüllen oder sie jemals ausreichend lieben können. Deshalb sind sie häufig besitzergreifend. Sie haben Schwierigkeiten, ihren Partner loszulassen, und können schnell eifersüchtig oder unsicher in Beziehungssituationen werden.

Typische Anzeichen für Ängstliche: Sie erleben ihre Beziehung zwischen himmelhoch jauchzend und zu Tode betrübt, verlieben sich schnell und sind ständig in Sorge, dass ihr Partner sie nicht richtig liebt.

TIPP

Welchen Bindungsstil habe ich?

Für die meisten ist es ein Aha-Erlebnis, wenn sie sich mit ihrem Bindungsstil auseinandersetzen. Plötzlich können sie sich ihr Bedürfnis nach Selbstständigkeit in Beziehungen oder ihre Verlustangst besser erklären. Um deinen eigenen Bindungsstil besser einschätzen zu können, mache am besten einen Bindungstypen-Test im Internet, etwa den von IDRlabs. Den Link findest du im Anhang.

Wenn es in einer Ehe oder Beziehung zu Problemen kommt, muss das nicht zwangsläufig mit einem bestimmten Bindungsstil zusammenhängen. Wer die Wirkmechanismen kennt, nach denen Beziehungen laufen, gerät allerdings weniger leicht in Gefahr, in einer Partnerschaft unglücklich oder zumindest von Problemen überrascht zu werden. Wahrscheinlich ist deshalb am Sprichwort »Drum prüfe, wer sich ewig bindet« etwas dran. Einige wissen, dass die Zeile von

Friedrich Schiller stammt, die wenigsten aber, dass es noch weitergeht, »ob sich das Herz zum Herzen findet, der Wahn ist kurz, die Reu ist lang«.

Die Grundpfeiler unserer Bindung bestehen aus Nähe und Distanz. Für jeden sehen diese Grundbedürfnisse anders aus. Was Nähe für dich bedeutet, kannst du mithilfe der folgenden Übung herausfinden.

ÜBUNG **Fragen der Nähe**

- Was verstehst du unter Nähe?
- Welche Bedeutung hat Nähe für dich?
- Welches Gefühl löst Nähe bei dir aus?
- Wo spürst du das Gefühl der Nähe in dir? Wie fühlt sich das an?
- Ab wann wird Nähe für dich unangenehm?
- Nähe in der Liebe ist für mich ...
- Nähe in einer Freundschaft ist für mich ...
- Nähe in der Familie ist für mich ...
- Glaubst du, dass man einen Menschen gleichzeitig lieben und hassen kann?
- Welche Definition von Nähe hat dein (Ex-)Partner? Wie würde er oder sie die vorangegangenen Fragen beantworten? Was sagt dir das?
- Spring über deinen Schatten: Was möchtest du künftig anders machen?
- Wie könnte eine Beziehung aus deiner Sicht (besser) gelingen?

Der Hirnforscher Gerhard Roth war nur einer von vielen in seiner Zunft, die davon ausgehen, dass mindestens neunzig Prozent unseres Handelns aus dem Unterbewusstsein kommen, wo die Verhaltensprogramme aus unserer Vergangenheit hinterlegt sind. Um diese alten Codes zu überschreiben und neue konstruktive Verhaltensweisen anwenden zu können, müssen wir unsere alten Muster kennen. Psychologische Modelle, die uns dabei helfen können, sind etwa die Schematherapie oder das Konzept des Inneren Kindes.

Einfach ist es nicht, die Prägungen unserer Kindheit zu verändern. Neue Erfahrungen, die wir als Erwachsene machen, können aber die Muster unseres Bindungsverhaltens überschreiben. Das können Trennungen und Traumata sein, aber auch positive Lebensabschnitte wie eine langjährige stabile Beziehung. Ähnlich wie bei einer Bleistiftzeichnung lassen sich alte Striche ausradieren, wenngleich die Spuren und Kerben im Papier des Lebens erhalten bleiben.

Das sorgt auch dafür, dass selbst Menschen mit einem sicheren Bindungsverhalten vorsichtiger agieren und sich nur zögerlich auf eine Beziehung einlassen, wenn sie bereits belogen, betrogen oder verlassen wurden. Wie etwa die Freundin einer Klientin, die nach drei Jahren Partnerschaft und wenige Tage vor ihrer Hochzeit feststellen musste, dass ihr Partner ein Doppelleben führt und bereits eine Familie hat.

So eine Erfahrung verfolgt einen ein Leben lang. Trotzdem sollte man irgendwann der Angst vor einer neuerlichen Enttäuschung begegnen und sich die Frage stellen: War das Scheitern meiner Beziehung einfach nur Pech, oder inwiefern habe ich mit meiner Persönlichkeit und meinem Bindungsstil dazu beigetragen, dass es so weit kam?

Eine Beziehung ist im Grunde aber wie ein Tennisspiel: Es bringt wenig, wenn du dich nur auf dich und deine Schläge konzentrierst. Damit sich ein Spiel entwickeln kann, solltest du ebenso schauen, wo dein Gegenüber steht und wie er oder sie spielt. Erst dann weißt du, ob es klüger ist, den Ball von der Grundlinie cross (quer) zu spielen, die Linie entlang, oder ob du ans Netz stürmst. Dafür brauchst du Überblick und Spielverständnis.

Du kannst dich über ein Verhalten oder die Vorhaltungen deines Partners ärgern und eure Beziehung infrage stellen. Du könntest aber auch deine Enttäuschung als Enttäuschung annehmen und versuchen, in die Sichtweise deines Partners zu wechseln, und dich fragen, warum sieht er das anders, welchen Druck spürt er vielleicht, und hat sein Standpunkt nicht auch seine Berechtigung.

Dann begibst du dich in die Vogelperspektive. Aus dem Blickwinkel eines distanzierten Beobachters fällt es oft leichter, erwachsene und rationale Entscheidungen zu treffen. Dazu gehört auch, die Verantwortung für deine Eigenheiten zu übernehmen, wenn beispielsweise dein Partner verspätet von der Arbeit heimkommt und die Eifersucht in dir hochkocht. Als Beobachter kannst du erkennen, welche Ängste bei dir aus der Vergangenheit getriggert werden, dass dein Partner länger zu tun hatte, was passieren kann, und dass du ihm keine Szene zu machen brauchst, weil du deinen Partner damit sowieso nicht vom Fremdgehen abhältst, sondern vielleicht sogar das Gegenteil bewirkst.

Mit dieser Technik, in der du nacheinander alle drei Perspektiven (deine, die deines Partners und die aus der Distanz) einnimmst, hast du ein gutes Handwerkszeug, um empathisch und reflektiert auf Problemsituationen zu reagieren. Das muss man allerdings bewusst trainieren, vor allem die Perspektive, die einem am schwersten fällt.

Steve gelingt das bis heute nicht. Er schafft es nicht, die Beziehung zu Therese zu beenden. Sie schlurft immer noch durch sein Leben – physisch und psychisch. Der Schmerz hält ihn zurück, sagt er, ohne erklären zu können, ob es seiner oder ihrer ist. Therese lädt ihren Schmerz und die Schuld am Ende der Beziehung weiterhin vor Steves Tür ab. Anstatt diese Päckchen nicht anzunehmen, holt er sie ins Haus und macht sie damit zu seinen. Solange Steve nicht schafft, die Annahme zu verweigern, wird er in dieser Spirale hängen bleiben.

Wissen To Go

- Unsere Kindheit prägt unser ganzes Leben. So spiegelt sich die Bindung zu unseren Eltern häufig in den Beziehungen, die wir als Erwachsene führen.
- Unser Bindungswunsch sorgt dafür, dass es uns nicht egal ist, was andere von uns denken. Intensive Gefühle von Angst, Traurigkeit oder Wut können die Folge sein, wenn unsere Bedürfnisse nicht erfüllt werden.
- Es gibt Menschen mit sicherem, vermeidendem oder ängstlichem Bindungsstil. Daraus entsteht eine Blaupause, wie wir uns in Beziehungen verhalten und welche Schwierigkeiten auftreten können.
- Sichere Menschen haben keine allzu große Angst, verlassen zu werden oder dass ihnen jemand zu nahekommt.
- Vermeidende Menschen haben Probleme damit, tiefergehende Beziehungen einzugehen, und ziehen sich oft zurück, wenn die Nähe nach ihrem Gefühl zu groß wird.
- Ängstliche Menschen verlieben sich schnell und sind oft unsicher, ob der Partner sie genauso liebt.
- Mach dich so gut wie möglich mit deinem eigenen Bindungsstil vertraut, um dein Verhalten und deine Gefühle einordnen zu können.
- Unser Bindungsstil ist zwar festgelegt. Wir können aber daran arbeiten und ihn verändern. Dafür sollten wir lernen, unsere Bedürfnisse in Beziehungen besser zu artikulieren, und unsere bisherigen Partnerschaften reflektieren.

- In Beziehungen, in denen Partner die Gefühle und kleinen Zuwendungen des anderen unbeachtet lassen, wird die Verbindung Schritt für Schritt geschwächt.

Der Neustart: Wer bin ich? Wohin gehe ich? Und mit wem?

Es kommt immer wieder vor, dass mich Menschen nach einem Buchtipp fragen. Sie erwarten dann, dass ich ihnen einen Ratgeber empfehle, eine Selbsthilfe-Fibel oder vielleicht sogar ein psychologisches Fachbuch. Meistens tue ich das aber nicht. Ich frage stattdessen: »Welche Kinderbuch-Klassiker haben Sie denn zu Hause?«, worauf ich oft Erstaunen oder Unverständnis ernte. »Haben Sie mich richtig verstanden?«, hakte eine Klientin unlängst nach, mit der ich am Erarbeiten war, wer sie eigentlich als Person ist, abgesehen von einer unglücklichen Ehefrau und Mutter dreier fast erwachsener Kinder. Ich sagte, das hätte ich, und antwortete ihr: »Wenn ich Antworten suche, blättere ich gerne in den Büchern meiner Kinder oder meiner eigenen Kindheit.«

Ich begebe mich mit dem kleinen Tiger und dem Bären auf die Suche nach Panama, höre der kleinen Maus Frederick zu, wenn sie von den gesammelten Farben und Wörtern erzählt, begebe mich mit Momo auf die Jagd nach der verlorenen Zeit oder werfe einen Blick in die Märchensammlung der Gebrüder Grimm.

Dann erwischt es mich jedes Mal. Denn Geschichten, die man uns in der Kindheit erzählt hat oder die wir schon damals gelesen haben, sind der Schlüssel zu unserem Inneren, zu unserem Ich. Auch als Erwachsene können sie uns begleiten und helfen, unser Denken, Fühlen und Handeln zu entschlüsseln und zu verarbeiten, indem sie eine direkte Brücke zu unserem Herzen bauen und die Logik unseres Verstandes ausblenden.

Der ist oftmals eher ein Problem als eine Hilfe. Wir sind zu verkopft, vertrauen auf das Wertesystem der Gesellschaft und Familie, in der wir aufgewachsen sind, ohne zu hinterfragen und zu erfühlen, ob es auch unseres ist. Geschichten können dabei helfen, uns zu hinterfragen und eine andere Perspektive einzunehmen. Deshalb arbeite ich gerne mit Erzählungen oder Szenen daraus und mit anonymisierten Erfahrungen anderer Klientinnen und Klienten. Oft gelingt es dadurch, eine Problemstellung neu zu betrachten und dann auf sich selbst anzuwenden.

Und warum ist das so? Weil Menschen Menschen vertrauen, nicht Zahlen, Daten und Fakten. Wut, Liebe, Trauer, Freude, Angst – das sind die Riemen und Antriebskräfte unseres Lebens. Ohne Emotion gibt es keine Aktion. Die Tür zu dieser Erkenntnis öffnen Anekdoten, Geschichten, Märchen. Oder wie im Buch »Komm, ich erzähl dir eine Geschichte« des Gestalttherapeuten Jorge Bucay steht: »Kindern erzählt man Geschichten zum Einschlafen – Erwachsenen, damit sie aufwachen.«

Beispielsweise Märchen. Die sind nicht nur bloße Unterhaltung mit Gruselfaktor. Die meisten Märchen sind vor Jahrhunderten entstanden, um uns davor zu warnen, den falschen Weg einzuschlagen. Sie tragen eine Moral in sich, lassen dabei aber immer einen Raum für Interpretationen, einen magischen Spalt, der eine Verknüpfung zu uns und unserem Leben schafft. Ähnliches gelingt auch Gedichten und Liedern. Eines meiner Lieblingsbücher habe ich Edith, meiner Klientin, empfohlen: »Das kleine Ich-bin-ich« von Mira Lobe.

Das kleine Ich-bin-ich ist ein kleines, nicht näher bestimmbares buntes Tier, das auf der Suche nach seiner Identität ist. Jedoch weiß es keine Antwort und fragt verzweifelt verschiedene Tiere, ob diese wüssten, wer es ist.

Im Verlauf der Geschichte entwickelt sich das kleine Ich bin ich vom unsicheren Tier zum selbstbewussten Ich. Die Begegnungen mit den anderen Tieren machen es stärker und es lernt, die Meinung der anderen zu ignorieren. Am Ende versteht es seine Einzigartigkeit und ist stolz darauf.

»Stolz auf mich war ich schon lange nicht mehr«, sagte mir Edith in der nächsten Stunde, nachdem sie das Buch aus einer Spielkiste ihrer Kinder vom Dachboden geholt hatte. »Wer hat das verhindert?«, fragte ich sie. Die Klientin überlegte kurz: »Das war ich schon selbst. Aber auf was sollte ich auch stolz sein? Ich habe zwar studiert, dann aber geheiratet und nie in meinem Beruf gearbeitet. Ich war nur Hausfrau und Mutter. Mehr nicht!«

»Mehr nicht?! Ich finde das viel«, sagte ich ihr. »Ohne Sie hätte Ihr Mann sicherlich nicht diesen Karriereweg einschlagen können. Ohne Sie wären Ihre Kinder ganz anders aufgewachsen. Ohne Sie hätte es Ihre Familie in dieser Form nicht gegeben. Sie waren das Zentrum, das Hirn und das Herz. Finden Sie das wenig?«

Die Frau Anfang fünfzig, die mir gegenübersaß, hatte Tränen in den Augen. »So habe ich das bisher noch nie gesehen. Und mein Mann hat mich auch nie spüren lassen, dass er das so sieht. Im Gegenteil: Er hat mich immer kleingemacht.« Ich sagte: »Er sieht es wahrscheinlich auch nicht. Das wäre zwar schön, wenn er es denn täte. Aber hier geht es erst einmal nicht um ihn, sondern um Sie und Ihr Selbstwertgefühl. Darum, zu wissen, dass Sie wertvoll und unersetzlich sind, dass Sie alles Gute dieser Welt verdienen und auch alles Recht haben, sich zu verändern und sich weiterzuentwickeln. Immer wieder. Wie das kleine Ich-bin-ich. Das muss auch er erst erkennen, dass der Schlüssel zu einem glücklichen Leben bei ihm selbst und seiner Sicht auf die Dinge liegt. So eine Einstellung zu sich selbst entwickelt sich nicht von allein.

Man kann aber daran arbeiten.« Indem man etwa überlegt, wo man gerade in seinem Leben steht. Die folgende Übung soll dir bei dieser Standortbestimmung helfen.

ÜBUNG **Richtungswechsel**

Bevor ich einen neuen Weg einschlage, sollte ich wissen, wo ich herkomme, wo ich im Moment stehe und wo ich hinmöchte. Ergänze die Satzanfänge spontan aus dem Bauch heraus und schreibe sie auf. Was sagen dir deine Antworten?

- In meinem Leben vermisse ich ...
- Eine der Sachen, die andere Menschen an mir nicht verstehen, ist ...
- Eine der Sachen, die ich an anderen Menschen nicht verstehe, ist ...
- Ich könnte mir eigentlich viel mehr vertrauen, denn ...
- Wenn ich mehr auf mich achten würde, müsste ich mir eingestehen, dass ...
- Ich bin wichtig, weil ...
- Ich habe mir selbst nie verziehen, dass ...
- Wenn ich mehr auf meine Wünsche achten würde, müsste ich mir eingestehen, dass ...
- Wenn ich jetzt Verantwortung für mein Leben übernehme, muss ich ...
- Mein Leben auszukosten, bedeutet für mich, ...
- Mir ist durch die vorangegangenen Antworten bewusst geworden, dass ...
- Diese drei Wörter fallen mir spontan ein, wenn ich an die Zukunft denke ...
- Diese drei Wörter kommen mir in den Sinn, wenn ich alles Negative ausblende ...

Ich erzählte Edith vom indischen Philosophen Osho, der in seinem Buch »Was kann ich tun? 101 einfache Methoden, um Stress und emotionale Probleme zu lindern« meinte, der Mensch sei ein wenig seltsam. Anstatt sein Inneres zu erkunden, strebe er ständig woandershin. Man schaffe sich so viele Hindernisse, und das größte Hindernis sei diese rastlose Jagd. »Du jagst ständig hinter dem Leben her, und das Leben jagt hinter dir her, aber treffen werdet ihr euch nie. Zu sein – darum geht es. Sei einfach nur.« Edith schluckte, schnaufte tief durch und sagte: »Dann lassen Sie uns anfangen.«

Bei der Kontaktaufnahme hatte Edith in ihrer Mail geschrieben, dass sie sich trennen wolle. Bei unserem ersten Termin saß mir eine nervöse Frau gegenüber, gepflegt und zierlich, mit einer wilden roten Lockenpracht. Ich fragte sie, wie es ihr ginge. »Eine gute Frage, die sich nicht einfach so beantworten lässt«, antwortete sie und erzählte mir von ihrem Ehemann, mit dem sie bald dreißig Jahre verheiratet ist und mit dem sie drei Kinder hat. »Und der immer noch mit mir leben will, obwohl ich seit mehreren Jahren einen Freund habe, von dem er weiß.« Bei ihrem Freund finde sie alles das, was sie bei ihrem Mann vermisse: »Spontaneität, Verrücktheit, guten Sex.«

Vor einiger Zeit hatte ich irgendwo den Satz gelesen: Wir Menschen sind die Schnittstelle zwischen Vergangenheit und Zukunft, wobei es zwei Vergangenheiten gibt, die erledigte, die ich abgeschlossen habe, und die unerledigte, die bis in die Gegenwart wirkt. Wir Menschen haben die Gabe, mit beiden zu hadern. Ich fragte Edith: »Sie wollen sich also von ihrem Mann trennen?« Sie überlegte kurz. »Ja, irgendwie schon. Und auch wieder nicht, weil ich ein schlechtes Gewissen habe. Dann überlege ich, meinen Freund zu verlassen. Oder auch beide«, sagte sie und fügte verzweifelt an: »Ich weiß es einfach nicht. Ich nehme mir immer wieder vor, zu handeln. Im Kopf geht es. Doch es umzusetzen, daran scheitere ich. Ich weiß nur, dass es so nicht bleiben kann.«

Um zu wissen, wohin ich gehen möchte und mit wem, muss ich erst einmal erkennen, wer ich bin. Das versuchte ich Edith klarzumachen. In sich selbst hineinzuhorchen, erfordert Mut. Und um eine gesunde Beziehungshaltung entwickeln zu können, braucht es eine gewisse Portion Egoismus. Denn solange sich der Mensch nicht als Mittelpunkt seines Lebens sieht, wird er immer um äußere Dinge kreisen – und abhängig von anderen sein. Um sich dagegen zu immunisieren, sollten wir unsere Werte und Ziele kennen. Diese Begriffe werden leicht durcheinandergeworfen, haben jedoch eine völlig andere Bedeutung.

Ein Ziel ist ein erwünschtes Ergebnis, das man auflisten und abhaken kann. Mein Haus, mein Auto, mein Boot, das sind alles Ziele, die man erreichen und dann von der Liste streichen kann, egal ob das Auto nun schnell, langsam, blau oder grün ist. Ziele können sich im Leben ändern, weshalb sich auch der Weg dorthin dann ändert.

Ein Wert ist hingegen eine Richtung, in die wir uns bewegen, ein Prozess oder eine tief verwurzelte Überzeugung, die niemals ein Ende finden. Der Wunsch, ein treuer Partner zu sein, ist beispielsweise ein solcher Wert, der nicht abgehakt werden kann, sondern bis zu unserem Tod gilt. Außer wir verändern unsere Werte, was zumeist aber ein tiefgreifender Vorgang ist. Zu den Werten zählen unter anderem: Liebe, Sicherheit, Erfolg, Ehrlichkeit, Optimismus, Glück, Familie, Ausdauer, Toleranz, Freiheit, Gesundheit, Gerechtigkeit, Selbstbestimmung, Treue, Friede, Harmonie oder Zuverlässigkeit.

Während ein Wert also eine Richtung vorgibt, »Ich möchte nach Süden fahren«, benennt ein Ziel einen konkreten Punkt auf dieser Reise, einen Fluss, einen Berg oder eine Stadt. Wie weit wir auch nach Süden fahren, es geht immer noch südlicher. Haben wir hingegen den Berg bestiegen, dann ist er bestiegen und das Ziel damit erledigt. So sieht es zumindest Russ Harris in seinem Buch »Wer dem Glück hinterherrennt, läuft daran vorbei. Ein Umdenkbuch«.

Die Frage nach ihren konkreten Lebenszielen lässt sich von vielen Menschen leichter beantworten als die nach ihren Werten. Einige Fragen, die auch meinen Klienten immer wieder helfen, ihre Werte zu identifizieren, habe ich in eine Übung gepackt.

Übung **Welche Werte habe ich?**

Es sind unsere Werte, die unserem Leben Sinn und Orientierung geben. Sie sind die Grundlage dafür, was wir tun und fühlen. Unsere Werte zu kennen, hilft uns deshalb gerade in schwierigen Zeiten.

- Woran glaube ich im Innersten meines Herzens?
- Worauf möchte ich in jedem Moment meines Lebens hinarbeiten?
- Was für ein Mensch möchte ich sein?
- Welche Art von Beziehungen möchte ich aufbauen?
- Was schätze ich an anderen?
- Wie möchte ich in Erinnerung bleiben?
- Wenn mich nicht gesellschaftliche Zwänge und meine Gefühle blockieren würden, wohin würde ich mein Leben steuern?
- Welche drei Wörter fallen mir spontan ein, wenn ich an die Zukunft denke?
- Welche drei Wörter kommen mir in den Sinn, wenn ich alles Negative ausblende?

Vielen meiner Klientinnen und Klienten fällt es schwer, Antworten auf diese Fragen zu finden. »Ich möchte glücklich sein«, höre ich dann, »Ich möchte mich geliebt fühlen« oder »einen Partner finden, der mit mir auf Augenhöhe ist«. Das sind alles hehre Ziele, aber sie führen uns noch nicht zum Kern.

Wenn wir in unser Inneres blicken, sehen wir diesen Kern oft nicht, sondern vielmehr Unordnung, wechselnde Gefühle, unklare Sehnsüchte, Wünsche, Werte und Ziele, die miteinander unvereinbar sind. Aber nur, weil wir uns so schwer damit tun, sie aufzuspüren, heißt das nicht, dass sie nicht da sind. Wenn wir über Werte nachdenken, ist es vielmehr so, dass wir Entdecker sein müssen. Werte wachsen in unseren Untiefen wie Stalaktiten in einer Tropfsteinhöhle. Einen Wert zu erfinden, der uns plötzlich wertvoll erscheint, ist nur äußerst selten möglich. Gerade deshalb sind Werte aus meiner Sicht so wichtig, weil sie unserem Leben Sinn, Bedeutung und Leidenschaft verleihen.

»Wer ein Warum zum Leben hat, erträgt fast jedes Wie«, hat Friedrich Nietzsche einmal gesagt. William James, der Mitbegründer der modernen Psychologie, der im 19. Jahrhundert in Harvard lehrte, meinte: »Die größte Revolution unserer Generation ist die Entdeckung, dass menschliche Wesen die äußeren Aspekte ihres Lebens verändern können, indem sie die innere Einstellung ihres Geistes verändern.«

Wir können die Verantwortung für unser Leben nicht einfach abschieben. Bei unseren Werten geht es ums Tun, nicht ums Fühlen. Es gibt also keine Ausrede: Wir bestimmen. Alles ist eine Frage des Trainings und der Haltung. Klar, niemand läuft aus dem Stand heraus einen Marathon. Wir sollten üben und daraus eine Gewohnheit machen. Denn wir sind nicht unsere Gedanken. Wir haben Gedanken – und die lassen sich lenken. Wenn ich die Beweggründe meines Handelns aber nicht kenne, verstehe ich mich selbst nicht mehr und bin mir ein Rätsel.

Mit Edith redete ich in der ersten Stunde fast nur über ihre beiden Partner. »Mein Ziel ist es, mich von beiden endgültig zu trennen! Und ich schaffe es nicht, obwohl ich fühle, dass ich nur dann endlich ich sein kann. Wahrscheinlich wäre es anders gekommen, leichter gewesen, wenn ich die Entscheidung zur Trennung schon vor Jahren getroffen hätte.«

Ich sagte: »Ja, vielleicht wäre das so gewesen. Aber damals waren Sie noch nicht so weit, die Probleme und Ihre eigenen Interessen wahrzunehmen.« Ich ließ Edith aufschreiben, was sie noch mit dem Ich-Sein verband. »Weite, Freiheit, Lebendigkeit, Genuss, Ruhe, Leidenschaft, Selbstbestimmung«, hatte sie wenig später mit Mädchenhandschrift auf dem Papier notiert.

»Was fühlen Sie, wenn Sie das lesen?« »Angst«, sagte sie, »die Angst, mich wirklich allein auf eigene Füße zu stellen, ist riesig. Ich fühle mich abhängig von der Liebe der beiden. Die Angst, ohne sie niemand mehr zu sein, lähmt mich. Wahrscheinlich ist meine Leidensfähigkeit deshalb so groß.« Und mit Tränen in den Augen fügte sie an: »Ich weiß nicht, ob mein Weg Alleinsein heißt, oder mit wem ich mein Leben teilen soll.«

Ich beruhigte sie: »Es geht nicht immer nur darum, eine Lösung zu finden und konstruktiv zu sein. Manchmal ist es auch genug, zu sagen: Ja, es ist schlimm. Und dann darf man auch einfach traurig sein oder wütend oder keinen Bock mehr haben.« Und ich fuhr fort: »Mit wem ich mein Leben teilen möchte, an der Frage sind auch schon ganz andere gescheitert. Ich kann sie erst beantworten, wenn ich weiß, wer ich bin und wohin ich gehen möchte. Und wenn ich mich vor dem fürchte, was kommt, klammere ich mich eben an das, was ich habe.«

Früher war es eine Höhle, in der sich die Menschen sicher fühlten. Heute ist das unser Haus, das unser Heim und unsere Burg ist. In der folgenden Übung möchte ich mit dir schauen, aus welchen Steinen dein Haus gebaut ist.

Übung **Mein Lebenshaus**

Zeichne auf ein Papier ein aufgestelltes Rechteck und unterteile es in sechs gleich große Einheiten oder Backsteine. Zwei auf jeder Ebene. Obendrauf setzt du ein Dreieck. Das ist dein Haus des Lebens. Es zeigt, was du bei deiner Lebensgestaltung wichtig findest: Werte, andere Menschen, (berufliche) Kompetenz, gesellschaftliche Rahmenbedingungen oder (familiäre) Aufträge. Nun fülle die ersten beiden Backsteine aus, das ist das Fundament und sorgt dafür, dass dein Haus sicher steht. Was ist dir im Leben am wichtigsten? Schreib es rein. Nach oben hin füllst du dann die Backsteine mit abnehmender Wichtigkeit aus. Schau dir dein Lebenshaus an. Was sagt es dir? Hat es sich über die Jahre verändert? Welchen Stein hast du vernachlässigt? An welchem Stein möchtest du arbeiten?

Wir verpassen so vieles im Leben, weil es uns an Mut fehlt. Für eine vermeintliche Sicherheit zahlen wir oft den Preis der Einsamkeit. Das Mittel der Wahl wäre es, mit unseren Gewohnheiten zu brechen. Wir sollten mehr auf unsere Sehnsüchte vertrauen. Sie können uns den Weg zeigen. Dafür müssen wir unserer Angst ins Gesicht blicken, die ein mächtiger Gegenspieler ist.

Weil wir das nicht tun, haben wir über die Jahre Entscheidungen getroffen, die eine tiefe Kluft geschaffen haben, zwischen dem, was wir sind, und dem, wie wir sein möchten, wie wir leben und was wir wollen. Diese Kluft sollte uns nicht ängstigen oder davon abhalten, ins Handeln zu kommen und vorwärtszugehen. Sie tut es aber doch, weil zu verharren einer großen Versuchung gleichkommt.

Mit etwas Neuem muss man von vorne beginnen und man weiß nicht, ob es besser wird. Jeder neue Schritt birgt die Gefahr des Absturzes und noch größeren Scheiterns. Das macht uns Angst. Wir bewundern Menschen, die den anderen Weg ins Risiko gehen, weil wir spüren, dass ihr Weg auch der unsere sein könnte und sollte. Wir wiegen uns stattdessen in Sicherheit und sind dabei alles andere als sicher. Denn im Grunde gibt es nichts, was man haben und nicht auch verlieren kann.

Es gibt kein Naturgesetz, das sagt, dass wir glücklich werden, wenn wir nur lange genug warten. Um diese Chance zu erhalten, müssen wir uns und unser Umfeld proaktiv gestalten. Manchmal kann dieses Weitergehen hart sein, weil wir Menschen und Dinge zurücklassen müssen, die uns etwas bedeuten oder bedeutet haben. Aber an dem festzuhalten, was uns belastet, lässt uns auf der Stelle treten. »Du kannst nicht das nächste Kapitel deines Lebens beginnen, wenn du ständig den letzten Abschnitt wiederholst«, wird der US-amerikanische Schauspieler und Autor Michael McMillan vielfach zitiert. Viele von uns tun allerdings genau das. Wieder und immer wieder, in Endlosschleifen.

Genau so erging es Edith. Sie hatte das Gefühl, nicht mehr frei atmen zu können und in ihren Partnerschaften zu ersticken. Wagemut, Stärke, Unabhängigkeit, Abenteuerlust – diese Werte sind ja alle schön und gut, wenn die inneren Stimmen einen nicht mit Selbstvorwürfen und Kritik plagen: Was machst du da?! Du weißt doch gar nicht, was du willst! Hinterher sind doch alle nur enttäuscht! Und wer ist schuld? Du! Lass es!

In solchen Momenten müssen wir die Vorwürfe unseres inneren Kritikers aushalten. Dann erkennen wir, dass eigentlich nicht die anderen Menschen unser Problem sind, sondern die Spannungen in uns. Und die müssen nicht nur negativ sein. Viele unserer Kräfte, Ressourcen und Entwicklungen haben wir aus den Erfahrungen und Krisen in der Vergangenheit gezogen. Hätten wir wählen können, hätten wir sie mit großer Wahrscheinlichkeit umschifft. Damit wäre auch so manche Selbsterkenntnis und so mancher Zugewinn an Selbstvertrauen auf der Strecke geblieben, die wir aus der Bewältigung der Hindernisse gezogen haben. Ein Problem muss nicht immer nur ein Problem sein, manchmal kann es auch eine Ressource sein, auf die wir später bauen können.

Der Prozess, man selbst zu werden, hört jedenfalls niemals auf. Wer wir sind, damit haben wir uns auf den vorangegangenen Seiten beschäftigt. Wenn ich die Richtung kenne, in der ich in meinem Leben unterwegs sein will, kann ich mir Ziele auswählen, die ich erreichen möchte. Damit dies gelingt, ist es gut, seinen Standort zu bestimmen: Was ich heute bin und wie ich gerade lebe, hängt davon ab, wo ich herkomme und wohin ich möchte. Mit meinen Klientinnen und Klienten analysiere ich das und lasse sie für diese Momentaufnahme nach einem stimmigen Bild suchen.

Edith verglich ihr Leben mit einer Autofahrt, die bei ihrer Geburt begonnen hat. Mit den Jahren hat sie auf dieser Fahrt viel erlebt. Passagiere sind zu- und auch wieder ausgestiegen. Seit über dreißig Jahren ist ihr Ehemann mit an Bord ihres Wagens, drei Kinder kamen dazu, die inzwischen ihre eigenen Wege gehen. Dafür ist vor einigen Jahren ihr Freund zugestiegen.

In mir sah Edith eine Raststätte mit kleiner Werkstatt, an der sie kurz ausruhen, auftanken und die Scheiben reinigen kann. »Um wieder eine klare Sicht zu bekommen«, sagte sie, »um Kleinigkeiten zu reparieren und wieder fahrtüchtig zu werden, um mir Tipps für die Reise und Verpflegung zu holen.«

»Kaffee, Käsebrote und eine saubere Toilette finden Sie bei mir«, antwortete ich mit einem Lachen, »weiterfahren müssen Sie aber allein. Das wissen Sie! Sie treffen die Entscheidungen und tragen die Verantwortung dafür. Das kann

Angst machen, aber auch ein großartiges Gefühl sein. Denken Sie an Ihren fünfzigsten Geburtstag in New York.« Sie lächelte. Diesen besonderen Tag hatte Sie bewusst und ganz allein gegen den Widerstand ihres Mannes und ihres Freundes dort verbracht. »Ich hatte so eine Angst davor und dann war es so schön.«

Die größte Gefahr im Leben ist doch, dass wir oft zu vorsichtig sind. Um unsere Träume zu verwirklichen, müssen wir aufwachen. Wenn wir eine Veränderung anstreben, gilt es zuerst, ihre Notwendigkeit zu erkennen und bereit zu sein, dafür Opfer zu bringen, andere Wege zu gehen und auch Menschen zurückzulassen. Wir biegen auf neue Straßen ein, manchmal sind es auch nur Schotterpisten, fahren in dunkle Tunnel, ohne zu wissen, ob sie in einer Sackgasse enden oder auf unbekanntem Terrain. Eine Veränderung ebnet oft den Weg für andere. Deshalb ist auch nicht gesagt, dass es bei der einen Trennung bleibt. Manchmal folgen weitere im Beruf, der Spiritualität oder im Freundeskreis.

Ich fragte: »Wenn Sie auf das Auto schauen: Wer sitzt eigentlich aktuell am Steuer? Sie, Ihr Mann, Ihr Freund?« Edith zögerte kurz. »Ich«, sagte sie, »das bin inzwischen ich.« Und sie schien stolz zu sein, das sagen zu können. Trotzdem tat sie sich damit schwer, sich von ihren Werten leiten zu lassen, ihre Ziele zu benennen und sie gegenüber anderen zu vertreten.

Wir übten zusammen. Ich ließ Edith ihre Werte für bestimmte Lebensbereiche notieren. Im Einklang mit ihren Werten sollte sie sich Ziele setzen, unmittelbar, kurz-, mittel- und langfristig. Ziele, die sie heute erreichen konnte, in den nächsten Tagen, Wochen, Monaten und Jahren.

Was für den einen Menschen leicht ist, ist für den anderen schwer. Wir unterscheiden uns zu sehr in unseren Stärken und Schwächen. Ein Vergleich mit anderen macht daher auch keinen Sinn, und oftmals auch kein Ratschlag: Was ich für machbar halte, mündet bei einem anderen in Verzweiflung. Wenn Werte unser Kompass sind und die Richtung vorgeben, gibt es sowieso nie nur den einen Weg.

Ziele zu fassen ist das eine, sie umzusetzen das andere. Unterdrückte und unerfüllte Wünsche sind unser ganzes Leben lang eine große Herausforderung. Sich zwischen zwei widersprechenden Wünschen zu entscheiden, ist dabei wohl das schwierigste Ziel. Wichtig ist, auf dem Weg zu sein, PS auf die Straße zu bringen, um in Ediths Metapher zu bleiben. Zumindest für eine Teilstrecke. Nur so lässt sich erfahren, ob wir uns dem Ziel nähern oder vielleicht nur anderen gefallen wollen. Scheitern ist ausdrücklich erlaubt, wichtig ist, es danach wieder zu versuchen.

Ziele dürfen sich ändern genauso wie man ein neues Zwischenziel als Meilenstein einfügen darf. Edith war nicht überzeugt davon, dass sie das hinbekommt. »Mit Ihnen ist nichts falsch«, sagte ich ihr, »Sie bekommen das hin. Sie zweifeln nur schon zu lange an Ihrer Fähigkeit, etwas ändern zu können.«

Wenn ich mal wieder vor einer scheinbar unlösbaren Aufgabe stehe, denke ich gerne an Beppo, den Straßenkehrer, aus Michael Endes Buch »Momo«, der die Straßen der ganzen Stadt zu kehren hat. »Und dann fängt man an, sich zu beeilen. Und man beeilt sich immer mehr. Jedes Mal, wenn man aufblickt, sieht man, dass es gar nicht weniger wird, was noch vor einem liegt.« Das kann beängstigend sein, deshalb ist davon abzuraten. »Man muss immer nur an den nächsten Schritt denken, an den nächsten Atemzug, an den nächsten Besenstrich. Dann macht es Freude; das ist wichtig, dann macht man seine Sache gut. Und so soll es sein.«

Ein paar Tage später nahm sich Edith eine kleine Wohnung, um Abstand zu gewinnen. »Was sagt Ihr Mann dazu?«, fragte ich. »Der versteht mich nicht. Es sei doch immer alles so liebevoll und harmonisch gewesen. Aus seiner Sicht wahrscheinlich.« Ich fragte: »Und aus Ihrer Sicht?«

Edith antwortete: »War das lange Jahre auch so. Was er sagte, war gesetzt. Und für mich war das in Ordnung. Im Rückblick haben wir eigentlich eher eine Vater-Tochter-Beziehung geführt.«

Der Satz machte mich hellhörig. Denn oft suchen wir uns die Partner im Leben, mit denen wir unaufgelöste Eltern-Kind-Muster weiterleben können. Mir geht es als systemischen Berater um ein Verstehen, warum wir sind, wie wir sind. Und warum unsere Beziehungen wurden, wie sie sind. Die Gründe dafür liegen vielfach in der Vergangenheit, in der eigenen Familie oder in Erfahrungen. Du erinnerst dich sicher an das Bindungskapitel.

Schon vor Jahren haben wir von anderen ein Etikett aufgeklebt bekommen: Du bist fleißig, du bist ordentlich, du bist hübsch, du bist ängstlich, du bist schüchtern, du bist hysterisch, du bist cholerisch, du bist ein Außenseiter. Aber solche Etiketten ordnen uns nicht nur Schubladen zu, sie wirken wie Magnete. Sie biegen unsere Verhaltensweisen in ihre Richtung. Und plötzlich lenken sie, anstatt zu beschreiben.

Die Reise in die Vergangenheit war auch mit Edith sehr aufschlussreich. Sie fühlte sich von ihren Eltern nie richtig wahrgenommen. Als viertes von fünf Kindern habe sie nie etwas Eigenes gehabt und konnte nie sie selbst sein. Vor allem ihrem dominanten Vater versuchte sie alles recht zu machen. »Ich wollte doch nur, dass er mich sieht und mir einmal sagt, dass er mich lieb hat.«

Diese Liebe holte sie sich dann von ihrem Mann. Eine Win-win-Situation für beide, bis sie sich veränderte und darüber in eine depressive Phase rutschte. »Mein Mann nennt sie meine Midlife-Crisis«, empörte sie sich. Dadurch, dass es ihr physisch und psychisch schlecht ging, beschäftigte sie sich noch mehr mit sich selbst, nahm Yogastunden und belegte einen Achtsamkeitskurs. »Ich merkte, dass ich unglücklich bin und dass das nicht mein Leben ist, das ich lebe, sondern seines. Er ist der Mensch, mit dem ich die meiste Zeit meines Lebens verbracht habe, mit dem ich Kinder habe, auf den ich mich hundertprozentig verlassen kann. Aber will ich das noch oder muss ich etwas ändern?«

Es ist keinesfalls leicht, andere Menschen mit ihren Gefühlen und ihrem Handeln zu akzeptieren. Unsere Partner sind aber auch nicht auf der Welt, um unsere Erwartungen zu erfüllen. Umgekehrt brauchen wir nicht seine/ihre Erlaubnis, um zu sein, wer wir sind. Vielen wird nach unzähligen Streiten und Krisen klar, es gibt eigentlich nur einen Weg, etwas zu bewegen: Ich muss an meiner eigenen Lebenseinstellung arbeiten.

Erst wenn wir verstanden haben, wer wir sind, wenn wir die Richtung unseres Lebens kennen und unsere Ziele gefunden haben, können wir die Frage beantworten, wer an unserer Seite sein und uns begleiten soll. Wenn dieser Mensch uns auch liebt, wird er das Kostbarste, das er hat, für uns geben: seine Zeit. Freiwillig und völlig unabhängig.

Also finden wir uns selbst. Aus dieser gestärkten Position können wir uns auf die Suche nach einem geeigneten Partner begeben. Denn damit es sich um eine echte Liebe handeln kann, sagt Fromm in »Die Kunst des Liebens«, muss die erotische Liebe einer Voraussetzung genügen: »Ich muss aus meinem innersten Wesen heraus lieben und den anderen im innersten Wesen seines Seins erfahren.« Tun wir das? Aus dem innersten Wesen lieben?

Bei unserem letzten Termin war Edith mit ihrem Weg unzufrieden. »Ich bin nicht dort, wo ich sein möchte«, klagte sie sich selbst an. »Dazu fehlt es mir noch immer an Geradlinigkeit, Ehrlichkeit und Mut. Ich vergeude meine Zeit.«

Ich fragte: »Wo möchten Sie denn sein?« »Wenn ich das wüsste. Ich höre in mich hinein und finde mich in Teilen in beiden Beziehungen. Hier die Leidenschaft und Spontaneität, dort das Vertrauen, die Sicherheit und die Familie. Ich kann mich nicht entscheiden. Und beides geht nicht unter einen Hut. Dann will ich nur noch weg. Es fühlt sich so an, als ob der Wasserstand zu niedrig zum Schwimmen wäre, und zu hoch, um sicher stehen zu können.«

Ich fragte sie: »Sind Sie denn überhaupt noch nicht vorwärtsgekommen?« Edith überlegte kurz: »Doch, schon.« Sie hatte gerade zu ihrem Freund eine Beziehungspause eingelegt. »Den Mut zur endgültigen Trennung habe ich nicht«, sagte sie und fügte schnell an, »noch nicht.«

Mit ihrem Mann hatte Edith eine Paartherapie begonnen. »Dort traue ich mich nach unseren Gesprächen inzwischen wenigstens anzusprechen, was mich an der Beziehung zu meinem Freund so fasziniert hat und was ich in meiner Ehe nicht mehr finden konnte und noch nicht kann.«

Ich fragte: »Und Ihr Mann?« Sie antwortete: »Der verweigert sich und sieht alle Schuld bei mir, weil er der Alte geblieben sei und nur ich mich verändert habe. Was für ein Quatsch.« Ich bestätigte ihre Aussage: »Natürlich ist das Quatsch. Sie sind nicht schuld daran, wie er sich fühlt. Jeder hat das Recht, Grenzen immer wieder neu zu setzen, und genauso muss jeder die Grenzen des anderen achten können. Sie wissen das und damit sind Sie Ihrem Mann Meilen voraus. Deshalb sollten sie nachsichtig mit ihm sein. Allerdings macht die Therapie nur Sinn, wenn er sich darauf einlässt.«

Liebe und Beziehungen müssen nicht immer symmetrisch laufen. Wer Kinder hat, weiß, was bedingungslose Liebe bedeutet. Umgekehrt ist das nicht immer so, das muss es auch nicht. Wir haben uns für unsere Kinder entschieden, sie hatten diese Wahl nicht.

Um sich über Beziehungsstrukturen einmal klar zu werden, macht Jorge Bucay den Vorschlag, zwei Listen zu schreiben. Eine, auf der wir notieren, wer die zehn, 15 oder 25 Menschen sind, die uns wirklich wichtig sind und uns etwas bedeuten. Dann drehen wir das Blatt um und schreiben auf die andere Seite eine Liste derer, von denen wir glauben, dass wir für sie wichtig sind.

Deine beiden Listen werden nicht übereinstimmen.

Wahrscheinlich gibt es Menschen, die wir mögen, die uns aber nicht im gleichen Maße wichtig finden. Und umgekehrt gibt es andere, deren Herz hängt an uns, und wir quittieren das vielleicht mit einem Achselzucken. Das ist so. Vielleicht war es vor ein paar Jahren sogar andersherum. Welche Konsequenz ziehen wir nun daraus? Wir könnten uns überlegen, welche Kraft und Zeit wir in welche Beziehung stecken, weil wir das so wollen. Die Beziehungsarbeit der anderen können wir sowieso nicht übernehmen.

Eine Beziehung ist genauso wenig statisch, wie wir es sind. Dort, wo etwas zusammengewachsen ist, kann es sich auch wieder trennen, und umgekehrt. Ich kann mich noch so sehr anstrengen, mein Gegenüber stärker zu lieben, als ich es tue, es wird mir nicht gelingen. Und so sehr ich mir etwas anderes wünschen mag, für meinen Partner gilt dasselbe, egal was er oder sie tut. Es geschieht oder es geschieht nicht.

Trotzdem ist es auch aus meiner Sicht nicht egoistisch, wenn wir unsere Bedürfnisse ernst nehmen und sie äußern. Man muss nicht gläubig sein, um einem Leitspruch aus der Bibel zu folgen: »Bittet, und euch wird gegeben, suchet, und ihr werdet finden, klopft an, und euch wird die Türe aufgetan.« Diesen Satz finden wir sogar dreimal: bei Matthäus 7,7, Markus 11,24 und bei Johannes 14,13. Wir müssen im Leben um das bitten, was wir wollen und brauchen.

Natürlich gibt es die Paare, die sechzig, siebzig oder achtzig Jahre verheiratet sind und deren Herzen scheinbar im Gleichklang schlagen. Nicht selten richten sich Paare aber über die Jahre in ihrem gemeinsamen Unglück ein. Als ich das zu einem Klienten sagte, widersprach der vehement. »Meine Frau sagt, sie ist glücklich mit mir und unserer Beziehung.« Ich antwortete ihm: »Sie weiß von Ihren Affären und würde sogar die eine oder andere akzeptieren, wenn Sie bei ihr bleiben. Meinen Sie, Ihre Frau würde diese Art Beziehung wählen, wenn sie die Richtung bestimmen könnte?« Darauf schwieg mein Klient.

Gewinnen und Verlieren gehören zum Lauf des Lebens. Ganz davon abgesehen, dass es kein rein glückliches Leben gibt, wäre das sehr oberflächlich. Ein Leben, in dem es auch Trauer und Schmerz gibt, gewinnt an Tiefe. Wir können daran wachsen, wenn wir daraus unsere Schlüsse ziehen. Wir sollten also nicht ausschließlich hadern und uns die Frage stellen: Warum muss das immer mir passieren? Lass uns doch stattdessen fragen: Was kann ich daraus lernen? Wie kann ich es in meiner nächsten Beziehung besser machen?

Edith konnte diesen Rat annehmen. Über den Sommer hatten wir beschlossen, eine Sitzungspause einzulegen. Auch wenn die Klienten denken, sie könnten die Themen ein paar Wochen ruhen lassen, ist genau das Gegenteil der Fall. Die Fragen aus den Gesprächen zeigen gerade dann Folgen, da sich der innere Monolog nicht stoppen lässt.

Das machte mir die Mail deutlich, die ich von ihr erhielt: »Danke für Ihre mitfühlende und ermutigende Art«, heißt es darin. »Ich bin eine harte Nuss und selbst mein größter Kritiker. Sie haben recht: Würde ich mich selbst von außen kennenlernen, würde ich mich nicht so negativ sehen und ständig nachtreten. Vielleicht sind der Sprung ins Alleinsein und die Trennung mal zwei derzeit wirklich immer noch zu schwer für mich. Ich erkenne aber jetzt, dass ich schon etwas erreicht habe. Ich bin etwas ehrlicher damit geworden, meine Gedanken und Bedürfnisse zu formulieren. Noch immer vorsichtig, doch durch unsere Gespräche geht es schon besser. Ich halte das Risiko, zu enttäuschen oder zu verletzen, besser aus. Ich bin noch nicht dort, wo ich sein möchte. Dazu fehlt es mir noch immer an Geradlinigkeit, Ehrlichkeit und Mut. Aber Schritt für Schritt kann ich ich sein. Das fühlt sich gut an. Ich bin zuversichtlich, dass ich irgendwann ins Leben komme. In mein Leben. Wir sehen uns in drei Wochen.«

Ich antwortete ihr mit einem kurzen Zitat aus dem kleinen Ich-bin-ich: »Patsch, da fährt es mit der Nase/mitten in die Seifenblase,/und der schöne Spiegelball,/der zerplatzt mit leisem Knall./ »Macht nichts«, sagt das Ich-bin-ich./ »War ja nur ein Spiegeltier!/ Es ist fort und ich bin hier.«

Du weißt selbst am besten, wo der Schuh drückt. Probiere es mal mit der Beantwortung folgender Fragen, um deinem Leben eine neue Richtung zu geben oder zumindest ein Gefühl dafür zu bekommen, welche Schritte dafür nötig sind. Die Idee dazu stammt aus der Zeitschrift »Psychologie heute compact 72«.

ÜBUNG **Das kann ich, das will ich**

Fünf Schritte, um Veränderungen einzuleiten und sie selbst zu gestalten:

1. *Wo stehe ich?* (Analyse der Ist-Situation) Nimm deine Bedürfnisse ernst, anstatt sie zu ignorieren. Frage dich, ob du die Situation selbst verbessern oder warten möchtest, bis es für dich jemand tut.

2. *Was hält mich zurück?* (Blockaden finden) Selten sind es echte Hindernisse, die uns zurückhalten, vielmehr negative Glaubenssätze. Versuche diese Sätze umzuformulieren und suche dir positive Menschen, die dich dabei bestärken.

3. *Was sind meine Stärken?* (Ressourcen klären) Schreib deine Stärken auf, lass dir dabei gerne auch von anderen helfen. Wir haben oft einen schwarzen Fleck, wenn es um uns geht. Frag dich dann, welche Stärken und Fähigkeiten in der aktuellen Situation nützlich sind und wie du sie am besten anwendest.

4. *Wie könnte ich leben?* (Gegenentwürfe formulieren) Nimm dir ein Blatt und male darauf mindestens fünf Kreise. Dort hinein schreibst du die Möglichkeiten, die sich ergeben, wenn du deine Stärken einsetzt. Anschließend identifizierst du drei Gegenentwürfe, die sich schon jetzt besser als der Ist-Zustand anfühlen, und skizzierst, in welche Richtung diese Veränderung zielt, wenn du wirklich offen dafür bist.

5. *Was sind meine nächsten Schritte?* (Entwurf eines Plans) Reduziere deine Gegenentwürfe möglichst auf einen einzigen. Das neue Ziel darf ein Herzenswunsch sein oder eine Richtung, die du dir bisher verboten hast. Formuliere dieses neue Ziel möglichst genau aus. Dabei teilst du es am besten in Meilensteine ein. Was soll dein erster Schritt sein, was dein zweiter, dein dritter? Nun erlaubst du dir den ersten Schritt, indem du ihn mutig und voller Vertrauen in dich umsetzt. Im Anschluss an diese Übung merken viele Menschen, dass ein Schlüssel zur Lösung längst in ihnen schlummerte. Auch wenn viele die mögliche Lösung nicht gleich erwecken und mutig in die Tat umsetzen, lohnt es, sich damit weiter auseinanderzusetzen und sich nach und nach an dieses Ziel heranzutasten. Trau dich! Alles ist besser als zu verharren.

Wissen To Go

- Um zu wissen, wohin ich gehen möchte und mit wem, muss ich erst einmal erkennen, wer ich bin. Werte und Ziele helfen uns dabei.
- Werte sind tief verwurzelte Überzeugungen und geben eine Richtung vor, die ich nie erreichen kann. Werte sind z. B. Glück, Toleranz und Zuverlässigkeit.
- Ziele kann ich hingegen auf eine Liste schreiben und abhaken, z. B. ein Hochschulabschluss, den Besuch Wiens oder ein Jagdschein.
- Gerade Werte sind wichtig, weil sie unserem Leben Sinn, Bedeutung und Leidenschaft verleihen. Bei ihnen geht es ums Tun, nicht ums Fühlen.
- Wenn ich mir meiner Werte und Beweggründe nicht bewusst bin, verstehe ich mich selbst und mein Handeln oft nicht.
- Unterdrückte und unerfüllte Wünsche sind unser ganzes Leben lang eine große Herausforderung. Wir verpassen so vieles im Leben, weil es uns an Mut fehlt. Für eine vermeintliche Sicherheit zahlen wir oft den Preis. Wir bewegen uns in Endlosschleifen unseres Unglücks.
- Nicht die anderen Menschen sind unser Problem, sondern die Spannungen in uns selbst. Die müssen wir aushalten, wenn wir vorwärtskommen wollen.
- Eine Veränderung ebnet oft den Weg für andere. Ein Problem muss dabei nicht immer nur ein Problem sein, manchmal kann es auch eine Ressource sein.
- Wichtig ist, ins Handeln zu kommen. Nur so lässt sich erfahren, ob wir uns dem Ziel nähern. Scheitern ist dabei genauso erlaubt, wie unterwegs die Ziele zu ändern.
- Erst müssen wir uns selbst finden. Aus dieser gestärkten Position können wir uns auf die Suche nach einem geeigneten Partner begeben.

- Beziehungen sind genauso wenig statisch, wie wir es sind. Dort, wo etwas zusammengewachsen ist, kann es sich auch wieder trennen, und umgekehrt.
- Wenn es nicht mehr passt, sollten wir uns nicht anpassen, sondern uns trennen.

Der Weg zur Hölle ist mit guten Vorsätzen gepflastert

Wenn man Kinder hat, muss man aufpassen, dass man als Paar im Alltag nicht verschwindet. »Ich habe ihn irgendwann nicht mehr als Partner gesehen, sondern nur noch als den Papa meiner Kinder.« Der Frau, die ich auf meinem Bildschirm sah, ging es wie so vielen Frauen und Männern, die sich in ihrer Beziehung über die Jahre und die sich verändernden Aufgaben aus dem Blick verloren haben.

Susanne, so ihr Name, hatte während ihrer Ausbildung zur Verwaltungsfachangestellten Tom kennengelernt, ihre erste große Liebe. Mit 19 Jahren wurde sie unbeabsichtigt schwanger. »Ich hätte ihn aber wahrscheinlich auch sonst geheiratet.« Nach der Hochzeit und der Geburt der Tochter folgte der Hausbau. Tom schlug eine Laufbahn als Beamter im gehobenen Dienst ein. Susanne blieb drei Jahre zu Hause, arbeitete dann im Amt in Teilzeit und kümmerte sich zusätzlich um die Familie. »Eigentlich war ich schon damals unzufrieden. Ich wollte auch Karriere machen.« Stattdessen bekam sie mit acht Jahren Abstand zur ersten Tochter noch Zwillinge, zwei Jungs.

Tom verließ früh das Haus und ging an den Nachmittagen und den Abenden seinen Hobbys nach: Radfahren, Fußball und Tennis. Susanne saß in der Zwischenzeit zu Hause und betreute die Kinder. »Gemeinsame Zeit gab es eigentlich nur im Urlaub. Wir sprachen auch nur noch das Nötigste miteinander. Meinen Bedarf nach Zärtlichkeit stillte ich bei den Kindern.« Tom wurde ihr immer fremder. Als sie ihn darauf ansprach, sagte er, dass es ihm ähnlich ginge.

Um die Spannung und das Kribbeln zurück in die Ehe zu holen, schlug Tom vor, eine offene Beziehung zu führen und Sex mit Dritten zuzulassen. »Ich hätte schon damals wissen müssen, wohin das führt«, machte sich Susanne in unserem Gespräch Vorwürfe. Sie fühlte sich damals aber zu schwach und ließ sich darauf ein.

Die Affäre hatte dann aber nicht Tom, sondern Susanne. Mit einem Arbeitskollegen. »Ich hatte zuerst riesige Schuldgefühle und erzählte deshalb Tom nichts davon.« Trotzdem ging sie weiter mit dem anderen ins Bett. Erst als der Kollege davon sprach, seine Frau für Susanne verlassen zu wollen, zog sie einen Schlussstrich und sagte es Tom. »Das hob unsere Ehe komplett aus den Angeln.«

Tom wollte offen sein, verkraftete aber die Affäre seiner Frau nicht. Er stürzte sich in die Arbeit und in seinen Sport. Er war kaum noch zu Hause und, wenn er es doch war, stritten sie sich lautstark. Auch vor den Kindern.

Das war der Stand, als sich Susanne bei mir zum Erstgespräch meldete. »So kann es nicht weitergehen. Ich geh kaputt«, sagte sie mit Tränen in den Augen. »Ich muss aus dieser Beziehung raus.« Und wenn sie allein gewesen wäre, hätte sie das wahrscheinlich auch geschafft. Aber alles aufgeben? Das gemeinsame Haus, auf dem noch Schulden lasteten? Das Zuhause ihrer Kinder?

In den nächsten Sitzungen beschäftigten wir uns eingehend mit den Ursachen für die Beziehungsprobleme und mit der Frage, welche Wege es gibt, um diese zu beseitigen. Susanne redete ausführlich über einen Neuanfang mit Tom, im Sinne der Kinder und ihres familiären Umfeldes. Und etwas kürzer über ein Ende und einen Neuanfang. »Das geht aber nicht. Das ist doch komplett egoistisch.« Sie quälte sich, zeigte sich wütend auf Tom und sich selbst, zog sich angsterfüllt zurück, wurde traurig, überlegte hin und her.

Als ich sie das nächste Mal per Mausklick in unsere Coachingstunde holte, schaute Susanne verzweifelt. Ihr Blick wanderte unruhig hin und her. »Die Probleme erschlagen mich. Ich hab heute Nacht wieder kein Auge zugetan. Eigentlich habe ich mich für Tom entschieden, aber es widerstrebt mir. Nichts geht vorwärts.«

An diesem Punkt entschied ich mich für einen Methodenwechsel. Ein Grundsatz im Leben sollte heißen: Wenn etwas nicht funktioniert, hör auf damit. Das gilt auch für Coaches und Therapeuten. Mehr vom Gleichen bringt selten eine Änderung. Oder wie Steve de Shazer, der Begründer der lösungsfokussierten Kurztherapie in seinem Buch »Mehr als ein Wunder« schrieb: »Das, was funktioniert, sollte man häufiger tun. Wenn etwas nicht funktioniert, mach etwas anderes.«

Ich stellte ihr die *Wunderfrage*. Das ist ein Werkzeug aus de Shazers Kurztherapie. Es hat das Ziel, die Klienten dabei zu unterstützen, ihre eigenen Ressourcen zu entdecken und zu nutzen, um ihre Ziele zu erreichen. Sie sollen sich vorstellen, wie ihr Leben aussehen würde, wenn das Problem, an dem sie gerade scheitern, bereits gelöst wäre.

Auf Klienten, die ihr Problem als unlösbar empfinden, wirkt das manchmal wie Traumtänzerei. Ich antworte darauf gerne: »Gerade dann kann manchmal nur ein Wunder helfen, meinen Sie nicht?«, und bitte sie, sich mit mir auf dieses Gedankenexperiment einzulassen.

ÜBUNG **Stell dir vor, während du schläfst, geschieht ein Wunder …**

Such dir einen ruhigen Ort und stell dir mal vor, es ist Abend, du hast Zähne geputzt, dich ins Bett gelegt und noch ein paar Seiten gelesen. Du wirst müde, klappst das Buch zu, schaltest das Licht aus und schläfst ein.

In der Nacht, während du schläfst, geschieht ein Wunder. Und es ist nicht irgendein Wunder: Alle deine Probleme sind mit einem Mal gelöst. Einfach so. Deine Angst ist verschwunden und deine Blockaden sind überwunden.

Beim Aufwachen am Morgen weißt du nicht, dass das Wunder geschehen ist. Du startest einfach in deinen Tag. Machst dir vielleicht eine Tasse Kaffee oder einen Tee.

Uns interessiert jetzt auch gar nicht, warum das Wunder geschehen ist. Wir interessieren uns dafür, wie es sich in deinem Alltag zeigt.

- Woran merkst du, dass dein Problem verschwunden ist? Schreib es auf.
- Was fällt dir als Allererstes auf, nachdem du aufgewacht bist?
- Wie fühlst du dich?
- Was machst du jetzt? Wofür verwendest du deine Energie, worauf richtest du deine Aufmerksamkeit?
- Wer außer dir wird erkennen, dass das Wunder geschehen ist?
- Woran wird die andere Person erkennen, dass eine Veränderung eingetreten ist?
- Woran noch?

Stell dir eine Skala von 1 bis 10 vor, oder noch besser, mal sie dir auf. Die 1 ist der Zeitpunkt, an dem dir das Problem am größten erschien. Dein Wunder liegt bei der 10. Jetzt möchte ich gerne mit dir gemeinsam drauf schauen, wie du es vollbracht hast, auf eine 10 zu kommen und dein Wunder wahr werden zu lassen. Lass uns doch dafür die einzelnen Stationen auf deinem Weg zum Wunder betrachten.

- Wie hast du es geschafft? Was musstest du dafür tun?
- Was hast du genau gemacht?
- Was musstest du vorher noch erledigen, klären, absagen etc.?
- Welche notwendigen Schritte hast du eingeleitet?
- Wie hat sich das angefühlt?
- Was kam danach?
- Wenn du so auf die Skala blickst, was gibt es da noch zu ergänzen?
- Was noch?

Bleiben wir noch ein bisschen im Bild des Wunders.

- Welches Verhalten hat dir geholfen?
- Was waren deine Stärken?
- Welche Fähigkeiten hattest du, um das Ziel zu erreichen?
- Welche zusätzlichen Fähigkeiten musstest du aktivieren, um dein Ziel zu erreichen?
- Wie hast du dein Leben neu strukturiert?
- Was hast du aufgegeben?
- Was würde ein Mensch, der dich besonders gut kennt, über dich sagen?
- Wer oder was hat dir Kraft gegeben weiterzumachen – trotz der Größe des Problems oder der Probleme?
- Wie lange hat es gedauert, das Problem in den Griff zu bekommen?

- Welche Unterstützung hast du von außen erhalten? Auf wen konntest du zählen?

Danke dafür, dass du dich auf dieses Gedankenexperiment eingelassen hast, mit dem wir still und heimlich einen Plan entworfen haben, vielleicht deinen Plan, wie dein Weg zum Wunder aussieht.

- Wie willst du das Thema weiter angehen?
- Was ist der nächste sinnvolle Schritt?
- Was brauchst du auf deinem Weg zu deinem Ziel?

Während viele andere Therapieansätze nach der Abfolge »Problem führt zur Lösung« arbeiten, zäumt die lösungsfokussierte Kurztherapie das Ganze von hinten auf. Sie beginnt mit der Lösung. Die Klientinnen und Klienten beschreiben, was anders sein wird, wenn es das Problem nicht mehr gibt. Danach arbeiten sie rückwärtsgewandt und skizzieren einen Weg, wie sie das beschriebene Ziel erreicht haben.

Im Vergleich zu anderen Therapieformen ist die Wunderfrage damit weniger auf die Analyse von Problemen und deren Ursachen ausgerichtet, sondern eher auf die Suche nach Lösungen und die Förderung von positiven Veränderungen. Der Blick liegt auf der Zukunft und dem Erkunden von Möglichkeiten und nicht auf der Vergangenheit und einer Krisenbetrachtung. Diese Methodik wirkt bei vielen Klienten.

Im nächsten Coaching begegnete ich einer fröhlichen Susanne. »Die Wunderfrage hat mir richtig gutgetan. Damit würde ich gerne weitermachen«, sagte sie und strahlte aufgeräumt. Ich nickte und fragte sie: »Was genau hat Ihnen gutgetan?« Susanne überlegte kurz: »Der Perspektivwechsel, es ist der Perspektivwechsel. Mein Leben war bis dahin eine einzige Krise. Probleme hier, dort, überall. Es kam mir vor, als würde ich diesen Berg zu erklimmen nie schaffen. Dann kam die Wunderfrage. Plötzlich stand ich oben am Gipfel. Ich hatte das Gefühl, ich habe es geschafft. Es gibt eine Lösung und auch einen Weg, den ich gehen kann. Dieses Wissen ließ mich endlich wieder frei atmen.«

Susanne war klar, dass sie keines ihrer Themen damit abgeräumt hatte. Sie fasste in dieser Sitzung aber einen Plan, wie es gehen könnte. Dann ging sie los, Schritt für Schritt.

Genau das ist es. Wenn du das Gefühl hast, den Berg an Problemen nicht erklimmen zu können, dann verändere den Fokus und steck dir ein Ziel, das du erreichen kannst. Das Wäldchen am Fuß des Berges, die Mittelstation oder den Bergkamm. Wenn du das geschafft hast, hältst du inne und erlaubst dir einen Blick zurück, was du schon bewältigt hast. Erst dann gehst du weiter zum nächsten Ziel, den Gipfel fest im Blick und mit dem sicheren Gefühl, auf dem richtigen Weg zu sein.

Susanne kam an ihrem ersten Ziel nach einigen Wochen an. Sie trennte sich von Tom. Zuerst zog sie in eine Wohngemeinschaft ums Eck, um Abstand zu bekommen und trotzdem ihre Kinder sehen und versorgen zu können. Sie einigte sich mit ihrem Mann darauf, dass sie abwechselnd für die Kinder kochten und der jeweils andere dann nicht da war. Als Susanne nach dem Ende des Schuljahres eine Wohnung in der Nachbarstadt und damit näher an ihren Eltern und ihrer Arbeitsstelle fand, entschied sich die große Tochter, an ihrer alten Schule und damit bei ihrem Mann zu bleiben. Die Zwillinge kamen mit ihr. »Das war zwar keine perfekte Lösung, aber ich habe Verständnis dafür, dass meine Tochter so kurz vor dem Abitur nicht die Schule wechseln und ihre Freunde verlieren wollte.«

Natürlich hätte Susanne auch andere Lösungswege einschlagen können. Sie wusste, sie hätte auch zu ihrem Mann zurückkehren oder gemeinsam eine Paartherapie mit offenem Ausgang beginnen können. In den Sitzungen sprachen wir kurz darüber. Um ihre Beziehung zu kämpfen, das war aber kein Thema für sie. Und damit auch nicht für mich als Coach. Susanne ist inzwischen geschieden und hat einen neuen Partner.

Wissen To Go

- Probleme und deren Entstehung stehen oftmals im Mittelpunkt von Therapien. Ganz anders geht die lösungsorientierte Kurztherapie vor, sie nimmt vor allem Wünsche, Ziele und Ressourcen von Menschen in den Blick.
- Deshalb beschäftigt man sich in den Gesprächen mit der Gegenwart und Zukunft und nicht mit der problembeladenen Vergangenheit.
- Ziel ist es, Lösungen und Ausnahmen zu konstruieren, die man für sich nutzen kann.
- Jeder Mensch hat Stärken und Ressourcen, die er bei der Lösungsfindung einsetzen kann.
- Ein Leitsatz der Kurztherapie heißt: Probleme schaffen Probleme, Lösungen schaffen Lösungen.
- Ziele sind mögliche Lösungen und nicht die Abwesenheit des Problems.
- Was funktioniert, sollte man häufiger tun.
- Was nicht kaputt ist, muss man nicht reparieren. Wenn gerade in einem Bereich kein Problem vorliegt, sollte man sich auch nicht nach dem Motto »Was wäre, wenn …« damit beschäftigen.

Warum ein Besuch beim Scheidungsanwalt sich lohnt

Der Mann, der vor mir saß, konnte zupacken. Das sah man nicht nur an den hochgekrempelten Ärmeln seines Hemdes. Das strahlte der ganze Typ vom Scheitel bis zur Sohle aus: 1,90 Meter groß, breiter Oberkörper, riesige Hände, wache graue Augen und ein sympathisches Lächeln. Wolfgang hatte in den letzten zwanzig Jahren den Handwerksbetrieb seines Vaters zu einem Unternehmen mit mehreren Niederlassungen ausgebaut. Das Geschäft lief. Anders sah es zu Hause aus.

Seine Frau und er führten eine Ehe nur noch auf dem Papier, wie er sagte. Sie hatte ihr Leben samt Hobbys, Freundinnen und ihrer Arbeit – und er seines. Sie wohnten im gemeinsamen Haus, schliefen aber in getrennten Zimmern und aßen auch nur noch dann und wann zusammen oder verbrachten Zeit vor dem Fernseher.

Gemeinsame Unternehmungen gab es so gut wie keine mehr. »Wenn meine oder ihre Mutter Geburtstag hat, gehen wir da gemeinsam hin. Weil es sich so gehört. Und klar, die Feiertage, wenn die Kinder da sind, die verbringen wir alle zusammen«, erklärte mir Wolfgang. Ihre Kinder, ein Junge und ein Mädchen, beide schon volljährig, studierten im Ausland und waren deshalb eigentlich nur zu Weihnachten und Ostern zu Hause.

Seit zwei Jahren hatte der 53-Jährige eine Freundin. »Ich bin mir eigentlich sicher, dass meine Frau es weiß oder es zumindest ahnt.« Die Entscheidung, sich von ihr zu trennen, hatte er längst getroffen. Ihm ging es nun darum, wie er es ihr sagen sollte. »Ich will ihr nichts Böses. Sie hat mir nichts getan«, sagte er. »Ihr soll es auch an nichts fehlen. Ich bin gerne bereit, mehr zu zahlen, als ich müsste.«

Ich hakte nach: »Wissen Sie denn, was Sie zahlen müssten?« Wolfgang schüttelte den Kopf: »Nein, aber das ist mir auch egal. Ich habe in den letzten Jahren genug verdient, das sollte reichen. Mir ist es wichtiger, darüber zu reden, wie wir eine Trennung einvernehmlich hinbekommen.«

Viele meiner Klienten machen sich anfangs wenig Gedanken, was eine Scheidung rechtlich, aber auch finanziell bedeutet. Ich bin kein Rechtsanwalt. Deshalb betone ich in meinen Coachings bei allen Fragen rund um Scheidung, Unterhalt und Sorgerecht, dass es empfehlenswert ist, eine juristische Beratung in Anspruch zu nehmen, um individuell die jeweilige Situation zu betrachten und eine Lösung zu erarbeiten. Trotzdem sehe ich es als meine Aufgabe, meine Klienten zumindest für dieses Thema zu sensibilisieren oder ihnen bei Bedarf einige Erstinformationen zu geben.

»Das verstehe ich, dass Ihnen das Trennungsgespräch wichtiger ist«, sagte ich ihm, »dennoch würde ich Ihnen empfehlen, sich bei Ihrem Steuerberater oder einem Anwalt darüber zu informieren, was Sie denn genau zahlen müssten. Vorab können auch wir darüber sprechen, wenn Sie das möchten.« Aber Wolfgang sperrte sich: »Ich denke nicht, dass das nötig ist. Da werde ich mir sicher einig mit meiner Frau.«

Das gemeinsame Haus, das könne sie haben. Auch die Mietswohnung in Köln. Beim Geld und den anderen Anlagen werde man sich schon einigen. Er wolle nur das Ferienhaus in den Bergen. »Was ist mit der Firma?«, fragte ich ihn. »Was soll damit sein?«, meinte Wolfgang. »Hat Ihre Frau Anteile daran?« Wolfgang schüttelte den Kopf. »Nein. Ihren Eltern gehörte ein Grundstück in der Nachbarstadt, das sie uns überschrieben und auf das wir eine unserer Filialen gebaut haben. Aber auch das bekommen wir geregelt«, sagte er zuversichtlich.

Drei Wochen später saß ein zerknirschter Mann vor mir. »Ich habe beim Golfen zufällig einen Jugendfreund getroffen, einen Anwalt, und mich an Ihren Rat erinnert. Ich habe mit ihm einen Termin vereinbart und war gestern dort.« Ich fragte: »Was kam dabei heraus?«

»Sie hatten recht. Ich hätte das schon längst tun sollen. Wenn ich mich scheiden lasse, ist das ein halber Bankrott, den ich da hinlege. Wahnsinn!«, stöhnte Wolfgang und polterte vor sich hin.

Ich ließ ihn ausreden und fragte dann: »Ändert dieses Gespräch mit Ihrem Anwalt etwas an Ihrer Entscheidung?« Wolfgang stutzte kurz und meinte dann: »Mein Bankberater wäre sicherlich gegen eine Scheidung. Aber natürlich ändert das nichts. Ich möchte das jetzt so schnell wie möglich über die Bühne bringen.«

Auf den folgenden Seiten habe ich dir Informationen zur Scheidung in Deutschland, Österreich, der Schweiz, Liechtenstein und Südtirol zusammengestellt. Gesetze, Gerichtsurteile und Verwaltungsvorschriften können sich aber ändern. So werden etwa die Unterhaltssätze für Kinder in Deutschland mindestens alle zwei Jahre angepasst. Aus diesem Grund findest du im Text und im Quellenverzeichnis Webseiten zu den verschiedenen Ländern, auf denen du den aktuellen Stand zu vielen Punkten nachlesen kannst. Das ersetzt aber keinen Termin bei einem Juristen und keine individuelle Beratung.

Scheidung in Deutschland

Fast alle, die raus aus einer Beziehung wollen, haben eine einvernehmliche Trennung zum Ziel. Bei ihrem Partner sieht es oft anders aus. Und während es zum Vertragen immer zwei Menschen braucht, reicht für einen ausgewachsenen Streit schon einer. Wie der oder die andere reagiert, weiß man meistens erst hinterher, auch wenn sich vieles schon zuvor absehen lässt.

Deshalb rate ich dazu, bevor man die ersten offiziellen

Schritte in Richtung Trennung und Scheidung unternimmt, alle wichtigen Dokumente zu kopieren, wie die Heiratsurkunde, Geburtsurkunden von Kindern, Nachweise über Vermögenswerte und Schulden sowie Einkommensnachweise, am besten von beiden Partnern.

Im Laufe des Scheidungsprozesses und einer möglichen Auseinandersetzung mit dem Ex-Partner wird man diese Unterlagen brauchen, um eigene Rechnungen anzustellen, ein Angebot zu machen oder weil man sie bei Gericht schlichtweg vorzulegen hat. Dann wird man sich freuen, wenn man dafür nicht zum Bittsteller werden oder der anderen Seite wochenlang hinterherrennen muss. Es wäre nicht das erste Mal, dass Unterlagen aus Ordnern plötzlich verschwunden sind, um den Prozess zu verschleppen oder um Geld und andere Kapitalanlagen zu verstecken.

Und das soll an dieser Stelle gleich erwähnt werden: Die wenigsten Paare einigen sich darauf, bis zum Scheidungstermin gemeinsam im Haus oder der Eigentumswohnung wohnen zu bleiben. Vereinbart man die alleinige Nutzung der gemeinsamen Immobilie durch einen Ehepartner, muss der andere auf Verlangen alle Schlüssel herausgeben. Das Betreten der Immobilie, um etwa nach Dokumenten zu suchen oder die Kinder zu sehen, ist dann nur noch mit Zustimmung des anderen erlaubt. Zwar hat der Ausgezogene für eine gewisse Zeitspanne das Recht, wieder einzuziehen (im Regelfall werden sechs Monate angenommen). In der Zeit, in der er jedoch ausgezogen ist, gilt oben Stehendes. Denn er ist in dieser Zeit zwar noch Miteigentümer, aber nicht mehr Besitzer der Immobilie. In der Praxis kommt das etwa der Situation gleich, als hätte er die Immobilie vermietet.

Eine Scheidung ist in Deutschland im Familienrecht geregelt. Für das Verfahren gibt es bestimmte Voraussetzungen, die erfüllt sein müssen, um einen Antrag überhaupt einreichen zu können. So ist zum Beispiel eine Trennungszeit von einem Jahr erforderlich. In dieser Zeit sollen sich die

Ehepartner nach dem Gesetzgeber die Frage stellen, ob die Ehe tatsächlich rechtskräftig geschieden werden soll oder es noch eine andere Lösung zum Fortbestand gibt.

Das Paar muss also mindestens ein Jahr lang getrennt von Tisch und Bett leben. Dieses *Trennungsjahr* kann theoretisch auch in der gleichen Wohnung oder dem Haus stattfinden, wenn beide Partner kein gemeinsames Leben mehr führen. Das fängt bei der Versorgung an und hört bei getrennten Schlafzimmern auf.

Um dieses Trennungsjahr im Ernstfall nachweisen zu können, rate ich allerdings zu getrennten Wohneinheiten. Die Frau eines Klienten versuchte es damit, dass sie ihn bei einem Besuch der gemeinsamen Kinder am Esstisch und auf der Couch liegend fotografierte und androhte, den Scheidungsprozess mit Verweis auf das nicht eingehaltene Trennungsjahr zu verzögern. Denn wenn sich beide Parteien nicht einvernehmlich auf ein vollzogenes Trennungsjahr einigen können, gilt die Ehe unter Umständen erst nach drei Jahren als zerrüttet und kann geschieden werden. Daher sollte der Trennungszeitpunkt durch Zeugen oder per Schriftstück dokumentiert werden.

Trennungsunterhalt: Auch in der Trennungsphase bleibt die eheliche Solidargemeinschaft bestehen. Der besserverdienende Ehepartner zahlt dem anderen mit weniger oder gar keinem Einkommen ab der Trennung bis zur rechtskräftigen Scheidung einen Ausgleich. Im Gegensatz zum Kindesunterhalt muss der Trennungsunterhalt schriftlich beim Ehepartner beantragt werden – und zwar am besten unverzüglich, da es keinen rückwirkenden Anspruch gibt. Über die Höhe des Trennungsunterhalts entscheidet die eigene Bedürftigkeit, die Höhe des Einkommens des Ehepartners und auch, ob dieser Kindesunterhalt zu leisten hat, denn der hat Vorrang.

Sorge- und Umgangsrecht: Auch nach einer Scheidung liegt das Sorgerecht bei ehelichen Kindern in Deutschland im Normalfall bei beiden Elternteilen. Das bedeutet, dass etwa bei An- und Abmeldungen an Kitas und Schulen, manchen medizinischen Behandlungen etc. immer Vater und Mutter unterschreiben müssen. Waren die Eltern nicht verheiratet, hat im Normalfall die Mutter das Sorgerecht, sofern die gemeinsame Sorge nicht explizit beantragt wurde. Mit der Trennung ist zudem zu klären, bei wem und wo die Kinder leben und wie das Umgangsrecht (Besuchsrecht) aussehen soll. Beide Elternteile haben das Recht und die Pflicht, ihre Kinder zu sehen. Die meisten Trennungs- und Scheidungskinder leben in Deutschland bei einem Elternteil und besuchen den anderen nur. In der Regel verbringen sie dort alle 14 Tage das Wochenende sowie die Hälfte der Ferien. Das ist aber alles frei verhandelbar. Für die organisatorische und finanzielle Abwicklung der Aufenthalte hat der Umgangsberechtigte selbst zu sorgen. Die Häufigkeit der Besuche hat erst dann finanzielle Auswirkungen auf den Kindesunterhalt, wenn beide Elternteile fünfzig Prozent der Erziehung übernehmen. Dies möchte die Bundesregierung in einer Unterhaltsreform ändern. Aktuelle Informationen dazu finden sich auf der Seite des deutschen Bundesjustizministeriums, die hinten im Quellenverzeichnis angeführt ist.

Kindesunterhalt: Eltern schulden ihren Kindern grundsätzlich Kindesunterhalt – und zwar beide. In welcher Form das geschieht, hängt davon ab, wo das Kind lebt. Wenn beide Elternteile das Kind mindestens zur Hälfte versorgen (Wechselmodell), wird der Unterhalt anders berechnet, als wenn das Kind bei einem Elternteil lebt bzw. bei einem mehr als zur Hälfte (Residenzmodell). Hier erbringt der Elternteil, bei dem das Kind seinen Lebensmittelpunkt hat, Unterhalt in Form der Betreuungsleistung, während der andere Barunterhalt bezahlt und somit für die finanzielle Existenzsicherung des Kindes verantwortlich ist. Hat das Kind einen eigenen Hausstand, zahlen beide Eltern, sofern sie die finanziellen Möglichkeiten dazu haben. Als Maßstab wird das bereinigte Nettoeinkommen des Unterhaltspflichtigen angelegt. Der Unterhalt wird dann im Normalfall nach einer Tabelle berechnet (Düsseldorfer Tabelle). Diese Leitlinien für den Kindesunterhalt findest du auf der Website des Oberlandesgerichts Düsseldorf immer aktuell.

Der Mindestunterhalt ist zu zahlen, wenn das monatliche Nettoeinkommen des Unterhaltsschuldners weniger als 1901 Euro beträgt. Der Mindestunterhalt beträgt derzeit (2023):

- für Kinder von 0 bis 5 Jahren 437 Euro
- für Kinder von 6 bis 11 Jahren 502 Euro
- für Kinder von 12 bis 17 Jahren 588 Euro

Von diesen jeweiligen Sätzen darf in der Regel allerdings noch die Hälfte des Kindergeldes abgezogen werden, sodass die tatsächlichen Zahlbeträge entsprechend niedriger ausfallen. Für jeden Unterhaltspflichtigen gilt zudem ein Selbstbehalt, also ein bestimmter Geldbetrag, der dem Unterhaltspflichtigen monatlich zur eigenen Existenzsicherung zusteht und der somit nicht unterschritten werden muss. Gegenüber minderjährigen Kindern beträgt dieser seit dem 1. Januar 2023 monatlich 1370 Euro. Der gleiche Betrag gilt gegenüber volljährigen privilegierten Kindern. Darunter versteht man Unterhaltsberechtigte, die das 21. Lebensjahr noch nicht vollendet haben, nicht verheiratet sind, im Haushalt eines Elternteils leben und sich in einer allgemeinen Schulausbildung befinden. Gegenüber allen anderen Unterhaltsberechtigten gilt derzeit ein Selbstbehalt von 1650 Euro monatlich. Ist der Unterhaltspflichtige nicht erwerbstätig, beträgt der Selbstbehalt gegenüber minderjährigen und privilegierten volljährigen Kindern 1120 Euro monatlich.

Im Internet gibt es Unterhaltsrechner, die dabei helfen, die Höhe des Unterhalts zu bemessen. Auch Rechtsanwälte übernehmen diese und alle weiteren Aufgaben. Detaillierte

Informationen findest du etwa auch auf der Website www.scheidung.org.

Scheidungskosten: Neben Gebühren für das Gericht und für den Anwalt können noch andere Ausgaben anfallen, wie Gutachterkosten, falls es um eine Auseinandersetzung um ein gemeinsames Haus oder um das Sorgerecht geht. Mit Blick auf das Verfahren ist der Anwalt aber meist der teuerste Faktor. Deshalb ist es nicht verwunderlich, dass Paare, die sich weitgehend einig sind oder bei denen kaum Vermögen da ist, sich den Anwalt am liebsten sparen würden. Doch hier macht die deutsche Gesetzgebung einen Strich durch die Rechnung. Denn für eine Scheidung ist mindestens ein Anwalt unerlässlich.

Es ist also ein Rechtsanwalt für eine Scheidung ausreichend. Aber Vorsicht: Ein Rechtsanwalt kann niemals beide Parteien gleichzeitig vertreten, sondern immer nur eine Seite. Im Normalfall ist das derjenige Ehepartner, der den Auftrag erteilt. In einem solchen Fall ist also nur einer der Partner anwaltlich vertreten, der andere nicht. Das kann funktionieren, wenn sich die Ehepartner bereits im Vorfeld einig sind und auf beiden Seiten auch noch ein gewisses Vertrauen in den anderen besteht. Je mehr geklärt werden muss und je mehr Streit es wahrscheinlich gibt, desto eher macht es Sinn, dass beide einen eigenen Rechtsbeistand haben. Ich habe es bisher erst einmal erlebt, dass ein Verfahren mit einem Anwalt funktionierte, und das war in meinem privaten Umfeld. Läuft die Scheidung nicht einvernehmlich ab, übernimmt der Anwalt die Kommunikation mit der anderen Seite, verfasst Schriftsätze, stellt Anträge bei Gericht und reicht alle nötigen Dokumente ein.

Es ist ein Irrglaube, dass das Familiengericht während der Scheidungsverhandlung über den Zugewinnausgleich, den Ehegatten- und Kindesunterhalt, das Sorge- und Umgangsrecht oder den Hausrat und gemeinsame Immobilien entscheidet. Alle genannten Punkte sind Scheidungsfolgesachen und sollten im besten Fall geklärt sein, bevor eine Ehe geschieden wird. Daher sollte man sich bereits während des Trennungsjahres um eine Einigung bemühen. Nur wenn das scheitert und eine Seite einen entsprechenden Antrag stellt, trifft das Gericht eine Entscheidung. In Einzelfällen kann man Punkte aus dem Verfahren ausgliedern und gesondert regeln.

Vermögen und Zugewinn: Das Vermögen nach dem Ende einer Ehe wieder aufzuteilen, ist oft kompliziert und nervenaufreibend. Keine Partei will auf ihre Ansprüche verzichten, ganz abgesehen von der Frage, welche Ansprüche gerechtfertigt sind. Jede Scheidung ist aus juristischer Sicht ein Einzelfall. Gibt es einen Ehevertrag, regelt dieser die Besitzverhältnisse, etwa ob eine Gütertrennung besteht und es damit keine Ansprüche auf das Vermögen des jeweilig anderen gibt.

Ist nichts anderes vereinbart, leben die Ehepartner automatisch im gesetzlichen Güterstand einer Zugewinngemeinschaft. Das bedeutet: Alles, was den Eheleuten vor der Ehe gehört hat, bleibt auch danach ihr alleiniges Eigentum. Das gilt genauso für Schulden. Auch Vermögen, das während der Ehe entsteht (Erbe, Erwerb), wird nicht geteilt. Erst bei einer Scheidung wird die Zugewinngemeinschaft aufgelöst. Dabei wird das Anfangs- mit dem Endvermögen von beiden Partnern verglichen. Der kleinere Zugewinn wird vom größeren abgezogen und die Differenz zur Hälfte ausgeglichen.

Zusätzlich muss das Gericht bei einer Scheidung einen Versorgungsausgleich vornehmen. Die Rentenansprüche werden nicht den einzelnen Partnern angerechnet, sondern als Partnerschaftsleistung angesehen. Somit gehören sie auch beiden zu gleichen Teilen. Das bedeutet, dass derjenige, der mehr verdient hat, Geld abgeben muss. Allerdings erst bei Eintritt in die Rente. Der Versorgungsausgleich findet in Form eines Übertrags der erworbenen Rentenpunkte (Entgeltpunkte) statt.

Nachehelicher Unterhalt: Dieser hat einen finanziellen Ausgleich auch nach der rechtskräftigen Scheidung zum Ziel.

Allerdings nehmen die Gerichte geschiedene Ehegatten zunehmend in die Pflicht, für ihren eigenen Lebensunterhalt selbst zu sorgen. Das bedeutet für sie auch eine Erwerbspflicht.

Anders sieht es aus, wenn es gemeinsame Kinder gibt, die aufgrund ihres Alters noch betreut werden müssen. Bis zum dritten Lebensjahr hat der betreuende Elternteil ein Recht auf Betreuungsunterhalt. Anschließend geht der Gesetzgeber davon aus, dass das Kind keiner persönlichen Betreuung mehr bedarf und der bisher betreuende Elternteil nun zumindest in Teilzeit einem Erwerb nachgehen kann. In Streitfällen ist eine Einzelfallprüfung durch die Gerichte nötig.

Sind alle Fragen geklärt, verläuft die Verhandlung vor Gericht unspektakulär und kurz. Man trifft sich als Ehepaar mit seinen Anwälten im Gerichtssaal, der Richter spricht die Scheidung aus und man verlässt den Saal als geschiedene Leute.

Scheidung in Österreich

Nahezu jede zweite Ehe wird inzwischen in Österreich geschieden. Aktuelle und umfassende Informationen gibt etwa das Bundesministerium für Finanzen auf der Website www.oesterreich.gv.at. Das Ehegesetz (EheG) unterscheidet zwei Formen des Verfahrens: die einvernehmliche und die streitige Scheidung.

Voraussetzung für eine einvernehmliche Scheidung ist mindestens ein halbes Jahr Trennung, wobei das nicht heißt, dass du getrennt vom Ehepartner leben musst. Das Ehepaar muss zudem eine gemeinsame Scheidungsvereinbarung treffen. Darin werden unter anderem die Vermögensaufteilung, die Obsorge der Kinder oder auch unterhaltsrechtliche Ansprüche festgeschrieben. Anschließend gibt es einen mündlichen Verhandlungstermin vor Gericht. Liegt bis dahin keine Scheidungsvereinbarung vor, kann diese auch während dieses Termins getroffen werden. Über den Scheidungsantrag entscheiden die Richter dann in schriftlicher Form, was das Verfahren erheblich beschleunigt. Der Beschluss geht den Ehegatten per Post zu. Eltern von minderjährigen Kindern müssen sich zudem vorab zu den Bedürfnissen ihrer Kinder von einer offiziellen Stelle beraten lassen.

Streitige Scheidungen finden in Form eines regulären Zivilverfahrens statt. Dafür muss der scheidungswillige Ehepartner einen Scheidungsgrund geltend machen. Das kann am Verschulden des anderen Ehepartners, der Auflösung der häuslichen Gemeinschaft oder an anderen Gründen liegen, etwa an einer Geistes- oder ansteckenden Krankheit. Ehebruch und Verweigerung der Fortpflanzung sind dabei keine absoluten Scheidungsgründe. Das Gericht entscheidet über jeden Fall einzeln.

Das streitige Verfahren beginnt mit einer Klage des Scheidungswilligen, die einen Scheidungsantrag, die Gründe für die Scheidung sowie Beweismittel enthalten muss. Über die Zulässigkeit entscheidet das Gericht. In einer mündlichen Verhandlung hat der Richter zu Beginn auf eine Versöhnung hinzuwirken und auf die Möglichkeit einer Mediation hinzuweisen. Auch die Option einer einvernehmlichen Scheidung wird erörtert. Kommt alles nicht infrage, wird das Verfahren fortgesetzt und beide Partner dürfen ihre Positionen vortragen. Am Ende des Verfahrens trifft das Gericht ein Urteil, das den Eheleuten schriftlich zugeht. Gegen dieses Urteil können beide Rechtsmittel einlegen.

In einem streitigen Verfahren wird meist nur über die Scheidung der Ehe entschieden. Über die Vermögensaufteilung, Unterhaltsansprüche oder die Obsorge muss meistens in gesonderten Gerichtsverfahren entschieden werden.

Unterhalt: Solange ein geschiedener Ehepartner aufgrund der Pflege und Erziehung gemeinsamer Kinder keine Erwerbsmöglichkeiten hat, hat er unabhängig vom Verschulden an der Scheidung einen Unterhaltsanspruch. Bei Scheidungen mit Schuldausspruch hängt der Unterhaltsanspruch vom Ausmaß des Verschuldens der Ehegatten ab. Haben beide geschiedenen Ehegatten gleich viel oder keine Schuld, so hat im Grundsatz keiner einen Unterhaltsanspruch gegenüber dem anderen. Anders verhält es sich, wenn ein Alleinverschulden eines Ehepartners vom Gericht festgestellt wurde oder dieser zumindest überwiegend schuldig ist. Dann muss dieser im Rahmen seiner Leistungsfähigkeit dem anderen, bisherigen Ehepartner angemessen Unterhalt zahlen. Unterhaltsansprüche gegenüber Kindern gehen allerdings im Normalfall vor.

Vermögensaufteilung: In Österreich ist diese bei einer Scheidung im Ehegesetz in §§ 81 ff. geregelt. Es gilt das Prinzip der Gütertrennung. Im Zuge einer Scheidung werden das eheliche Gebrauchsvermögen und die Ersparnisse, die während der Ehe angesammelt wurden, geteilt. Andere Regelungen sind durch einen Ehevertrag möglich.

Kinder: Grundsätzlich haben beide Ehepartner die gemeinsame Obsorge (Sorgerecht). Deshalb sollte im Falle einer Scheidung auch gemeinsam entschieden werden, bei welchem Elternteil die Kinder nach der Scheidung leben. Danach richtet sich auch der Unterhalt. Derjenige, bei dem die Kinder nicht überwiegend leben, hat einen Geldunterhalt zu zahlen. Die Höhe des Unterhalts hängt vom Nettoeinkommen sowie von verschiedenen anderen Faktoren ab. Für die Berechnung wurden folgende Prozentsätze festgelegt:

- 0 bis 6 Jahre: 16 Prozent des monatlichen Nettoeinkommens
- 6 bis 10 Jahre: 18 Prozent des monatlichen Nettoeinkommens
- 10 bis 15 Jahre: 20 Prozent des monatlichen Nettoeinkommens
- ab 15 Jahren: 22 Prozent des monatlichen Nettoeinkommens

Im Internet finden sich verschiedene Unterhaltsrechner.

Scheidung in der Schweiz

Eine Scheidung in der Schweiz ist ähnlich der in Österreich geregelt. Die einfachste Form der Scheidung ist, wenn das Ehepaar gemeinsam die Scheidung wünscht und beantragt (»Scheidung auf gemeinsames Begehren«). Liegt eine Einigung auch über die Nebenfolgen vor, zu Unterhalt, Sorgerecht, Immobilien und Teilung der Güter, endet das Verfahren im Normalfall mit einem Scheidungsurteil.

Du kannst dich natürlich auch scheiden lassen, wenn deine Ehefrau oder dein Ehemann das nicht will. Für eine solche strittige Scheidungsklage muss man aber mindestens zwei Jahre in Trennung leben oder das Fortführen der Ehe für einen der beiden Partner unzumutbar sein. Unzumutbarkeit kann festgestellt werden bei körperlicher oder seelischer Misshandlung des Partners oder der Kinder, bei schweren Straftaten, einer mehrjährigen außerehelichen Beziehung oder auch lasterhafter Lebensführung (Prostitution, Zuhälterei).

Beim Scheidungsverfahren wird das Ehepaar vom Richter einzeln und gemeinsam angehört, insbesondere bei Sorgerechtsfragen und Fragen zur Obhut. Nach Prüfung der Angemessenheit der Scheidungsvereinbarungen (Nebenfolgen) und der Aufteilung der während der Ehe erworbenen beruflichen Vorsorge spricht der Richter die Scheidung aus.

Vermögen: Kommt es zur Scheidung, gilt die Gütertrennung, sofern die Eheleute vor einem Notar nichts anderes vereinbart haben. Jeder Partner bleibt Eigentümer desjenigen Eigentums, das er in die Ehe eingebracht, geerbt oder während der Ehe als persönliches Geschenk erhalten hat. Wurden während der Ehe jedoch sogenannte Errungenschaften gemacht, also Ersparnisse aus Gehalt, Zinsen oder Vorsorgebeiträgen, werden diese geteilt.

Unterhalt: Jeder Partner ist in der Schweiz nach der Scheidung selbst dafür verantwortlich, für seinen Unterhalt aufzukommen. Jedoch kann es sein, dass ein Ehepartner dem anderen für einen gewissen Zeitraum zur Zahlung von Unterhalt verpflichtet ist, wenn der sich etwa um die gemeinsamen Kinder kümmert. Für eheliche Kinder herrscht grundsätzlich eine Unterhaltspflicht. Über die Höhe können sich Ex-Mann und Ex-Frau einigen. Klappt das nicht, entscheidet das Gericht mit Blick auf die finanzielle Situation der Ex-Partner und die Bedürfnisse der Kinder. Das Sorgerecht haben in der Regel beide Elternteile gemeinsam.

Aktuelle Informationen zur Scheidung in der Schweiz findest du beispielsweise auf der Website der Schweizerischen Eidgenossenschaft unter www.ch.ch.

Scheidung in Südtirol

Eine von drei Ehen wird mittlerweile auch in Südtirol laut dem Landesamt für Statistik ASTAT geschieden. Das ist eine gewaltige Belastung für die Gerichte, zumal es in Italien bisher zweier Schritte bedurfte, weil nicht nur die Scheidung, sondern auch die Trennung offiziell gerichtlich festgestellt werden musste. Das ändert nun ein neues Scheidungsrecht, das zum 1. März 2023 in Kraft getreten ist. Nun kann gleichzeitig mit der Trennung auch die Scheidung beantragt werden. Dauerte ein Scheidungsverfahren bisher in der Regel drei Jahre, soll es nun in der Hälfte der Zeit abgewickelt werden.

Bei einer einvernehmlichen Trennung beläuft sich die Frist auf sechs Monate, zwölf Monate sind es bei einer Trennung, die gerichtlich festgestellt werden muss. In strittigen Verfahren müssen die Parteien nun bereits bei der Einleitung des Verfahrens sämtliche Anträge und Beweismittel überstellen. Damit bekommt das Gericht ein nahezu vollständiges Bild von der familiären und vermögensrechtlichen Situation der Ehepartner, was mehrheitlich Zeit und Kosten erspart.

Beim Termin vor Gericht muss das scheidungswillige Paar für die gemeinsamen Kinder auch einen Plan vorlegen, wie die Erziehungs- und Besuchszeiten aufgeteilt werden. Neben dem Umgangs- und Sorgerecht wird der Kindesunterhalt festgelegt, der jährlich dem Verbraucherpreisindex (ISTAT) angepasst wird. Auch Trennungs- und nachehelicher Unterhalt werden auf Antrag und nach Bedarf festgestellt.

Falls der Ehe keine Kinder entspringen und auch keine vermögensrechtlichen Abkommen zu schließen sind, gibt es für die Ehepartner schon seit 2014 einen noch einfacheren Weg, sich scheiden zu lassen, wie beispielsweise auf der Website der Stadtgemeinde Brixen unter www.brixen.it nachzulesen ist. Sie müssen dafür einen Antrag beim Standesamt ihrer Wohnsitz- oder Traugemeinde stellen, dafür braucht es nicht einmal einen Anwalt. Anschließend gibt es zwei Termine mit einem Monat Abstand: einen für die Erklärung und den zweiten für die Bestätigung der Trennung und Scheidung.

Falls das Ehepaar minderjährige Kinder hat oder vermögensrechtliche Übereinkünfte zu treffen sind, muss der Weg auch nicht zwangsläufig über ein Gericht führen. Bedingung ist allerdings, dass beide Partner einen Rechtsbeistand haben und sich einvernehmlich scheiden lassen wollen. Die gemeinsame Verhandlungsübereinkunft überstellen die Rechtsanwälte an den Staatsanwalt, der eine Unbedenklichkeitsübereinkunft ausstellt. Dieses Schreiben geht dann an das zuständige Standesamt, wo die Scheidung rechtskräftig wird.

Scheidung in Liechtenstein

Im Fürstentum sind die Eheschließung und Scheidung im Ehegesetz (EheG) vom 13. Dezember 1973 geregelt. Demnach kann eine Ehe einvernehmlich geschieden werden, wenn sich die Ehegatten darüber einig sind. Sind sie es nicht, kann einer klagen. Dazu muss er oder sie entweder schon drei Jahre getrennt vom Ex-Partner gelebt haben oder die Ehe unzumutbar sein. Eine Unzumutbarkeit ist nur in seltenen Fällen gegeben. Wie in Österreich unternimmt das Gericht bei der mündlichen Anhörung den Versuch einer Versöhnung. Ist das nicht möglich, spricht das Gericht das Scheidungsurteil.

Vor einer Scheidung sollten die sogenannten Nebenfolgen geregelt werden, die das Gericht während des Verfahrens genehmigen muss: Dazu zählen laut Ehegesetz die Zuweisung der ehelichen Wohnung, die Aufteilung des Hausrats und des während der Ehe erzielten Vermögenszuwachses, der Ehegatten- und Kindesunterhalt, das Sorgerecht für die Kinder sowie die Aufteilung des Pensionskassenguthabens.

Das Sorgerecht (Obsorge) für die Kinder haben in der Regel beide Elternteile. Väter oder Mütter, bei denen die Kinder nach der Scheidung nicht wohnen, müssen Unterhalt zahlen. Die genaue Höhe ist im Gesetz nicht geregelt. In Liechtenstein orientieren sich die Richter bei der Festlegung der Unterhaltshöhe an der sogenannten Prozentwertmethode, die als Basis das Nettoeinkommen des Unterhaltspflichtigen hat. Je nach Alter des Kindes variiert dieser Prozentsatz von 16 bis 22 Prozent:

- 0 bis 6 Jahre: 16 Prozent des monatlichen Nettoeinkommens
- 6 bis 10 Jahre: 18 Prozent des monatlichen Nettoeinkommens
- 10 bis 15 Jahre: 20 Prozent des monatlichen Nettoeinkommens
- ab 15 Jahren: 22 Prozent des monatlichen Nettoeinkommens

Bestehen weitere Unterhaltspflichten für Kinder oder Ehepartner, fällt der Unterhalt geringer aus. Auch dem Ex-Partner kann Unterhalt zugesprochen werden, wenn dieser sich etwa um die gemeinsamen Kinder kümmert. Über Höhe und Dauer dieses Ehegattenunterhalts entscheidet das Gericht.

Das Ehegesetz von 1973 und alle Aktualisierungen finden sich im Landesgesetzblatt unter www.gesetze.li. Weitere Informationen finden sich auch bei der Landesverwaltung des Fürstentums Liechtenstein unter www.llv.li.

Eine Trennung ohne Scheidung kann teuer werden

Nicht nur die Trennung, auch das juristische Verfahren einer Scheidung kostet viel Kraft und hat weitreichende Folgen. Manche Menschen schrecken deshalb davor zurück. Vor den Anwaltskosten, den Streitereien mit dem Ex-Partner ums Sorgerecht, vor den Unterhaltszahlungen oder der Aufteilung des Hausrats. Auch das Zerwürfnis mit den Kindern, die sich vielleicht auf die Seite des Ex-Partners schlagen, schreckt ab.

In jedem Fall ist eine faktische Trennung ohne Scheidung aber an der falschen Stelle gespart, denn die Kostenuhr tickt weiter. Sollte etwa der Immer-noch-Ehepartner in finanzielle Schwierigkeiten geraten, so ist man für ihn weiterhin verantwortlich, obwohl man ihn vielleicht seit Jahren oder Jahrzehnten nicht gesehen hat. Die gegenseitigen Rentenansprüche wachsen genauso weiter wie vielleicht das Vermögen, das noch immer als gemeinsames veranlagt wird.

Ein Rechtsanwalt hat mir von einem Mandanten erzählt, der sich nachweislich vor 25 Jahren von seiner Frau getrennt hatte. Damals zog die Frau aus dem gemeinsamen Haus aus und in die Villa ihres neuen Partners ein. Eine Scheidung wollten beide nicht. Warum nicht, das kann der Mann heute nicht erklären. Er hätte es aber damals tun sollen. Denn pünktlich zu seiner Pensionierung flatterte dem Postboten ein Scheidungsantrag ins Haus. Nahezu die Hälfte seiner Pension muss er demnach an seine Frau abtreten, genauso wie von seinem Ersparten. Hätte er sich vor 25 Jahren scheiden lassen, wäre es nur ein Bruchteil davon gewesen.

Mein Klient Wolfgang hat sich einen Satz seines Anwalts in Gedanken dick unterstrichen: »Wenn du dich scheiden lassen willst, tu es jetzt. Billiger wird es nicht mehr. Ganz im Gegenteil: Jeder Tag zählt.«

Wissen To Go

- Wenn du dir sicher bist, du lässt dich scheiden, dann tu es jetzt. Mit jedem zusätzlichen Tag wird die Scheidung nur teurer.
- Informiere dich bei einem Fachanwalt.
- Lege ein Trennungsdatum fest und lass dir dieses von deinem Partner schriftlich bestätigen.
- Stelle frühzeitig alle wichtigen Unterlagen (z. B. Eheurkunde, Einkommensnachweise, Kontoauszüge, Geburtsurkunden) zusammen und kopiere sie.
- Wenn du gemeinsames Eigentum mit deinem Partner besitzt und kein anderslautender Ehevertrag besteht, müsst ihr dieses Vermögen aufteilen. Das gilt auch für Schulden.
- Wenn ihr gemeinsame Kinder habt, ist das Sorge- und Umgangsrecht zu besprechen.
- Sollte dein Partner oder du finanziell abhängig vom anderen sein oder die gemeinsamen Kinder betreuen, ist dieser Unterhaltsanspruch ebenfalls zu regeln.

Sackgasse oder letzte Ausfahrt: die Paartherapie

Was für Bernd tatsächlich der Auslöser war, weiß er nicht genau. »Ich habe meiner Frau oft gesagt: Wenn man eine Schraube immer fester und fester dreht, reißt plötzlich der Schraubenkopf ab. Dann bin ich weg.« Eines Abends nach dem nächsten Streit war es so weit. Die Schmerzgrenze war erreicht. Bernd packte seinen Koffer und zog ins Hotel.

Oft braucht es Monate oder Jahre, bis das Fass überläuft oder etwas in einem zerbricht. Nicht selten kommt der Wendepunkt überraschend, an dem man das Gefühl hat, die Beziehung zum Partner nicht mehr aushalten zu können. Viele trennen sich dann über kurz oder lang von ihrem Partner. Aber nicht alle.

Es gibt viele Gründe, die uns daran hindern, einen Schlussstrich zu ziehen. Einige hält die Hoffnung in der Beziehung, ihre Erinnerung an die schönen Momente und der Glaube, es könnte wieder so werden. Andere kapitulieren schlichtweg vor der eigenen Angst. Sie würden zwar gerne die Beziehung beenden, fühlen sich derzeit aber (noch) nicht in der Lage dazu, aus verschiedenen Gründen. Etwa das Verhalten des Partners, die gemeinsamen Kinder oder der Einfluss der Familie, gesellschaftliche Hürden, Gewohnheiten oder Vermögenswerte.

Bei Bernd war es eine Mischung aus allem. »Ich will mich trennen, bekomme es aber nicht hin, wenn ich vor ihr stehe«, verzweifelte er. Ich kenne niemanden, dem der Ausspruch der Trennung oder Scheidung leicht von den Lippen geht. Wenn mehr als Angst dahintersteckt, weil es eben Gründe gibt, warum man (noch) nicht gehen möchte, sollte man die Trennung auch nicht übers Knie brechen.

In solchen Momenten rate ich zu einem letzten Rettungsversuch. Wenn der nicht gelingt, hat man nichts außer ein paar Wochen oder Monaten verloren, kann aber zu sich selbst und auch allen anderen sagen: »Ich habe wirklich alles versucht, die Beziehung zu retten. Es ging aber nicht.«

Den Anlauf, die Beziehung doch noch zu retten, kann man natürlich allein unternehmen. Häufig ist die Situation aber schon so verfahren und angespannt, dass professionelle Hilfe vonnöten ist, um wirklich eine Chance auf einen Neubeginn zu haben. Ich schlage in den meisten Fällen eine Begleitung durch einen Paartherapeuten vor, weil ich überzeugt davon bin, dass das mehr bringt, als selbst weiter an seinen Problemen herumzudoktern. Nicht zuletzt ist man dadurch in dieser Situation gelandet.

Angeboten wird die Paartherapie von Psychologen, psychologischen oder ärztlichen Psychotherapeuten, Sozialpädagogen, Fachkräften anderer sozialwissenschaftlicher Berufe und auch Coaches. Diese haben in der Regel eine Zusatzausbildung für Paar- oder Familientherapie gemacht.

Im Normalfall gilt eine Paartherapie nicht als Heilbehandlung. Deshalb werden die Kosten in Deutschland dafür nicht von den Krankenkassen übernommen. Auch in Österreich und in der Schweiz müssen die Gebühren in der Regel selbst übernommen werden.

Typische Probleme, die in einer Paartherapie thematisiert werden, sind ...

- Konflikte und Krisen, in denen der Streit so weit eskaliert ist, dass beide keinen Weg mehr sehen, wie es weitergehen könnte
- belastende Lebenssituationen, die sich auf die Partnerschaft auswirken (etwa Stress im Beruf, Pornografie- und Drogenkonsum, Umzug oder Auszug der Kinder)
- Umgang mit Untreue von einem oder beiden Partnern
- Gewalt in der Partnerschaft, wenn sie nicht zu weit fortgeschritten ist

- psychische oder körperliche Erkrankungen bei einem der beiden Partner, die durch Beziehungsprobleme verstärkt werden oder die Partnerschaft stark belasten
- emotionale Entfernung der Partner und Suche nach Wegen, um die Beziehung neu zu beleben.

Egal welche Probleme man hat, Erfolg kann eine Paartherapie nur haben, wenn man bereit ist, eine dritte Person, den Therapeuten, in seine partnerschaftlichen Probleme einzubeziehen und im Beisein seines Partners darüber zu reden. Manche haben in ihrer Beziehung aber schon so viele Verletzungen davongetragen, dass sie ihre geschundene Seele vor dem Partner nicht mehr ungeschützt zeigen wollen oder können. Andere sind der Meinung, dass die kaputte Partnerschaft ausschließlich der Partner zu verantworten hat und daher dieser erst einmal liefern müsse.

Viele erwarten, dass der Therapeut als Problemlöser oder Schiedsrichter in Erscheinung tritt. Davor warne ich eindrücklich. Das tat ich auch bei Bernd, der eine Paartherapeutin aus einem einzigen Grund engagiert hatte, wie er mir sagte: »Dann wird meine Frau endlich erkennen, was sie an mir hat und dass sie mit all ihren Vorwürfen falsch liegt.«

Für mich ist das der falsche Ansatz. Nach meinem Verständnis hat der Paartherapeut die Aufgabe eines Moderators und Begleiters, der mit dem Paar Probleme analysiert und nach Lösungen sucht, auf die das Paar nicht gekommen wäre. Er stellt Fragen, lenkt das Gespräch und unterstützt das Paar, die Themen anzusprechen, die es längst hätte ansprechen sollen, aber bisher dazu nicht in der Lage war.

Die Paartherapie ist eine Methode, bestehende Konflikte zu klären. Im Grunde stehen dafür drei Wege offen: Ich verändere mich, mein Partner verändert sich oder wir verändern die Situation. Die Arbeit muss das Paar leisten, am besten auf allen drei Wegen, um den Knoten zu lösen und die Beziehung zu erhalten oder zu verbessern.

Manchmal bleibt auch nur die Trennung. Ich habe großes Verständnis dafür, wenn es Menschen schwerfällt, sich zu trennen. Sie hoffen, dass das ihr Partner für sie erledigt. Aber manchmal macht er oder sie das einfach nicht, egal was man tut. Die letzte Ausfahrt ist dann die Schützenhilfe eines Paartherapeuten oder einer Paartherapeutin. Nach dem Motto: Ich krieg es nicht hin. Aber die Therapeuten werden schon erkennen, dass wir uns trennen müssen, und dann auch darauf drängen.

Das kann sein oder auch nicht. Wo noch Hoffnung in einer Beziehung besteht, liegt oft im Auge des Betrachters. Manche Paartherapeuten machen es ihren Klienten deshalb nicht so einfach. Für andere wiederum scheint jede Trennung ein Verstoß gegen ihre Berufsethik zu sein: Sitzung reiht sich an Sitzung, Übung an Übung, bis die Klienten sich ihrem gemeinsamen Schicksal vorerst ergeben oder sich gegen den Therapeuten verbünden.

Das sind aber Ausnahmefälle, genauso wie die Paartherapeutin, von der ich in einer Wochenzeitung gelesen habe. Diese lässt sich nach eigener Aussage von einem Ehepartner beauftragen, dem anderen Partner während einer Paartherapie die Trennung möglichst schonend beizubringen. Das Ergebnis steht also vorher fest, allerdings wissen das nur die Paartherapeutin und einer der beiden Partner. Ich käme mir als der andere Partner, der ergebnisoffen in den Prozess startet, ziemlich veräppelt vor.

Manche meiner Klienten oder Klientinnen hätten das Angebot trotzdem sicher angenommen. Ich bekomme immer wieder die Frage gestellt: »Können Sie das mit dem Trennungsgespräch nicht übernehmen oder kann ich Sie nicht wenigstens am Anfang dazuholen?« Ich lehne das aus meiner Position als systemischer Coach ab: »Es ist dein Leben, nicht meines.« Genauso wie jeder selbst die Entscheidung zu einer Trennung treffen muss, muss er auch die Verantwortung dafür übernehmen und damit die Gespräche mit dem Partner.

Kann eine Paartherapie also überhaupt helfen? Ich denke schon, wenn auch nicht zum Nulltarif. Nachdem sich Bernd klargemacht hatte, wer er ist, wohin er wollte und dass es auch weiterhin seine Frau sein sollte, die mit ihm durchs Leben geht, unterbreitete er ihr den Vorschlag für eine gemeinsame Therapie. Es stellte sich heraus, dass auch sie schon darüber nachgedacht und von einer Freundin sogar eine Empfehlung für eine Therapeutin bekommen hatte. Seit einem halben Jahr arbeiten Bernd und seine Frau nun an ihrer Ehe. »Wir sind zwar längst nicht am Ziel und es kracht immer noch oft«, sagte mir Bernd, als ich ihn für das Buch noch einmal kontaktierte. »Aber ich denke, es ist für mich der richtige Weg, auch wenn es anstrengend ist.«

Eine Paartherapie verlangt den Partnern viel ab, weil sie darüber nachdenken müssen, bisherige Standpunkte zu räumen oder zumindest zur Diskussion zu stellen. Und es scheint zumindest gute Gründe gegeben zu haben, warum man das bisher nicht getan hat. Eine Erfolgsgarantie für diesen hohen Einsatz gibt es nicht, zumal man während des Prozesses nicht weiß, ob der oder die andere ebenfalls investiert und seine Versprechen hält. Wer während der Sitzungen aber immer nur auf den Partner schaut und dessen Reaktion abwartet, hat schon verloren. Für den endet die Paartherapie und damit die Beziehung in einer Sackgasse.

Aber auch das kann eine Lösung sein. Natürlich muss man nicht vor jeder Herausforderung kapitulieren. Es muss aber auch nicht jede Beziehung unbedingt gerettet werden. Manchmal zeugt es gerade von Stärke, sich nicht verzweifelt bis zuletzt an den Partner oder die Partnerin zu klammern. Damit ist niemandem geholfen. Im Gegenteil: Wenn es vorbei ist, zeugt es von Stärke, das zu erkennen. Dann sollte man sich in die Augen schauen, das anerkennen, was man zusammen hatte, und ohne Schlammschlachten und Rosenkriege die Partnerschaft beenden.

Wissen To Go

- Konflikte treten in den besten Beziehungen auf. Je eher man sie angeht, desto eher lassen sie sich lösen.
- Ein Paartherapeut kann dabei helfen, indem er als neutraler Moderator den Veränderungsprozess in der Partnerschaft anleitet und begleitet.
- Ein wichtiges Ziel der Paartherapie ist, die Autonomie und Eigenverantwortung der Partner zu fördern, sodass sie langfristig in der Lage sind, ihre Probleme selbstständig zu lösen und wieder eine zufriedene Partnerschaft zu führen.
- Ein solcher Therapieprozess ist ergebnisoffen, d. h., es gibt auch Konflikte, die sich nicht lösen lassen. Dann kann am Ende einer Paartherapie auch die Trennung und Scheidung stehen.
- Für viele Menschen ist die Therapie dennoch oder auch gerade deshalb einen Versuch wert. Nicht zuletzt, um sagen zu können: Ich habe alles probiert.

Inmitten der Trennung

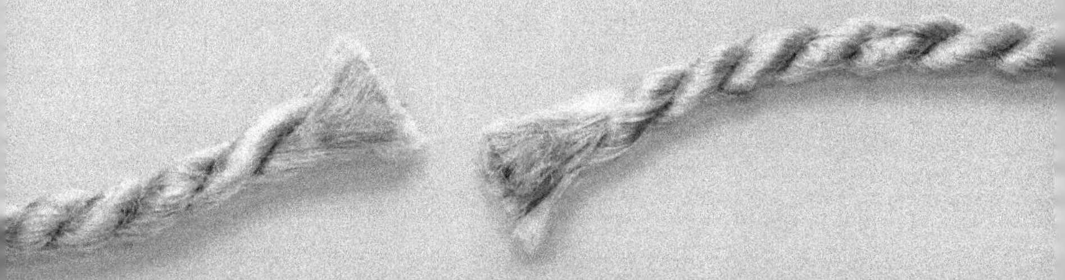

Die Trennung: Sprich es aus

Kannst du dich daran erinnern, als du das letzte Mal auf einem 5-Meter-Brett standest? Man steht da und fragt sich: Warum mache ich das hier? Es ist ungemütlich dort oben, ein kühler Wind zerrt an den nassen Badeklamotten. Es fühlt sich unendlich hoch an. Die Angst sitzt uns im Nacken und dahinter drängen und maulen die anderen Schwimmer. Und meistens springt man dann, obwohl man das Gefühl hat: Ich bin noch nicht so weit.

Einen Sekundenbruchteil nimmt man wahr, dass man durch die Luft fliegt. Es gibt kein Zurück mehr. Und dann taucht man ins Wasser ein, vielleicht tut das an der einen oder anderen Stelle sogar weh. Wenn man einen Augenblick später wieder auftaucht und nach Luft schnappt, merkt man: Eigentlich war ich doch bereit.

»Wir denken oft, dass wir erst dann anfangen können, wenn wir wissen, was wir tun, aber in den meisten Fällen ist es das Anfangen, das uns zeigt, wie wir es machen werden«, beschreibt der Psychologe Seth Gillihan solche Situationen in seinem Buch »Kognitive Verhaltenstherapie leicht gemacht«. Vorher werden wir uns niemals dafür bereit fühlen, unsere Komfortzone zu verlassen, aber wir können uns sicher sein, im Nachhinein zu merken: Wir waren es die ganze Zeit.

Ob wir mit einem solchen Sprung vielleicht einen Fehler machen, werden wir niemals feststellen, solange wir auf dem Brett stehen. Das funktioniert immer nur im Rückblick. Erst dann lassen sich einzelne Entscheidungen zu einem Weg verknüpfen. Manche münden auch in einer Sackgasse. Wir müssen auf unsere Fähigkeiten und unsere Entscheidungen vertrauen. Darüber zu grübeln, macht also nicht viel – ich würde sogar sagen keinen – Sinn.

Trotzdem kann ich jeden verstehen, der vor der Tragweite seiner Entscheidung, die Beziehung zu beenden, Angst verspürt. »Ich bekomme Panik«, sagte mir Michael. »Ich brauche nur daran zu denken, wie mein Mann dasitzt, heulend zusammenbricht, und schon geht bei mir gar nichts mehr.« Oder Ria, die sich sicher war: »Mein Mann wird mich auslachen und mich nicht ernst nehmen. So wie halt immer. Ich schaff das nicht.«

Ich fragte die beiden, wie auch viele andere zweifelnde Klienten: »Was ist die Alternative? Sollten Sie nicht genauso Angst davor haben, dass sich diese Beziehung, die Sie gerade führen, ewig so dahinschleppt und Sie weiter unglücklich macht? Wo doch ein anderes Leben auf Sie wartet?«

Manche Klienten hätten es am liebsten, wenn ich das Trennungsgespräch für sie führen würde. Aber es ist nicht mein Leben, weshalb ich auch nicht neben ihnen Platz nehmen und beim Gespräch Händchen halten kann. Was ich aber tue, ist, mit ihnen die Situation zu visualisieren.

Das kennst du vielleicht aus dem Sport. Viele Sportler, vor allem im Profibereich, visualisieren bereits im Vorfeld ihren Wettkampf, als würden sie ihn gerade durchleben. Das Hirn wird dabei ausgetrickst: Es kann nicht unterscheiden, ob es etwas nur psychisch oder auch physisch erlebt. Es funktioniert so, als würde sich eine Brücke zwischen den Gedanken und der tatsächlichen Handlung auftun.

Gedanken haben einen großen Einfluss auf unsere Gefühle und unsere Wahrnehmung. Denken wir etwas Negatives, fühlen wir uns schlecht und ziehen negative Dinge an. Haben wir jedoch positive Gedanken, ändert sich unsere Wahrnehmung in eine Erfolg versprechende Richtung.

Je lebhafter und positiver wir uns die Abläufe vorstellen, desto besser können sie sich im Kopf verankern – und dann in der entsprechenden Situation abgerufen werden. Das geschieht auch in einer Verhaltenstherapie. Was fühlst du beispielsweise beim Gedanken an eine Trennung? Neben dem

Körpergefühl kannst du auch den Gehörsinn einbeziehen, den Geruchs- oder auch den Geschmackssinn. Was löst der Gedanke in dir aus?

Es hilft zudem, wenn man das Gegenüber in seine Vorstellung holt. Je plastischer das Abbild ist, umso besser. Denn wie in vielen Sportarten steht auch bei einem Trennungsgespräch eine andere Person mit auf dem Platz, die wahrscheinlich andere Pläne und Ziele hat. Wenn wir bei der Sport-Metapher bleiben, könnten wir sagen: Was kümmert es den FC Bayern München, wer auf der anderen Seite des Spielfeldes steht? Egal ob es der SV Meppen, Borussia Dortmund oder Real Madrid ist, die Bayern werden immer versuchen, ihr Spiel aufzuziehen bzw. so dominant aufzutreten, dass das Gegenüber nur reagieren und seine Stärken nicht ausspielen kann.

Das funktioniert oft gut, aber nicht immer, vor allem wenn wir nicht der FC Bayern sind und der Gegner vielleicht spielstärker und taktisch besser geschult ist. Wie etwa Michael, der von sich selbst sagt: »Ich bin in Diskussionen meinem Mann heillos unterlegen. Er erinnert sich an jedes Komma, das ich irgendwann einmal gesagt habe. Und ich erinnere mich an nichts. Weil es mir auch nicht wichtig ist. Wenn ein Streit vorbei ist, zählen für mich die Versöhnung und das Ergebnis. Warum soll ich mir also den Verlauf merken? Das will ich nicht. Ich finde es eine schöne Eigenschaft von mir, dass ich nicht nachtragend bin. Aber in solchen Situationen fällt es mir dann auf die Füße.«

Deshalb ist es sinnvoll, sich die Frage zu stellen, wer da noch auf dem Platz steht, wie das Gegenüber spielt, wo seine Stärken und wo seine Schwachstellen liegen und über welche Seite man besser zum Erfolg kommt.

Ja, das ist berechnend. Aber du hast eine Entscheidung getroffen. Du möchtest dich, zumindest in diesem Moment, von deinem Partner oder deiner Partnerin trennen. Dann ist es nur legitim zu überlegen, wie du dieses Ziel erreichst. Natürlich musst du das nicht. Du kannst auch vom 5-Meter-

Brett springen und in der Luft schauen, ob sich Wasser im Becken befindet. Oder dich umdrehen und die Leiter wieder hinuntersteigen. Ich würde es anders machen und mir deshalb ein paar Fragen zu meinem Gegenüber stellen:

- Was wird passieren, wenn ich es ihm sage?
- Wie wird sie reagieren?
- Rastet er aus? Was tue ich dann?
- Bricht sie zusammen? Wie reagiere ich in diesem Fall?
- Oder bleibt er vielleicht ruhig und sachlich? Was mache ich dann?
- Welche Fragen wird sie stellen? Beantworte ich sie?
- Welche Vorwürfe wird er mir machen? Wie reagiere ich darauf?
- Welche Forderungen sind wahrscheinlich? Welchen kann und will ich nachkommen? Wo sehe ich Probleme?
- Welche Vorschläge könnten kommen? Wie reagiere ich darauf?
- Worauf bin ich bereit zu verzichten (z. B. Haus, Vermögen, Unterhalt)?
- Was wäre der beste Verlauf, den dieses Gespräch nehmen könnte?
- Was wäre der schlimmste Verlauf, den dieses Gespräch nehmen könnte?

Beim Visualisieren des Trennungsgesprächs bereiten wir uns auf dieses Ereignis vor. Es ist aber noch mehr. Anders als bei einem Film, der nach einem Drehbuch abläuft, können wir in unserem Kopf diese Situation bewusst lenken und steuern. Damit lassen sich viele Möglichkeiten ausloten, welche Wendung ein solches Gespräch nehmen kann.

Damit wir bei uns bleiben und unseren Gefühlen nicht hilflos ausgeliefert sind, hilft uns eine Technik, die etwa der Coach Dr. Dave Alred anwendet, wenn er mit Spitzensportlern arbeitet. Er lässt die Athleten Affirmationen aufschreiben, eine Reihe positiver Aussagen, die sie sich immer wieder (laut oder leise) durchlesen können, bevor der Wettkampf beginnt. »Sprache ist die Währung des Gehirns«, schreibt Alred in seinem Buch »The Pressure Principle: Handle Stress, Harness Energy, and Perform When It Counts«. Deshalb müssen diese Sätze kurz, klar, situationsspezifisch und direkt in der Ansprache sein.

Bevor wir also den Raum betreten, in dem das bis dahin vielleicht schwierigste Gespräch unseres Lebens stattfindet, sollten wir unsere Haltung überprüfen und uns sagen: »Ich werde ruhig sein und alles unter Kontrolle haben. Ich lasse mich nicht unter Druck setzen. Ich werde meinem Partner zuhören, aber er muss auch mir zuhören. Ich werde ihm sagen, dass hier für mich Schluss ist.« Das ist viel besser, als draußen zu stehen und zu denken: »Es wird schwierig, aber ich werde mein Bestes geben.«

Michael hatte trotzdem riesige Angst vor dem anstehenden Trennungsgespräch und verglich es mit seiner Führerscheinprüfung. »Fünfmal bin ich durchgefallen, weil ich wie blockiert war«, sagte er mir. »Dann haben Sie es aber geschafft?«, fragte ich ihn. »Ja, habe ich«, antwortete er pflichtschuldig, »als ich mir keinen Stress mehr gemacht habe.« Genau das haben Forschungsergebnisse gezeigt: Unsere Art und Weise, wie wir über Stress denken, wirkt sich darauf aus, wie wir unter Druck funktionieren. Wenn es uns gelingt, den beschleunigten Herzschlag, das Schwitzen und die Unruhe nicht mehr als Problem anzusehen, sondern als Hilfsmittel, um eine Höchstleistung zu bringen, können wir auch befreiter und damit erfolgreicher agieren. Das behaupten zumindest Juliane Strack und Francisco Esteves in ihrem Artikel »Exams? Why worry? Interpreting anxiety as facilitative and stress appraisals«.

Ria hatte trotzdem Zweifel, dass sie das Trennungsgespräch durchstehen wird. In den Coachings hatte sie für sich erkannt, dass sie mit ihrem Mann nie eine Beziehung auf

Augenhöhe geführt hatte. »Das war eher eine Vater-Tochter-Beziehung«, analysierte sie im Rückblick, »er sagte von Anfang an, wo es langging, und ich bin brav gefolgt.« Die Einrichtung des Hauses, die Namen der Töchter, den Urlaubsort und die Gerichte beim Abendessen, alles bestimmte er, obwohl er nicht einmal kochte, sondern Ria sich nach einem langen Arbeitstag noch in die Küche stellte.

Als sie das so erzählte, passte das eigentlich nicht zu der scheinbar selbstbewussten Frau, die perfekt geschminkt, mit zusammengebundenem Pferdeschwanz und im Kostüm vor mir saß. Ria ist Strafverteidigerin und für ihre Mandanten bei den Auseinandersetzungen vor Gericht sehr erfolgreich, weshalb sie seit Kurzem auch Partnerin in der Anwaltskanzlei ist, wie sie stolz sagte.

Sie erzählte mir auf meine Nachfragen, wie sie vor Gericht agiert, wie sie sich vorbereitet und wie es ihr Spaß macht, mit den Staatsanwälten kühl und logisch um die besseren Argumente zu ringen. »Warum machen Sie das nicht so im Gespräch mit Ihrem Mann?« Ria stutzte und schien nicht zu verstehen. »Wie wäre es, wenn Sie als Anwältin mal sich selbst vertreten und Ihre eigene Sache verhandeln? Schlüpfen Sie zu Hause nicht in die Kleine-Mädchen-Rolle, sondern bleiben Sie die erfolgreiche Anwältin. Was müssen Sie dafür tun?« Ria lachte. »Wie soll ich das denn machen?«, fragte sie mich und vor allem wahrscheinlich sich selbst. Ich sah, wie es in ihrem Kopf ratterte, schwieg und ließ ihr Zeit. Nach einer ganzen Weile meinte sie: »O. k., lassen Sie es uns probieren. Was soll ich tun?« Gemeinsam gingen wir daraufhin Punkt für Punkt das Gespräch mit ihrem Mann aus der Perspektive der Anwältin durch.

Auch andere Klienten finden den Tipp hilfreich, aus einer ihnen vertrauten Rolle oder einer bestimmten Perspektive ins Gespräch zu starten. Weitere Tipps, wie du deine Trennungsgespräche gestalten und es deinem Partner sagen kannst, findest du auf den nächsten Seiten.

Mach deutlich: Die Trennung ist wohlüberlegt und endgültig

Um es gleich zu sagen: Den optimalen Zeitpunkt gibt es nicht. Deshalb brauchst du auch nicht darauf warten. Geeignet ist ein Tag, an dem nichts Besonderes ansteht. Die Frage ist nur, wo du am besten mit der Sprache rausrücken kannst: zu Hause, bei einem Spaziergang oder an einem neutralen Platz. Alles hat seine Vor- und Nachteile. In der eigenen Wohnung seid ihr beim Gespräch wahrscheinlich ungestört. Vielleicht führt dieser gemeinsame geschützte Bereich aber auch zu einer Bremse im Kopf. Bei einem Spaziergang musst du deinem Partner nicht ständig in die Augen schauen, sondern kannst auch nach vorne auf den Weg blicken. Vielleicht fällt es dir dann leichter, das Ende eurer Beziehung zu formulieren. Wenn ihr gemeinsam zum Startpunkt gefahren seid, fehlt dir aber eine Fluchtmöglichkeit, weil ihr beide mit dem Auto zurückmüsst. Gleiches könnte bei einem Gespräch in einer anderen Stadt oder bei einem Ausflug geschehen.

Einen besseren oder schlechteren Ort gibt es objektiv gesehen nicht – außer vielleicht die Öffentlichkeit, zumal man nicht abschätzen kann, ob die Situation nicht doch eskaliert. Wer möchte schon vor anderen Menschen beschimpft oder mit der Zuckerdose aus dem Café beworfen werden? Deshalb würde ich Menschenansammlungen meiden, wobei es auch hier Ausnahmen gibt, wenn etwa der Partner zu Gewalt neigt.

Ob du es deinem Partner ankündigst (»Du, ich habe Gesprächsbedarf, aber nicht zwischen Tür und Angel, wann hast du denn Zeit?«) oder einen Moment abpasst, in dem es dir richtig erscheint, auch das ist eine rein individuelle und oftmals intuitive Entscheidung, bei der du nach dir gehen solltest, wo und wie du dich wohler fühlst. Oder du betrachtest es aus der vermeintlichen Perspektive deines Partners, wo oder wie er es vielleicht am besten verkraftet.

Im Gespräch solltest du dann nicht erst groß über Allgemeinplätze reden. Komm schnell auf den Punkt. Du hast drei Möglichkeiten:

- direkt mitten rein: »Es ist aus!«
- einen Umweg über Bekannte nehmen, die sich erst getrennt haben
- die Beichte: »Ich muss dir etwas sagen …«

In jedem Fall sollte zügig die Botschaft dieses Gespräches überbracht werden: »Ich werde mich von dir trennen! Diese Entscheidung ist kein Schnellschuss. Ich habe sie mir lange und gut überlegt. Nicht seit Stunden, sondern seit Tagen, Wochen oder Monaten. Dieser Schritt fällt mir nicht leicht: Aber ich sehe keinen Sinn mehr in unserer Beziehung. Deshalb ist meine Entscheidung endgültig.« Oder kürzer: »Ich habe es mir lange überlegt: Ich beende heute unsere Beziehung und verlasse dich.«

Wichtig ist es, einen klaren Schlussstrich zu ziehen und deutlich zu machen, dass das keine Trennung im Affekt ist. Deshalb rate ich davon ab, bei einem lautstarken Streit in einem Nebensatz anzufügen: »Mir reicht es jetzt. Ich trenne mich.« Denn genau diese emotionale Ausnahmesituation könnte für das Gegenüber schon ausreichen, um sich Hoffnungen zu machen: »Wir lieben uns doch. Das meint er sicher nicht so.«

Sei deshalb klar in der Kommunikation. Kein »Vielleicht sollten wir uns trennen«, kein »Wir sollten mal über eine Trennung nachdenken«, kein »Ich könnte mir vorstellen, eine Beziehungspause einzulegen. Was sagst du dazu?«. Dein Gegenüber muss schnellstmöglich verstehen, dass an deiner Entscheidung nicht zu rütteln ist. Gerade wenn es sich um einen Mann handelt. Denn laut einer Umfrage der Frauenzeitschrift »Elle« ist knapp ein Viertel nach einer Trennung durch die Frau der Meinung, dass die es nicht so gemeint haben kann und sich der Versuch lohnt, die ehemalige Partnerin zurückzuerobern.

Deshalb bin ich persönlich auch kein großer Anhänger von Trennungen auf Probe. Natürlich ist das in der Theorie eine Möglichkeit. Ich frage mich nur, wie das in der Praxis aussehen soll. Bleibt das Fundament der Beziehung im Grundsatz erhalten und es sind für einen definierten Zeitraum nur einige Dinge außer Kraft gesetzt? Zum Beispiel, man wohnt nicht zusammen, kommuniziert nicht und darf auch den Ehering ablegen? Sonst gelten aber alle Regeln in dieser Grauzone? Oder ist dann das komplette Selbstverständnis der gemeinsamen Partnerschaft suspendiert, inklusive Treue, Ehrlichkeit und Loyalität? Man ist sozusagen ein Single light.

Sicher, das lässt sich alles regeln. Ich finde es aber überflüssig und ehrlicher, sich richtig zu trennen. So kommt man wahrscheinlich den Gefühlen eher auf die Spur, die entweder noch vorhanden oder nicht mehr da sind. Zur Klarheit trägt eine Trennung auf Zeit weder beim potenziell Verlassenen noch beim potenziell Verlassenden bei.

Welche Gründe führe ich an?

Vielen Menschen ist es ein Bedürfnis, sich und die eigene Entscheidung zu erklären. Das kann man natürlich versuchen. Allerdings sollte man nicht erwarten, dass der Partner unsere eigenen Beweggründe verstehen kann oder möchte. Die Mehrzahl will sich schließlich nicht trennen und sieht daher die Gefühls- und Sachlage völlig anders.

Trotzdem kann es Sinn machen, Gründe anzuführen, um die Endgültigkeit deiner Entscheidung zu unterstreichen. Der triftigste Grund ist sicherlich: »Ich habe mich in eine andere Frau verliebt.« Oder: »Ja, es gibt einen anderen Mann. Er ist aber nur einer von mehreren Gründen, warum ich dich verlasse.« Diese Argumentation ist klar und deutlich und lässt keinen Raum für Hoffnungen, zumal die Frauenzeitschrift »Grazia« eine Umfrage der Partnervermittlung Elite-Partner zitiert, nach der eine länger gehende Affäre bei beiden Geschlechtern der Trennungsgrund Nummer eins ist. 71 Prozent der Männer würden sich trennen, wenn sie davon erfahren würden, bei den Frauen sind es sogar 83 Prozent.

So weit, so gut. Du solltest dir aber bewusst sein: Deine Trennung so zu begründen, kommt einem Griff zur Bratpfanne oder einem Vorschlaghammer gleich. Wundere dich nicht, wenn dein Gegenüber zum Gegenschlag ausholt – und das meine ich nicht nur wörtlich.

Wie offen ich in einem solchen Gespräch bin, hängt von verschiedenen Parametern ab. Ob sich beispielsweise der Partner der Wirklichkeit stellt oder die Trennungsankündigung einfach ignoriert, wenn ich keinen tiefgreifenden Grund mitliefere. Ich finde schon, dass der Partner Ehrlichkeit verdient hat. Schließlich habt ihr eine mehr oder weniger lange Zeit eures Lebens miteinander verbracht – und vielleicht war der andere in dieser Phase auch der wichtigste Mensch auf Erden für dich.

Ich finde aber auch, man muss dem anderen nicht unnötig wehtun. Deshalb präzisiere ich meinen Satz aus dem vorangegangenen Absatz: Ich finde schon, dass der Partner Ehrlichkeit verdient hat, genauer gesagt, ein gewisses Maß an Ehrlichkeit. Man sollte sich die Frage stellen, wem mit völliger Offenheit geholfen ist, vor allem und gerade, wenn die Trennung feststeht.

Manche mögen zetern, dass es bei dieser Ehrlichkeit mit Abstrichen gar nicht um den Partner geht, sondern um uns und darum, wie wir möglichst ohne große physische und psychische Schrammen die Beziehung verlassen können. Ich sage dann: Ja, dieses Bedürfnis und den Eigenschutz finde ich völlig legitim.

Darum überlege ich mir genau, welche Gründe ich (darüber hinaus) im Trennungsgespräch benennen möchte. Wenn ich das tue, finde ich es wichtig, in Ich-Botschaften zu sprechen. Wenn es eine Chance geben soll, dass andere Menschen mich verstehen, muss ich erst einmal über mich sprechen: Wie fühle ich mich, wie sehe ich es, wie möchte ich es haben? Das sollte ich immer im Bewusstsein tun, andere Menschen könnten das nicht genauso fühlen, sehen oder haben wollen …

- »Ich habe in den letzten Wochen und Monaten viel nachgedacht über uns und unsere Beziehung. Es tut mir weh, das sagen zu müssen. Aber ich habe für meinen Teil festgestellt, dass ich dich nicht mehr liebe.«
- »Wir haben uns jung kennen- und lieben gelernt. Lange haben wir als Team funktioniert und sind unseren Lebensweg gemeinsam gegangen. Aber bei so vielen Jahren ist es normal, dass der eine schneller oder der andere langsamer geht. Wir haben uns in den letzten Jahren voneinander entfernt. Zumindest ist das mein Eindruck. Und leider haben wir es nicht geschafft, habe ich es nicht geschafft, mich wieder anzunähern.«
- »Wir haben nie richtig gelernt, offen und ehrlich miteinander zu sprechen. Vieles hat sich aufgestaut und jetzt fühle ich vor allem eine Traurigkeit und Leere.«
- »Ein Paar sind wir doch schon länger nicht mehr. Zumindest nach meinem Verständnis. Wann haben wir denn das letzte Mal miteinander geschlafen? Wir funktionieren als Eltern und weitgehend als Schicksalsgemeinschaft. Mir ist das aber für eine Beziehung zu wenig.«
- »Ich habe mir die Frage gestellt, ob ich so in dieser Beziehung weiterleben möchte. Oder ob es für mich noch etwas anderes gibt. Und ich habe festgestellt: Ja, das gibt es, und ja, das ist egoistisch von mir. Aber ich kann nicht anders.«

- »Liebe und Ehe heißt für mich nicht: Ich habe mich einmal für dich entschieden und so bleibt es dann bis ans Ende unserer Tage. Liebe heißt für mich, dass man sich täglich füreinander entscheidet, und zwar nicht aus Gewohnheit oder aus der Angst vor dem Neuen, sondern weil man sich in die Augen schaut und sagt: Ich liebe dich. Ich habe mir diese Frage nun oft gestellt, ob ich diesen Satz noch zu dir sagen kann: Ich kann es nicht. Ich mag dich. Aber ich liebe dich nicht mehr. Das sollte Grund genug sein, um uns zu trennen.«
- »Du bist immer nur am Arbeiten, auf dem Golfplatz oder bei deinen Freunden. Für mich bleibt keine Zeit – und ich habe auch nicht das Gefühl, dass du mich vermisst.«
- »Wir haben einmal gut zusammengepasst. Aber das ist lange her. Ich habe nicht das Gefühl, dass wir noch den gleichen Lebensentwurf teilen. Mir sind Luxus und Statussymbole wichtig. Aus meiner Sicht ist das nicht oberflächlich. Ich finde, ich habe mir das verdient, und das möchte ich auch zeigen. Du siehst das anders.«
- »Sexuell hat mir immer etwas gefehlt. Aber auch hier gilt: Ich hätte es eher sagen sollen. Ich wusste aber nicht, wie …«

Es gibt noch viele, viele andere Gründe, die man bei einer Trennung anführen kann. Fehlende Zärtlichkeit etwa, mangelnde Kommunikation, andauernde Sexflaute, unterschiedlicher Umgang mit Geld oder zu wenig gemeinsam verbrachte Zeit. Auch mangelnde Körperhygiene oder Drogenmissbrauch können der Anlass sein. Egal was es ist, jeder Grund, den wir nennen, kann für den anderen kränkend sein, weil er ihn als Vorwurf auffasst oder sich dadurch von uns erniedrigt fühlt. Deshalb lohnt es sich, in vielen Fällen zu betonen: »Meine Trennung ist keine Entscheidung gegen dich. Du hast mir nichts getan. Die Trennung ist eine Entscheidung für mich und für einen neuen Lebensweg, den ich gehen möchte. Daran kannst du deshalb auch nichts ändern.«

Wahrscheinlich fühlt es sich richtig an, wenn du an dieser Stelle ein »Hätten wir früher miteinander darüber geredet oder reden können, hätten wir es vielleicht geschafft« einfügen würdest. Tu es besser nicht. Solche Aussagen lassen einen Raum für Hoffnung übrig: »Dann lass es uns jetzt tun und es noch einmal versuchen. Es ist noch nicht zu spät.« Selbst, wenn es dir schwerfallen mag: Bleib verbindlich und standhaft. Man könnte auch sagen: Bleib kalt!

Was ist wichtiger: Reden oder Zuhören?

Fakt ist: Du hast einen Vorsprung. Du trägst schon seit Monaten diese Entscheidung mit dir herum und hast dich mit den Konsequenzen auseinandergesetzt und an deinen Formulierungen gebastelt. Selbst wenn es in der Beziehung seit Wochen und Monaten knarzt und knirscht, viele Partner geben sich trotzdem von der Ankündigung überrascht. Dein Gegenüber muss also versuchen, deinen Vorsprung einzuholen und gedanklich aufzuschließen. Dafür ist wichtig, dass du mit ihm redest, ihm aber auch zuhörst. Die Redensart »Sich etwas von der Seele reden« trifft in diesem Fall auf euch beide zu.

Wir Menschen reden, um verstanden zu werden. Beim Sprechen sortieren wir unsere Gedanken, um klarer zu sehen oder auch um einfach mal Dampf abzulassen. Lass deine Partnerin also zu Wort kommen und unterbrich sie nicht – auch und vor allem dann, wenn sie Vorwürfe äußert oder du glaubst, schon genau zu wissen, was sie als Nächstes sagen wird. Wir sollten unserer Noch-Partnerin die Zeit gönnen, ihre Sichtweise auszudrücken, und ihr die Möglichkeit eröffnen, sich verstanden zu fühlen. Zumindest das sollten wir ihr zugestehen, wenn sie schon nicht an unserer Entscheidung teilhaben darf.

Solange wir selbst reden, erfahren wir nichts von ihr. Allein schon deshalb ist es wichtig, zuhören zu können. Vielleicht geht es dir dann wie einer Klientin, die im Vorfeld des Trennungsgesprächs riesige Angst hatte, ins Wanken zu geraten, wenn sie ihrem Mann die Gelegenheit gibt, ihre Entscheidung zu kritisieren.

Doch anders als sie erwartet hatte, wurde er weder laut, noch überzog er sie mit Spott und Häme, wie er es nur zu gut konnte. Im Gegenteil: Er wurde ganz ruhig und sagte, er sei froh, dass sie den ersten Schritt getan habe. Er habe selbst in den letzten Wochen überlegt, wie er ein solches Gespräch anstoßen könne. Er habe es aber nicht fertiggebracht, weil er Panik vor ihrer Reaktion hatte. Denn auch er sei zu dem Schluss gekommen, dass ein Weiterführen der Beziehung auf diese Art keine Lösung sei.

Du musst nicht alles sagen oder: Rechtfertige dich nicht!

Du hast dich in den letzten Monaten oder zumindest im Verlauf dieser Buchlektüre mit dir auseinandergesetzt: Welche Erkenntnisse, die du über dich gewonnen hast, wären sinnvoll, deinem Partner mitzuteilen? Welche möchtest du ihm mitteilen? Welche kannst du ihm tatsächlich mitteilen? Je klarer du in diesem Punkt bist, desto besser ist es.

Auch wenn es Menschen gibt, die nach einer Trennungsankündigung sofort davonlaufen oder auf Durchzug schalten und gar nichts mehr hören und sehen wollen, ist meist das Gegenteil der Fall. Der Großteil der Verlassenen wird vom Partner alles wissen wollen und hört gar nicht mehr auf, zu reden und zu fragen. Vielleicht auch im (Unter-)Bewusstsein: Solange wir reden, besteht noch eine Verbindung zwischen uns.

Warum willst du gehen? Aber wir können es doch nochmal versuchen, oder? Wie heißt sie? Wo habt ihr euch getroffen? Was hat sie, was ich nicht habe? Seht ihr euch noch? Hast du mit ihm geschlafen? Wie oft? War es schön? *Stopp!* Dein Partner darf alles fragen, du musst ihm aber nicht alles sagen. Antworte stattdessen: »Nein!« Es ist erstaunlich, wie schwer uns dieses kleine Wörtchen manchmal fällt. Stattdessen reden wir um den heißen Brei herum.

Dabei ist ein »Nein! Das will ich nicht« oder ein »Nein, darüber möchte ich nicht reden« schon aus zwei Gründen besser: Erstens ist es unmissverständlich und macht deine Position deutlich, es lässt also keinen Raum für Spekulationen offen und wird wahrscheinlich auch eher akzeptiert. Und zweitens: Du musst dich nicht erklären!

Wir hatten es schon: Es kann sein, dass du dich erklären magst, weil du auch möchtest, dass sie oder er deine Entscheidung versteht und dir die Absolution erteilt. Aber: Dein Partner muss gar nichts – und schon gar nicht dich verstehen. Deshalb warne ich davor, in Rechtfertigungsschleifen zu geraten. Du musst dich nicht rechtfertigen und das solltest du auch nicht tun. Du sitzt nicht auf der Anklagebank. Du hast jedes Recht dazu, eine Beziehung zu beenden. Bleibe bestimmt, den Umständen entsprechend freundlich und verfalle nicht in ausschweifende Rechtfertigungen.

Natürlich kannst du deinem Partner sagen, dass es einen neuen Mann oder eine neue Frau in deinem Leben gibt. Aber auch wenn er darauf drängt, musst du keine Details aus der Küche oder dem Bett erzählen. Auf Nachfrage würde ich vielleicht noch einen ungefähren Zeitraum liefern, wie lange es schon zwischen euch geht. Aber auch hier kein Datum, weil dann sofort im Kopf des Partners ein Film abläuft, wann und wo du dich mit der Affäre getroffen und was du mit ihr gemacht hast. Das schmerzt mehr, als dass es dem Partner beim Verarbeiten hilft.

Warum der andere Mensch so toll ist, wie oft ihr schon Sex hattet und ob es eine gemeinsame Zukunft gibt, das würde ich unter keinen Umständen thematisieren. Sonst redest und redest und redest du, ohne Aussicht auf Erfolg, und dein Gegenüber muss nur sagen: »Ich sehe das aber anders!«, oder, »Das glaube ich nicht! Erst letzte Woche bist du richtig laut beim Sex gewesen.« Und dann rechtfertigst du dich, argumentierst und beginnst wieder und wieder von vorne. Warum solltest du einem anderen Menschen so viel Macht über dich geben? Einem Menschen, den du verlassen möchtest. Ohne dass es etwas bringt.

Du musst dir nicht alles anhören, aber Empathie kann nicht schaden

Es ist verständlich, wenn dein Partner seine Enttäuschung und die tiefe Verletzung in Worte packt, laut wird und dich vielleicht beschimpft. Auch hier liegt es an dir, was du dir anhören magst. Fakt ist: Du musst dir nichts anhören, was du nicht willst. Selbst wenn du das Gefühl hast: »Ich bin schuld. Schließlich habe ich ihm mit meiner Entscheidung wehgetan.«

Du kannst deutlich machen, dass du seine Nöte nachfühlen kannst und trotzdem standhaft bleibst: »Ich verstehe, dass das schwer für dich sein muss ... dass das überraschend für dich sein muss ... dass du meine Worte im Augenblick nicht verstehen kannst ..., aber ich kann trotzdem nicht anders ..., aber ich bleibe bei meiner Entscheidung, da sie gut überlegt ist. Ich werde mich trennen.« Auch wenn wir sagen, dass uns das leidtut, heißt das nicht, dass wir unseren Standpunkt ändern.

Um zu verstehen, was der andere durchmacht, können wir uns im Vorfeld die Frage stellen: Wie würden wir reagieren, wenn wir das Gefühl hätten, unser Heimatplanet ist uns plötzlich fremd, wir stünden plötzlich mit dem Kopf unter dem Arm mitten in der Wüste und kämpften gegen Windmühlenflügel? Vielleicht würden dann auch wir in Panik geraten und den falschen Ton treffen.

Trotzdem: Wenn aus dem Gespräch ein Streit oder eine Beschimpfung (unter der Gürtellinie) wird, ist es unser gutes Recht, das Gespräch zu beenden oder zumindest eine Pause vorzuschlagen: »Ja, ich habe dir gerade sehr wehgetan und du bist wahrscheinlich sehr enttäuscht von mir, was ich sogar verstehen kann. So muss ich aber nicht mit mir reden lassen. Ich fände es besser, wenn wir das Gespräch jetzt hier beenden und morgen weiterreden.«

Die Situation zu verlassen, ist für mich ein absolutes Muss, wenn der Partner übergriffig wird. Wenn er schlägt, kratzt, beißt oder Dinge nach einem wirft. Ich toleriere das bei meinen Kindern schon nicht, warum sollte ich das einem anderen erwachsenen Menschen zugestehen, selbst wenn er sich in einer emotionalen Ausnahmesituation befindet?

Je nach der Schwere der Grenzüberschreitung und den Erfahrungen, die man im Laufe der Beziehung gemacht hat, sollte man sich überlegen, wie es weitergeht. Ob man sich Hilfe holt, den Vorfall anzeigt oder die nächsten Gespräche im Beisein eines Zeugen führt. Genug ist manchmal genug. Vielleicht zieht man auch einfach aus und überlässt den Rest den Anwältinnen.

Das gilt besonders für Beziehungen, in denen der Partner zu physischer Gewalt neigt. Trennungs- und Scheidungsgespräche sind Ausnahmesituationen. Deshalb trauen sich Gewaltopfer vielfach nicht, den Partner zu verlassen. Allein deshalb rate ich in solchen Fällen dazu, Kontakt zu einer speziellen Anlaufstelle zu suchen, die sich mit Missbrauch auskennt.

Missbrauch findet in Form von Schlägen oder auch sexuellen Übergriffen statt. Es gibt aber auch andere Formen von Gewalt, die oftmals viel schwieriger zu erkennen sind als die physische Gewalt. Etwa, wenn einer der Partner den anderen fortwährend manipuliert, kontrolliert und demütigt.

Wenn der eine den anderen andauernd und bewusst mit Äußerungen kränkt, wenn er ihn von anderen Menschen isoliert oder mit »Gaslighting« triezt, also versucht, die Selbstwahrnehmung des anderen gezielt mit Lügen, Verdrehungen und Unterstellungen zu untergraben.

All das sind Formen einer toxischen Beziehung. Das ist kein wissenschaftlicher Begriff, der klar definiert ist. Wenn wir aber in einer Verbindung leben, die uns mehr Kraft kostet als sie uns guttut, wenn sie uns krank macht und wir unter unserem Partner seelisch und körperlich leiden, dann sollten wir uns aus dieser »giftigen« und »schädlichen« Beziehung lösen. Denn auch bei psychischer Gewalt handelt es sich um tatsächliche Gewalt, der sich niemand auszusetzen braucht.

Ob Frauen oder Männer häufiger unter toxischem Verhalten leiden, ist unklar, zumal viele Betroffene erst nach Jahren und damit sehr spät bemerken, dass sie misshandelt werden. So erging es auch einem Klienten, der seit Jahren versuchte, sich von seiner Frau zu lösen. In seinen Augen war er der Böse, unter dem seine Frau litt, die sich für ihn beständig aufopferte, wie er mir sagte, die sich klein und schlecht fühlte und nur das Beste für ihren Mann wolle. Erst im Laufe unserer Gespräche stellte er fest, wer eigentlich die Beziehung dominierte und dass er Angst vor ihr und ihren Reaktionen hatte.

Ich fragte ihn, ob ihm derartige Sätze bekannt vorkommen: Deine Partnerin …

- … sagt dir, du machst nie etwas richtig.
- … beleidigt, erniedrigt oder beschämt dich (vor anderen Menschen).
- … hindert dich daran, Zeit mit Freunden, der Familie oder Bekannten zu verbringen.
- … übt die alleinige Kontrolle über die Finanzen und Wertgegenstände aus.

- ... schüchtert dich mit Blicken und Reaktionen ein.
- ... setzt dich unter Druck, Sex zu haben oder Handlungen auszuführen, mit denen du dich nicht wohlfühlst.

Kommt dir einer oder mehrere dieser Sätze bekannt vor, dann kann das ein Zeichen dafür sein, dass du eine toxische Beziehung führst. Ich schreibe bewusst »führst«, denn auch zu einer solchen Verbindung braucht es zwei Menschen: denjenigen, der missbraucht, und denjenigen, der sich missbrauchen lässt.

Wie auch in allen anderen Beziehungen bin ich dagegen, die Schuldfrage klären zu wollen. Das kostet mehr Energie, als dass es etwas bringt. Viel wichtiger finde ich es, diese emotionale Achterbahnfahrt schnellstmöglich zu beenden oder sich zumindest professionelle Hilfe an die Seite zu holen, beispielsweise durch einen Anruf bei der Telefonseelsorge. Die Nummer findest du im Anhang.

Was und was nicht?

In einem Trennungsgespräch kann man nicht viel richtig machen, aber vieles falsch. Beispielsweise, indem man durch Kommunikationssperren die Situation noch zusätzlich aufheizt. Etwa, indem man dem Gegenüber Befehle erteilt: »Jetzt halt aber mal den Mund!« Indem man droht und Warnungen ausspricht. Indem man moralisiert oder sich sarkastisch äußert, Ratschläge erteilt, Vorträge hält, Vorwürfe macht, Beschimpfungen äußert oder dem anderen schmeichelt. Eben genau das, was bei uns auch blendend ankommt, wenn es andere Menschen tun.

Es mag sein, dass dein Partner das tut, alles oder auch nur etwas davon. So schwer es dir fällt: Schau drüber hinweg und gestehe es ihm oder ihr zu, ohne dass du dich auf diesen Boxkampf einlässt.

Gib deinem Partner keine Ratschläge. Denn Ratschläge sind immer auch Schläge, weil ein leiser Vorwurf oder Tadel mitschwingt und man damit in die Privatsphäre eindringt. Zumal du in dieser Situation der Letzte bist, von dem dein Partner Lösungen oder Vorschläge annehmen wird. Ab dem Trennungsgespräch muss deine Frau oder dein Mann ohne dich den weiteren Weg suchen. Natürlich darfst du aber sagen, wie du dir die Zeit der Trennung, das Gespräch mit den Kindern und der Familie oder die finanziellen Angelegenheiten vorstellst.

Darüber hinaus gibt es in diesen Gesprächen kein Falsch und kein Richtig. Sie laufen alle nach ihren eigenen Regeln ab. Du kannst dir vorher noch so gut deine Fixpunkte überlegt haben, und dann musst du doch auf Fragen und Gesprächswendungen spontan reagieren.

Wenn du dich in solchen Situationen überfordert fühlst oder (noch) keine Antwort parat hast, darfst du auch sagen: »Darüber habe ich schon nachgedacht, bin aber noch zu keinem Schluss gekommen. Lass uns das die nächsten Tage besprechen.« Oder: »Wie wir das mit dem Haus regeln? Ehrlich gesagt, ich weiß es nicht. Ich habe mir einige Gedanken gemacht, würde aber gerne wissen, wie du das siehst. Aber das sollten wir vielleicht morgen besprechen.«

Es ist wünschenswert, feste Standpunkte in diesen Gesprächen zu haben, du darfst dich aber auch korrigieren, wenn du das Gefühl hast, diese Aussage war zu übereilt. »Entschuldige, ich habe vorhin zu schnell gesagt, dass ich heute Nacht im Haus bleibe. Ich habe noch einmal darüber nachgedacht, ich denke, es ist doch besser, wenn ich bei meinen Eltern schlafe und dann morgen früh wiederkomme, damit wir weiterreden können.«

Denn wichtig ist, dass du zum Eigenschutz so weit wie möglich auf Abstand gehst. Vor allem körperlich. Kein Streicheln, kein In-den-Arm-Nehmen, kein Kuss. Viele meiner Klienten sagen im Vorfeld, dass die Atmosphäre möglichst kalt sein muss, damit sie standhaft bleiben. Es ist schon öfter passiert, dass jemand über das Trösten und In-den-Arm-nehmen-Wollen später mit dem bzw. der vermeintlichen Ex im Bett gelandet ist. Nicht um sich auszusöhnen. Wenn man sie fragt, warum das passiert ist, sagen viele: »Aus Mitleid. Ich habe es nicht ausgehalten, diesen Menschen wegen mir so traurig und leidend zu sehen.«

Hinterher war die Kraftanstrengung dann umso größer, die Trennung zu vollziehen, weil in den Rucksack aus Schuldgefühlen, Scham und Trauer nun auch noch dieses vermeintliche Ausnutzen der Not des Partners kommt. Zumindest stellen das einige Partner so dar und der Vorwurf wird ungeprüft übernommen.

Also mach nicht den Fehler, der »Gute« in dieser Situation sein zu wollen. Das schaffst du nicht, solange du dich trennen willst. Du musst der »Böse« sein, um die Beziehung beenden zu können.

Wiederhole dein »Nein!«

Es kann sein, dass deine Frau oder dein Mann den Trennungswunsch nicht akzeptieren will. »Es ist mir egal, dass du dich trennen willst. Da mache ich nicht mit« oder »Du kannst mir das doch nicht nach den langen Jahren einfach so vor die Füße kippen. Das akzeptiere ich so nicht!«. Vielleicht versuchen sie auch, Druck auszuüben: »Dann erzähle ich den Kindern, was für ein Schwein du bist.« Oder: »Im Adressbuch auf der Kommode steht die Nummer deines Chefs. Soll ich den anrufen und ihm sagen, was für ein Arsch du bist?«

Bleib ruhig und wiederhole deine Aussage. Dabei musst du dich nicht verkünsteln und versuchen, es deinem Partner noch einmal in anderen Worten zu erklären. Wiederhole es stereotyp und wie beim Sprung in einer Schallplatte: »Meine Entscheidung steht fest: Ich beende heute unsere Beziehung und verlasse dich.« Und wenn du möchtest, kannst du noch anfügen: »Dafür brauche ich deine Erlaubnis nicht. Wenn du meinst, du musst das tun, dann mach das. Aufhalten kann ich dich sowieso nicht. Ich fände es aber besser, wenn wir zusammen einen Weg finden, mit der Trennung vernünftig umzugehen.«

Sprechen wir gemeinsam mit den Kindern?

Wenn ihr es hinbekommt, gemeinsam mit euren Kindern zu sprechen, wäre das die beste Lösung. Es kann aber auch sein, dass die Enttäuschung bei deinem Partner zu groß ist und er das nicht möchte oder sich emotional im Moment nicht in der Lage dazu sieht. Dann solltest du in jedem Fall allein mit euren Kindern reden.

Das Gespräch sollte zeitnah stattfinden und so offen wie möglich. Dabei solltest du die Beziehungsebene im Blick haben: Sprecht mit ihnen von Eltern zu Kindern und erklärt es ihnen aus dieser Perspektive. In der Paarbeziehung und euren Problemen haben die Kinder nichts verloren. Wahrscheinlich interessiert es sie, was genau passiert ist. Vielleicht wollen sie Beziehungsretter und Vermittler sein oder fühlen sich in diese Rollen gedrängt. Nimm sie von Anfang an aus der Verantwortung und mache ihnen mit sanfter Bestimmtheit klar, dass sie nichts tun können. Ihr werdet als Eltern immer für sie da sein, egal in welcher Konstellation.

Wie solche Gespräche aussehen können und welche Ängste und Befürchtungen viele Kinder haben, damit beschäftigt sich das Kapitel »Trennungskinder: Bleibt Mama und Papa!«.

Vereinbare ein weiteres Gespräch (wenn möglich)

Vielleicht tobt dein Partner und ist wahnsinnig enttäuscht von dir, vielleicht klammert er sich an dich und schluchzt. Hab Verständnis für seine Reaktionen, sollten sie auch irrational sein. Du musst nicht alles stoisch ertragen und solltest sagen, wenn es deine Grenzen überschreitet. Trotzdem wäre es gut, ihm nicht aus dem Weg zu gehen, auch wenn du dir in diesem Moment nichts sehnlicher wünschst.

Gerade am Anfang einer Trennung ist es wichtig zu reden, zu reden, zu reden, auch wenn es vorerst keine Ergebnisse oder gemeinsame Entscheidungen zu geben scheint. Du wünschst dir die Trennung und dein Partner den Fortbestand der Beziehung. Weiter kann man in einem Leben wahrscheinlich nicht auseinanderliegen. Das ist wie trocken und feucht, nah und fern, Gewinner und Verlierer, Ehe und Scheidung.

Ich würde trotzdem versuchen, möglichst rational und sachorientiert die Trennung und die Folgen daraus zu besprechen: Wer zieht aus? Und wann? Bei wem bleiben die Kinder? Wen müssen wir sonst noch informieren? Wie regeln wir das Finanzielle? Kommen wir vorerst ohne Anwalt aus?

Manchmal kann man diese Fragen schon im Trennungsgespräch thematisieren. Das ist aber eher die Ausnahme. Meistens bricht für den Partner eine Welt zusammen und er braucht Zeit, seine Wunden zu lecken und in der Realität anzukommen. Das kann dauern.

Wenn die Begegnung in einer Dauerschleife aus Wut, Trauer und Vorwürfen mündet, solltest du das Gespräch abbrechen: »Wir landen immer wieder am selben Punkt. Lass uns doch hier das Gespräch unterbrechen und es morgen fortsetzen. Mir wäre das wichtig. Ich verstehe aber natürlich auch, wenn du erst einmal Zeit brauchst. Wie wollen wir es machen?«

Ich würde versuchen, eine verbindliche Aussage zu bekommen, wann ihr das Gespräch fortsetzen könnt. Selbst wenn klar ist, dass nach so einer Ankündigung normale Regeln nur selten gelten.

Veränderungen brauchen Mut

Egal wie unbefriedigend sich ihr Leben anfühlt, viele Menschen haben sich in ihrer Komfortzone arrangiert. Es mag zwicken und kratzen. Sie fühlen sich einsam und unglücklich, trotzdem halten viele an dieser Situation fest, aus Angst und Unsicherheit, was kommen könnte.

Veränderung braucht Mut. Mut, Fehler zu machen, andere zu enttäuschen oder sich einzugestehen, selbst enttäuscht zu werden. Viele fühlen sich bei einer Trennung schuldig, kalt und böse. Das ist aber nicht die Realität. Gedanken sind genauso wenig Tatsachen wie Gefühle. Sie sind das, was wir daraus machen.

Das Leben besteht aus Veränderungen. Kein Tag ist gleich. Wer glücklich und zufrieden sein will, muss sich auf diese Veränderungen einlassen. Und zwar im Jetzt. Viele von uns hadern damit, dass sie in der Vergangenheit etwas anders hätten machen sollen. Oder sie projizieren ihr Glück in die Zukunft. Macht haben wir aber nur über die Gegenwart. Warum also auf etwas warten, das vielleicht nie kommt?

Ihr Mann war gerade von einer Geschäftsreise zurückgekehrt, als Ria das Gespräch suchte. »Ich war total aufgeregt«, erzählte sie mir hinterher am Telefon. Ganz bewusst hatte sie ihr Kostüm angelassen und auch die Pumps nicht ausgezogen, wie sie es sonst zu tun pflegte, wenn sie heimkam. Dadurch fiel es ihr leichter, als Anwältin ihrer eigenen Sache aufzutreten. »Das hat erstaunlich gut geklappt«, stellte sie fest. »Ich hätte gedacht, dass ich weinen muss, wenn ich ihm sage, dass ich mich trennen will.« Musste sie aber nicht.

»Mein Mann hat mir sogar vorgeworfen, wie ich ihm unsere Beziehung vor die Füße werfen und so kalt sein könne. Irgendwie hat mich das fast etwas gefreut.«

Rias Mann wollte die Trennung nicht und versuchte, sie umzustimmen. »Ich habe aber schnell verstanden, meinem Mann geht es nicht um mich und darum, mit mir als Mensch zusammenzubleiben. Es geht ihm um das Umfeld, das Haus, die finanzielle Sicherheit, seine Hobbys und das ›Rundum-sorglos-Paket‹, das es ihm bisher ermöglicht hat, sein Leben zu leben. Ich bin aber mehr als diejenige, die ihm dieses Umfeld bietet. Das habe ich lange genug gemacht.«

Ria blieb bei ihrer Entscheidung und schrieb mir einige Wochen später, was ihr in den Trennungsgesprächen am meisten geholfen hat: »Keine Rechtfertigung, keine Vorwürfe, das Einräumen (auch) eigener Fehler und die Formulierung einer klaren Entscheidung, die keine Hoffnung beim anderen für ein ›Wir-können-es-nochmals-Versuchen‹ lässt.«

Wissen To Go

- Einen perfekten Zeitpunkt für ein solches Gespräch gibt es nicht. Wähle deshalb einen Termin, an dem du und dein Partner möglichst wenig Stress haben.
- Plane dein Gespräch im Voraus und überlege dir, was du sagen möchtest und wo du die nächsten Nächte verbringst.
- Sei so ehrlich wie möglich, ohne den Partner zu sehr zu verletzen. Vermeide Schuldzuweisungen, selbst wenn dein Partner vielleicht anders reagiert.
- Bleibe ruhig und vor allem bei dir. Sei respektvoll. Ihr werdet euch in den kommenden Wochen noch öfters begegnen müssen.

- Die Devise für das Gespräch sollte sein: reden, reden, reden. Du musst dich aber nicht rechtfertigen, zumeist bringt das auch nichts, weil deine Partnerin einen anderen Blick auf die Situation hat.
- Dein Partner wird wahrscheinlich Fragen haben. Du musst nicht alles sagen und dir nicht alles anhören.
- Mach es euch nicht noch schwerer, als es sowieso schon ist. Also am besten keine Umarmungen, kein Streicheln und kein Sex.
- Mach stattdessen deutlich: Die Trennung ist endgültig und wohlüberlegt.
- Falls ihr Kinder habt: Mach den Vorschlag, es ihnen gemeinsam mitzuteilen.
- Vereinbare am Ende des Gesprächs eine Fortsetzung.

Aus dem Partner bzw. der Partnerin wird der oder die Ex

In jeder Beziehung gibt es ein Auf und Ab, Zeiten der Nähe und der Distanz, Hoffnung und Enttäuschung. Wie Wellen brechen sie über die Beziehung herein und tragen den Partner zu uns hin oder ziehen ihn fort. Wir leben, lieben, leiden. Immer wieder. Irgendwann kippt es. Aus dem Ja und dem Vielleicht wird ein Nein, das sich zu weit entfernt hat, als dass wir die Lücke noch einmal schließen könnten. Die Erkenntnis ist oftmals bitter. Es ist vorbei. Aus dem Partner bzw. der Partnerin wird der oder die Ex.

Als Timo seiner Frau Miriam mitteilte, dass er sich trennen möchte, reagierte die ganz anders, als er es erwartet hatte. »Ich dachte, sie rastet aus oder bricht verzweifelt zusammen.« Aber keines von beidem geschah. Seine Frau reagierte rational. Miriam äußerte Verständnis für Timos Wunsch und bat ihn gleichzeitig, nichts zu überstürzen. Sie liebe ihn noch, wolle mit ihm zusammenbleiben und nach Wegen suchen, wie das funktionieren könne. Timo sagte seiner Frau zu diesem Zeitpunkt nicht, dass er längst eine andere hatte und mit ihr nach einer gemeinsamen Wohnung suchte.

»Das konnte ich nicht. Ich war so froh, wie vernünftig sie mit der Trennung umging«, sagte er mir zwei Tage später, als er mir im Coaching gegenübersaß. Auf die Frage, wie es nun weitergehen solle, meinte er: »Ich schnaufe jetzt ein paar Tage durch und erhole mich. Ihr das zu sagen, war vorerst anstrengend genug.« Ich fragte ihn: »Und dann?« Timo sagte: »Werde ich wohl irgendwann den Schlussstrich ziehen müssen. Vielleicht schaffen wir es ja, als Freunde auseinanderzugehen.«

Viele Klientinnen und Klienten haben mir von ihrem Moment erzählt, als sie ihrem Partner mitgeteilt haben, dass es aus ist:

- »Als ich mit meinem Gestammel fertig war, wie leid es mir tue und dass ich den einzigen Ausweg in einer Trennung sehen würde, hat er mich in den Arm genommen, mich beruhigt und gesagt: ›Ich weiß.‹«
- »Sie ist komplett ausgerastet, hat mich beschimpft und die Orangen, die in der Obstschale auf dem Tisch lagen, nach mir geworfen. Dann hat sie wortlos das Haus verlassen und ist zu ihren Eltern gefahren.«
- »Wir haben bis in den frühen Morgen geredet. Immer und immer wieder hat mein Mann versucht, mich von meiner Entscheidung abzubringen. Hätte er mal eher

versucht, um mich zu kämpfen. Jetzt war es zu spät. Als er das nach Stunden erkannte, stand er auf, putzte sich die Zähne und ging ins Bett.«

- »Sie hat gar nichts gesagt, hat geweint und mich mit ihren großen dunklen Augen nur traurig angeschaut.«

Es ist immer schmerzhaft, Abschied zu nehmen. Wir wollen unseren ehemals liebsten Menschen nicht so verletzt, enttäuscht, außer sich und leidend sehen. Das ist oftmals kaum auszuhalten. Unser Autopilot möchte ihn in den Arm nehmen, ihn trösten und schützen vor der bösen Welt. Bis uns einfällt, dass wir in seinen Augen dieses Mal die Bösen sind.

Verschiedene Teile in uns wollen verschiedene Dinge. Das ist normal. Timo wollte raus aus der Beziehung. Gleichzeitig hatte er Miriam nie wehtun wollen. Beides zusammen funktioniert aber nicht. Nicht zuletzt deshalb leiden auch die Aufbrechenden.

Wir zögern das Trennungsgespräch über Wochen, Monate und manchmal Jahre hinaus, weil die Situation nicht zu kontrollieren ist. Schreien, Wüten, Heulen, Verständnis oder Verzweiflung – alle Regungen sind beim Partner möglich und doch Ausdruck der gleichen Fragen: »Warum bist du nicht mehr für mich da? Was habe ich falsch gemacht? Warum bin ich dir nicht wichtig genug? Was soll ich tun, damit du bleibst?«

Die Verlassenen fühlen sich oftmals überrascht, verraten und verkauft, weil sie die Signale, die zumeist schon länger wahrnehmbar waren, nicht gesehen haben. Je nach Vorgeschichte können oder wollen viele Partner nicht erkennen, was falsch gelaufen ist oder was sie falsch gemacht haben sollen. Gut, es gab hier und da Diskussionen, und ja, auch Konflikte und Probleme. Aber diese Schieflage ist doch lange noch kein Grund, alles hinzuwerfen. Als ob sie das nicht auch hätten tun können. Sie haben es aber nicht getan und um diese Beziehung vielleicht sogar gekämpft. Es ist doch keine Art, gleich aufzugeben. Schließlich hieß es vor dem Altar »in guten wie in schlechten Zeiten«. Und »ich kann mir nicht mehr vorstellen, ohne dich zu sein«, zumindest am Beginn der Beziehung.

Viele der Aufbrechenden versuchen, in den Gesprächen einen sachlichen Ton anzuschlagen. Ihnen ist es wichtig, sich zu erklären. Sinn macht das selten. Dafür sind die Positionen zu gegensätzlich. Der eine will die Trennung, der andere die Versöhnung. Wenn der Partner erkennt, die bekommt er nicht, ist da, wo eben noch Verständnis war, oftmals Wut und Hass. Auch bei Timo und Miriam wurden aus Liebenden schnell Feinde, als sie die Endgültigkeit seiner Entscheidung bemerkte.

Obwohl Miriam kein unwesentlicher Teil der Partnerschaft war, fand sie sich auf der Zuschauer- oder Strafbank wieder. Timo traf die Entscheidung, vergleichbar einem Kaiser, der in der Arena den Daumen über den Sklaven hebt oder senkt. Zumindest kam es Miriam so vor. Ihre Beziehung wurde den Löwen zum Fraß vorgeworfen. Sie hatte kein Mitspracherecht und musste sich fügen.

Für die meisten Verlassenen ist das kaum zu ertragen. Für sie zerbricht ihre Welt. »Du und ich, das soll jetzt alles aus sein?« Manche werden laut, schweigen eisig, geben sich desinteressiert oder finden das nicht fair, als ob das etwas ändern würde.

Andere übernehmen Verantwortung an der gescheiterten Beziehung und gestehen eigene Fehler ein, nur um noch einmal an der Entscheidung rütteln zu dürfen. Vielleicht ist alles gar nicht so schrecklich und es gibt noch Hoffnung. Gut, er hat sich in einen anderen Menschen verliebt. Das passiert. Warum soll er nicht zurückfinden und es deshalb keine gemeinsame Zukunft mehr geben? Aus Zweifel wird Hoffnung und dann Wehklagen.

Wie die Verlassenen mit einer solchen Situation umgehen, entscheiden sie allein. Wir, die wir sie verlassen wollen, sind die letzten Menschen, die ein Mitspracherecht haben. Das stimmt. Wir können ihnen nicht helfen, da müssen sie allein durch. Das stimmt wiederum nicht ganz.

Je klarer wir in unserer Entscheidung sind, desto besser kann der Verlassene mit der Situation umgehen. Der Ex-Partner muss verstehen: Wenn für einen von beiden die Beziehung beendet ist, dann ist sie für beide vorbei. Daran lässt sich nichts ändern. Je eher er sich nicht mehr an die Vergangenheit klammert, desto schneller wird er über den Verlust hinwegkommen. Resignation sollte den Platz der Zuversicht einnehmen.

Wir dürfen dem anderen deshalb keine Hoffnung machen, wo keine ist. Also kein »Wir können ja noch mal drüber reden« oder »Ich mag dich auch noch, aber …«. Wir hatten es schon beim Kapitel zum Trennungsgespräch: kein unbedachter Trost und so wenig Körperkontakt wie möglich, kein Streicheln, kein Küssen, kein Sex. »Du hast doch mit mir geschlafen«, heißt es dann, »du hast mir gesagt, es hat dir gefallen.« Also kein Wanken, kein Hin-und-Her.

Mitleid ist sowieso eine schlechte Grundlage für eine Beziehung. Hinterher wird alles nur noch schwieriger. Wenn die Trennung ausgesprochen ist, sollte trotz Trauer und Tränen für den Aufbrechenden ein Ziel gelten: Aus dem Zu-mir-Kommen muss ein Bei-mir-Bleiben werden. Ich darf und will nicht einknicken.

Alle Aktionen, die verbindend wirken, machen Hoffnung. Alle Aktionen, die als trennend empfunden werden, erzeugen Angst, Schmerz und ein Gefühl der Unerträglichkeit. Und auf einmal erscheint ein Getrenntsein für den anderen wieder so lebensbedrohend, wie es am Anfang unseres Lebens war, wenn die Mutter nicht gleich da war, als wir schrien. Miriam konnte bald nicht mehr und ließ sich vom Hausarzt krankschreiben. Ihr Kampfmodus wechselte sich mit Angst und Lethargie ab, mit Rückzug und Verstecken. Dieses Gefühlschaos ist nicht irrational.

Die meisten Partner haben ein oberstes Ziel: die emotionale Bindung zu erhalten. Dafür ist ihnen fast jedes Mittel recht. In ihrem verzweifelten Versuch, eine emotionale Reaktion vom anderen zu erhalten, ziehen sie alle möglichen Register – unbewusst und bewusst. Sie ergehen sich in Schuldzuweisungen und Selbstanklagen, verfallen in Schockstarre, schlagen verbal und manche auch körperlich um sich und sind zu Zugeständnissen bereit, die fast schon einer Selbstaufgabe gleichen.

Die Frau eines Klienten war bereit, die Affären ihres Mannes für einen Dreier mit ins Ehebett zu holen, wenn er sie nur nicht verließ. Der Mann einer Klientin hatte nichts dagegen, dass der Geliebte seiner Frau mit in den Urlaub fährt und an Weihnachten mit unter dem Tannenbaum sitzt. Und ein verpartnerter Klient bekam von seinem Mann schriftlich, dass er dreimal im Vierteljahr fremdgehen dürfe, wenn er es ihm hinterher in aller Ausführlichkeit erzählen würde.

Wer trotz aller Zugeständnisse verlassen wird, fühlt sich oft verraten und sucht nach einem Schuldigen. Die Rollen sind schnell verteilt. Wer sich als Opfer sieht und darüber zornig ist, fühlt sich im Recht, mit der Welt, den Dingen und vor allem seinen Mitmenschen rücksichtslos umzugehen – manchmal auch nur mit einem Menschen. Schließlich kann uns niemand so wehtun, wie der Mensch, von dem wir am meisten Liebe erwarten, der sie uns vorenthält und sich kalt und abweisend zeigt.

Die Erkenntnis, dass der andere mich nicht mehr liebt, tut so viel mehr weh, als wenn wir uns zusammen an einen Tisch setzen und gemeinsam beschließen würden, uns zu trennen. Stattdessen werden wir zurückgewiesen.

Eine Reaktion ist besser als keine, und so wird die Lieblingshose des anderen mit der Schere in kleine Fitzelchen zerschnitten, der komplette Schrankinhalt in die Altkleidersammlung gegeben oder seine/ihre Wein- und Whiskeyflaschen in den Abfluss geleert. Es gibt nichts, was man nicht zerstören kann, nicht zuletzt die Privatsphäre. Mir ist schon begegnet, dass Familie und Freunde oder sogar der Chef mit privaten Nachrichten und Bildern versorgt wurden oder das zumindest angedroht wurde. Auch Telefonterror oder tagelanges Herumlungern vor dem Haus (des neuen Partners) kommt immer wieder vor.

Spätestens dann ist aus einer Beziehung, dem Traummann oder der Traumfrau ein Albtraum geworden. Schlimmer geht es nicht, denkt man, bis man nicht nur Angst davor bekommt, was der Ex-Partner vielleicht tut, sondern auch davor, was er sich antun könnte. Wenn der andere droht: »Ich will nicht ohne dich leben.«

Egal wie ernst so ein Satz gemeint ist und ob der Ex-Partner tatsächlich einen Suizid in Erwägung zieht, für den Aufbrechenden ist es kaum zu ertragen, den anderen so leiden zu sehen. Trotzdem solltest du nicht die Verantwortung für dieses Verhalten übernehmen oder Versprechungen machen, die du anschließend nicht halten kannst oder willst. Wenn du das tust, bist du in dieser Beziehung gefangen und musst immer wieder auf diese Manipulationen und destruktive Abhängigkeit eingehen.

Mach deutlich, dass du diese Verantwortung und Macht nicht annimmst, die er oder sie dir übertragen möchte. Du bist nicht für das Wohlergehen eines anderen Menschen zuständig, nicht für seine Wut, seine Angst oder sein Glück. Setz Grenzen! Mach ihm oder ihr deutlich: Wer du bist und was du daraus machst, ist allein deine Entscheidung.

Trotzdem ist es wichtig, die Situation ernst zu nehmen, Freunde und Familie des Ex-Partners zu informieren und, noch besser, sich an eine professionelle Beratungsstelle zu wenden, wie etwa die Telefonseelsorge, den Krisendienst Psychiatrie oder die Deutsche Gesellschaft für Suizidprävention, die unter https://www.suizidprophylaxe.de eine Übersicht an weiteren Ansprechpartnern unterhält. Eine Übersicht an Anlaufstellen für alle deutschsprachigen Länder findest du im Anhang.

In solchen Momenten überkommt einen selbst die Sehnsucht, dem Widerstand nach- und alles aufzugeben, sich der eigenen Kraftlosigkeit und Erschöpfung zu ergeben. Mit Ängsten und Zweifeln beladen stehen wir am Bahnsteig unseres Lebens. Auf dem Gleis links fährt gleich der Zug in ein neues Leben ab, Endstation unbekannt, genauso wissen wir nicht, ob wir eine neue Reisebegleitung finden. Rechts wartet die Regionalbahn zurück in unsere Beziehung. Darin sitzt unser Ex-Partner, und wir ahnen, was uns erwartet. Wir müssen nur einsteigen. Das scheint alles so viel einfacher.

»Ich überlege, ob ich jetzt einfach nach Hause gehe«, teilte mir ein Klient eines Morgens mit. »Ich habe mir heute Nacht den Weg der Trennung ausgemalt. Mir ist dabei aufgefallen, wie viele Schmerzen ich durchlaufen müsste, wie lange das anhielte und wie unsicher ich bin, was kommt.«

Ob der Weg zurück in die Beziehung weniger Leid mit sich bringt, das wird jeder selbst erfahren müssen. Vielleicht ist das so. Es könnte auch sein, dass die Schmerzen, die bei einer Trennung kurz und heftig verlaufen, bei einer Rückkehr schleichend und fortwährend sind. Es gab schließlich tiefgreifende Gründe, warum man seinen Partner verlassen wollte. Die sind nicht einfach verschwunden. Zumindest daran sollte man gemeinsam oder, noch besser, mit professioneller Unterstützung arbeiten, um nicht ähnlich wie Sisyphos bis in alle Ewigkeit einen Felsbrocken den Berg hochzurollen oder in eine Endlosschleife aus Trennung und Versöhnung zu geraten, wie ich es schon bei Klienten erlebt habe.

Nichts ist für die Ewigkeit, und Dinge, von denen wir überzeugt sind, können scheitern. Trotzdem finde ich, sind wir es uns selbst schuldig, ehrlich zu uns zu sein, um den (Ex-)Partner nicht unnötig zu quälen. Natürlich gehören immer zwei dazu: einer, der quält, und einer, der sich quälen lässt. Wenn wir aber nur deshalb in die Beziehung zurückkehren und den Partner als Trostpreis ansehen, weil uns gerade der Mut fehlt oder uns die Geliebte verlassen hat, sollten wir das zumindest hinterfragen.

Timo erging es so. Plötzlich fand er sich in einer vertauschten Rolle wieder: Aus einem Aufbrechenden wurde ein Verlassener. Mitten in seiner Trennung von Miriam machte seine Freundin plötzlich mit ihm Schluss. Ohne Ankündigung tauchte sie ab und ghostete ihn. Timo verstand gar nichts mehr, fühlte sich hilflos und haderte mit seinem Glück. »Ich bin dafür einfach nicht gemacht«, sagte er. »Ja, die Trennung hat sich gezogen und meine Freundin hat daran gezweifelt, dass ich meine Frau tatsächlich verlasse. Aber das ist doch kein Grund, mich sitzen zu lassen. Wir hätten das doch alles regeln können.«

Timo wurde sauer. Er schickte ihr wütende Sprachnachrichten auf WhatsApp und beschimpfte sie. Es kam aber keine Antwort. »Dass sie nicht weiß, wie krass das ist, was sie mit mir macht, kann ich mir nicht vorstellen.« Er fand es eine Unverschämtheit, wie sie ihn so vor vollendete Tatsachen gestellt hatte. Er brauchte Tage, bis er bemerkte, dass er es mit Miriam ähnlich gemacht hatte. Diese Erkenntnis tat weh.

Damit eine Beziehung funktioniert, braucht es mindestens zwei Personen. Um sie zu beenden, reicht eine aus. Wenn dir jemand also sagt, dass etwas mit eurer Beziehung nicht stimmt, dann hat er recht. Sie funktioniert nicht mehr für diese Person. Widerspruch zwecklos.

Bedeutet das, dass diese Person weiß, wie man das Problem beheben kann? Nein. Oder sogar, dass sie es überhaupt reparieren möchte? Nein, es kann gut sein, dass sie das gar nicht will. Auch dann kannst du ihr nicht sagen, dass ihre Reaktion falsch ist – egal ob es sich um einen Arbeitskollegen, einen Freund, eine Affäre oder deinen Partner handelt. Jeder entscheidet für sich allein. Höre dir an, was die Person zu sagen hat, respektiere es und zieh dann deine Konsequenzen daraus.

So sollte es eigentlich sein, rational gedacht. Eine Trennung ist aber eine höchst emotionale Situation, in der bei manchen Menschen das Sicherungssystem ihres Verstandes nicht greift, die die Entscheidung ihres Partners, sich zu trennen, nicht akzeptieren, wie der Mann einer anderen Klientin.

Kurz nach Claras Ankündigung, ihn zu verlassen, und mehreren heftigen Streitgesprächen war Oliver zu einem lang vereinbarten Segeltörn mit Freunden aufgebrochen. Während der Reise hatten sie keinen Kontakt. Am Tag seiner Rückkunft war Oliver schon in der Wohnung, als sie von der Arbeit nach Hause kam.

»Er wollte mich in den Arm nehmen, mich küssen und fragte, ob ich mich nicht freuen würde, ihn zu sehen.« Seine Taschen hatte er schon in das ehemals gemeinsame Schlafzimmer gestellt, das er auch gleich wie selbstverständlich für sich beanspruchte. »Es stört mich aber nicht, wenn du auch dort schläfst«, sagte er großzügig.

Clara konnte es nicht fassen. »Ich verstehe nicht, was du aus unseren Gesprächen nicht verstanden hast«, sagte sie ihm, worauf er antwortete: »Die Trennung willst nur du. Ich nicht. Ich verstehe nicht, wie du alles einfach so hinschmeißen kannst.«

Den Rest des Abends unternahm Oliver mehrere Annäherungsversuche, die Clara kategorisch zurückwies. Daraufhin war er beleidigt und machte ihr immer wieder Vorwürfe. Sie ließ sich davon aber nicht provozieren.

Clara bat ihn, aus der Wohnung auszuziehen, die sie bis dahin gemeinsam bewohnt hatten, die aber ihr gehörte. Oliver ignorierte diesen Wunsch. Über Wochen spielte er den guten Ehemann, brachte Blumen mit und legte sich zu ihr auf die Couch. »Ich bin dann sofort aufgestanden und ihm auch sonst aus dem Weg gegangen, wo es nur ging.« Irgendwann riss ihr der Geduldsfaden. »Ich habe ihm deutlich gemacht, dass ich bei meiner Entscheidung bleibe und er verschwinden soll.« Der anschließende verbale Streit war heftig.

Am nächsten Tag packte Oliver aber seine wichtigsten Sachen zusammen und zog zu einem Freund. Beim Rausgehen sagte er noch: »Das muss ich mir nicht antun. Ich bin hier ja nicht willkommen. Du wirst schon sehen, was du davon hast.«

Noch mehrmals tauchte Oliver überraschend in der Wohnung auf, um Clara zu einem Neustart zu überreden. Erst als Clara über einen Anwalt die Herausgabe des Wohnungsschlüssels forderte, gab Oliver auf.

Im Rückblick bleiben aus den Tagen der Trennung häufig nur die grausamen und kränkenden Gespräche in Erinnerung. Oftmals erschrecken wir, wie viel Bosheit, Enttäuschung und Traurigkeit offen zu Tage getreten sind, in uns selbst und im anderen.

Die seelischen Wunden, die wir uns gegenseitig zugefügt haben, sind tief und brauchen lange, um abzuheilen. Viele bilden Narben und bleiben uns erhalten, als mahnende Erinnerung für eine neue Liebe oder für den Umgang mit dem früheren Partner, wenn beispielsweise gemeinsame Kinder im Spiel sind. Es ist tatsächlich nicht einfach, sich mit einem Menschen auseinandersetzen zu müssen, über den wir hinwegkommen möchten, wenn wir wissen, dass wir ihm die nächsten Jahre bei Elternabenden, Geburtstagen und Hochzeiten begegnen werden.

Der Verlassende und der Verlassene müssen sich mit der Realität auseinandersetzen, einen Menschen, den man einmal geliebt hat, verloren zu haben. Manchmal hat es deshalb etwas Gutes, von diesem Menschen und seiner destruktiven Kraft enttäuscht zu werden.

Es fällt leichter, sich voneinander zu distanzieren, den Schmerz zuzulassen und mit der Trauerarbeit zu beginnen. Die Verletzungen helfen, den anderen gehen zu lassen, wenn er sich abwendet, und sich mit einer Welt zu arrangieren, in der der andere nicht mehr ist.

Jeder Trauerprozess ist etwas Einzigartiges. Es gibt

daher keinen falschen Weg, damit umzugehen. Die amerikanisch-schweizerische Psychiaterin Elisabeth Kübler-Ross begründete 1969 die Theorie der »Fünf Phasen der Trauer«. Das Modell, das sie in ihrem Buch »Über den Tod und das Leben danach« behandelt, beschreibt fünf Stadien, die Menschen durchlaufen, wenn sie mit dem Tod konfrontiert werden, sei es ihr eigener oder der eines geliebten Menschen. Die Phasen der Trennung ähneln diesem Trauerprozess. Nicht zuletzt hört man bei einer aufgekündigten Liebe oft den Satz: »Du bist für mich gestorben.«

- *1. Phase – Leugnen:* Die Trennung ist ein Schock. Die Verlassenen versuchen, der Realität zu entkommen. Sie tun das Beziehungsaus als Missverständnis oder Fehlentscheidung des Partners ab, das sich korrigieren lässt. Nur langsam setzen sie sich mit der Situation tatsächlich auseinander. Wenn die Leugnung schwächer wird, können andere Gefühle an die Oberfläche treten, zum Beispiel Wut.

- *2. Phase – Wut:* Dahinter verbirgt sich häufig starker Schmerz oder Angst. Die Wut kann aber auch der Versuch sein, das Unausweichliche zu verändern. Sie kann sich gegen viele Ziele richten, gegen den Ex-Partner, der uns das angetan hat, gegen einen Freund oder sogar gegen uns selbst.

- *3. Phase – Feilschen und Verhandeln:* Sobald die Verlassenen merken, mit ihrer Wut und den Beschimpfungen kommen sie nicht weiter, werden sie scheinbar vernünftig und probieren zu verhandeln. In dem verzweifelten Versuch, die Dinge wieder in Ordnung zu bringen, versprechen sie (fast) alles oder lassen sich auf Kompromisse ein, die einer Selbstverleugnung gleichkommen.

- *4. Phase – Depression:* Dieser Zustand ist eine gewöhnliche Reaktion in einem Trauerprozess und keine psychische Krankheit. Die Depression tritt zumeist auf, wenn die schreckliche Realität des Verlusts das Bewusstsein erreicht. Die Verlassenen fühlen sich leer und spüren eine tiefe Traurigkeit. Wenn der Trauernde diesen Schmerz annehmen kann, beginnt er, weniger Ressourcen auf die Reparatur des unlösbaren Problems zu verschwenden.

- *5. Phase – Annahme:* Die Verlassenen schließen langsam mit der Vergangenheit ab. Sie geben das Gefühl der Ohnmacht auf. Das heißt nicht, dass die Verlassenen keine Momente der Schwäche mehr haben. Die Gegenwart ist nicht das, was sie sich wünschen. Aber sie fangen an, die Realität zu akzeptieren. Die Verlassenen beenden ihre Vogel-Strauß-Taktik, heben den Kopf und schauen in die Zukunft.

Andere Autoren beziehen noch die Phasen der Desorganisation, der Schuldgefühle und der Angst mit ein. Indem die Trauernden durch die Phasen gehen, tragen sie selbst zu ihrer Heilung bei. Dieses Modell ist aber kein Rezept, wie man trauern sollte. Es beschreibt Erfahrungen, wie viele Menschen damit umgehen.

Trauer ist jedoch individuell und nicht statisch. Deshalb sehen viele Psychologen das Phasen-Modell als überholt an. Trauer wechselt zwischen Weinen und Lachen, Unverständnis und Erkenntnis, Verzweiflung und Zuversicht. Der Prozess verläuft zudem nicht linear. Auf einen Schritt vorwärts folgen zwei zurück, was bei den vielen Herausforderungen und Hindernissen verständlich ist. Manchmal ändert sich die Reihenfolge oder es werden Stufen übersprungen. Trotz der Kritik behalten für mich die einzelnen Phasen ihre Aussagekraft.

Jeder Mensch trauert anders und wir alle benötigen unterschiedlich lange Zeit, um einen Verlust zu verarbeiten. Wie groß die Trauer ist und wie lange sie dauert, hängt vom Einzelnen ab, seiner Resilienz, der Unterstützung durch Familie und Freunde oder der Bedeutung der gemeinsamen Welt, die verloren gegangen ist.

Nach dem Tod eines Menschen gibt es in vielen Gesellschaften das Trauerjahr, in dem man sich zurückzieht und sich besinnt. Erfahrungen zeigen, dass ein Trauerprozess aber auch über drei, vier Jahre oder noch länger gehen kann, vor allem wenn man in den ersten beiden Phasen hängen bleibt.

Manche Verlassene richten sich in ihrer Opferhaltung ein und finden viele Gründe, warum sie sich schlecht fühlen dürfen, über Wochen, Monate und Jahre. »Wenn es mir schnell wieder gut geht oder ich bald über die Trennung hinweg bin, lasse ich das Unrecht durchgehen und er/sie leidet nicht richtig.« Das denkt wahrscheinlich niemand bewusst, aber unterschwellig kann das zu einem Lebensthema werden. »Du hast mein Leben zerstört.«

Bei einem Beziehungsaus kann Trauer daher bedeuten zu lernen, wie der Verlust die Basis eines neuen unbeschwerten Lebens sein kann, wie er zu einem neuen Umgang mit der gescheiterten Beziehung führt. Der Fokus sollte nicht mehr auf dem Ex-Partner liegen und der Frage, wie er ist oder war und was wer alles falsch gemacht hat. Es geht eher darum, zu verstehen, was mir in einer Beziehung wichtig ist und wie ich das für mich erreichen kann. Auch für eine neue Partnerschaft.

Ob das der Ex-Partner hinbekommt und mit der Trennung abschließen kann, liegt an ihm. Darauf haben wir so gut wie keinen Einfluss. Die norwegische Psychotherapeutin Sissel Gran spricht in diesem Zusammenhang von »Grabpflege«. In ihrem Buch »Ich verlasse dich, weil ich leben will« spricht sie davon, dass belastende Ereignisse eine Erzählung, eine Erklärung dafür, wie etwas begonnen habe, wie es verlaufen sei und wie es endete, brauchten. Das Auseinanderbrechen der Beziehung betreffe beide Partner. Doch die Auflösung der Partnerschaft sei eine individuelle Erfahrung.

Beide Partner erzählen deshalb selten die gleiche Geschichte, warum die Liebe zu Ende ging. Jeder braucht seine Version, und trotzdem sollte die Perspektive des anderen integriert werden. Wer das schafft, dem gelingt der Prozess des Abschließens besser als denjenigen, die das nicht hinbekommen.

Fast ein Jahr sprach Miriam mit Timo kein Wort. Wenn sie kommunizieren mussten, dann kamen Briefe von ihrer Anwältin. Timo akzeptierte das und hielt Abstand. Kurz vor dem Scheidungstermin rief sie ihn plötzlich an und bat um ein Gespräch. Sie wolle sich nicht von ihm in der Anonymität eines Amtsgerichtssaals verabschieden.

Timo hatte Bedenken. Was wollte sie tatsächlich von ihm? Was, wenn damit alles von vorne begann, der Schmerz und die Schuldgefühle? Er zögerte und es entstand am Telefon eine unangenehme Pause, die Miriam mit einem »Bitte! Ich habe dir noch etwas zu sagen« unterbrach. Konnte er ihr diese letzte Bitte wirklich abschlagen? Dann stimmte Timo zu.

Sie trafen sich in einem Café. Zuerst sprachen sie über das Wetter und die Arbeit, ehe Miriam zum Thema kam. Sie habe fast ein Jahr gebraucht, um zu verstehen, dass eine Trennung auch für sie der bessere Weg war. »Ich war in unserer Beziehung auch nicht glücklich.« Nachdem der erste Schmerz verklungen gewesen sei, habe sie sich immer wieder gefragt: »Will ich wirklich noch mit ihm zusammen sein? Oder habe ich nur Angst davor, allein zu sein?« Je mehr Zeit verging, umso klarer war sie sich geworden. Sie hatte Angst gehabt. Sie erkannte, dass sie es nicht geschafft hätte, diese Beziehung zu beenden. »Es war gut so, dass du es getan hast. Es hat wehgetan und das tut es heute noch manchmal. So haben wir aber beide die Chance bekommen, neu zu starten. Danke.«

Timo war baff. Das hätte er nicht erwartet. Nicht nach dieser schmerzhaften Trennung. »Dafür musst du dich sicher nicht bedanken. Ich war ein Arsch und habe dich betrogen.« Bei diesem Satz funkelten Miriams Augen. »Jetzt, wo du es sagst: Stimmt, du warst ein Arsch. Aber damit muss sich jetzt deine Freundin rumplagen.« Timo schluckte.

Wissen To Go

- Es ist immer schmerzhaft, Abschied zu nehmen. Je klarer wir in der Kommunikation unserer Entscheidung sind, desto besser kann der Verlassene mit der Situation umgehen. Damit können wir dem Ex-Partner am ehesten helfen.
- Viele Verlassene hoffen bis zum letzten Moment, dass das Unweigerliche nicht eintritt. Wenn der Ex-Partner erkennt, dass er an der Entscheidung nicht rütteln kann, wird aus Verständnis oft Wut und Hass.
- Geh auf Abstand zu deinem Ex-Partner. Die seelischen Wunden, die wir uns gegenseitig zugefügt haben, sind tief und brauchen lange, um abzuheilen.
- In manchen Fällen lässt sich aber ein Kontakt nicht vermeiden, etwa, wenn es gemeinsame Kinder gibt. Beschränke dich auf die wesentlichen Themen.
- Jeder Mensch trauert anders und wir alle benötigen unterschiedlich lange Zeit, um einen Verlust zu verarbeiten. Die meisten gehen jedoch durch diese fünf Phasen: Leugnen, Wut, Feilschen und Verhandeln, Depression sowie die Annahme der Situation.
- Ob der Ex-Partner mit der Trennung abschließen kann, liegt an ihm. Manche bleiben jedoch in ihrer Opferrolle hängen.

- Wer sich als Opfer sieht, fühlt sich im Recht, mit anderen Menschen rücksichtslos umzugehen. Setze frühzeitig Grenzen! Das gilt auch für die Androhung eines Suizids. Informiere Familie und Freunde und hole dir professionelle Unterstützung von einer Beratungsstelle.
- Lass den anderen gehen.

Die anderen: Wie sage ich es der Familie und den Freunden?

»Es ist mir egal, was die anderen von mir denken!« Martin warf mir diesen Satz in unserer Coachingstunde trotzig entgegen, als wir auf das Thema Freunde und Familie zu sprechen kamen. Seine Reaktion verdeutlichte das genaue Gegenteil. Martin war von der Reaktion seines Umfeldes verletzt. »Für meine Eltern bin ich sowieso immer an allem schuld. Das war bei der Trennung jetzt nicht anders. Und Freunde, deren Zahl war schnell übersichtlich.«

»Ausgerechnet ihr habt euch getrennt?« – »Erinnerst du dich? Ich habe es dir gleich gesagt …« – »Echt jetzt?! Das hätte ich nicht von dir gedacht …« – »Eine Trennung heißt noch gar nichts. Ich habe Bekannte, die haben sich scheiden lassen und sind jetzt wieder ein Paar.« Es ist normal, dass Freunde und Familie auf die Nachricht der Trennung unterschiedlich reagieren. Einige werden überrascht, andere werden traurig oder vielleicht sogar wütend sein. Jeder reagiert anders, ein Richtig oder Falsch gibt es aus zumindest objektiver Sicht nicht.

Dennoch stört uns die eine Reaktion mehr als die andere, abhängig von der Nähe der Person oder der Offenheit, mit der sie geäußert wurde. Für eine Trennung interessieren sich aber nicht nur enge Freunde. Auch die Eltern, Geschwister und die Schwiegerfamilie melden sich zu Wort. Und plötzlich sprechen auch Nachbarn und Menschen über uns, die wir kaum kennen. Die einen wollen helfen (vielleicht auch nur sich selbst), die anderen haben Spaß an den Gerüchten, dem Klatsch und Tratsch.

Grundsätzlich mag es verlockend sein, es mit Konrad Adenauer zu halten. Der soll gesagt haben: »Die einen kennen mich, die anderen können mich.« Tatsächlich sind wir aber so gestrickt, dass es uns sehr wohl wichtig ist, was andere von uns halten. »Es erstaunt mich immer wieder: Wir alle lieben uns selbst mehr als andere Menschen, kümmern uns aber mehr um ihre Meinung als um unsere eigene«, schreibt der römische Philosophenkaiser Marcus Aurelius in seinen »Selbstbetrachtungen«. Dieses Bedürfnis reicht also weit in unsere Vergangenheit. In der Menschheitsgeschichte kam der Verstoß aus der Sippe einem Todesurteil gleich. Allein konnte man kaum überleben. Wir waren auf die Gruppe angewiesen.

Das ist heute nicht mehr so. Aber Vorwürfe und Zurückweisung machen uns immer noch zu schaffen. Allein die Vorstellung, was andere über uns und unser Verhalten denken könnten, versetzt uns in Stress. Unser Selbstwert und unsere Identität entstehen zum Teil aus unserer Verortung in sozialen Beziehungen. Deshalb hat das, was wir glauben, was andere über uns denken, auch einen Einfluss auf unser Handeln. Wir versetzen uns in die Gedanken eines anderen hinein, um uns selbst zu sehen und beurteilen zu können. In der Psychologie spricht man in der Tradition von Charles Horton Cooley vom Spiegel-Selbst, wie Johannes Tiegel in seinem Werk über den »looking glass effect« schreibt. Wenn wir also meinen, dass es uns egal ist, was die anderen über uns sagen und denken, dann hat das häufig nur eine kurze Halbwertzeit.

Viele haben Angst davor, was andere zu unserer Trennung und über uns sagen. Das ist verständlich und menschlich, genauso wie die Reaktion darauf: Wir igeln uns ein. Gerade die, die gehen, ziehen sich zurück. Mit Schuldgefühlen, aus Scham, aus Angst vor Vorwürfen oder weil sie schlichtweg nicht wissen, wie sie sich den anderen gegenüber verhalten sollen. Man duckt sich weg, meidet jeden Augenkontakt und sucht die Einsamkeit.

Wenn du nicht über die Trennung sprechen möchtest, musst du das auch nicht. Das ist deine persönliche Angelegenheit. Höre auf dich selbst. Achte auf deine Bedürfnisse und Gefühle. Du bist dein eigener Maßstab.

Wer eine Tür schließt, öffnet natürlich aber eine andere. Du gibst mit deinem Schweigen dem Ex-Partner die Gelegenheit, seine Version der Trennung in Umlauf zu bringen. Vielleicht kommt dir dann die Rolle des Bösewichts zu. Wer jemanden verlässt, hat in unserer Gesellschaft aber sowieso oft den Schwarzen Peter.

Wir hatten schon im Kapitel zum oder zur »Ex« darüber gesprochen, dass eine Trennung und Scheidung aus unterschiedlichen Blickwinkeln erzählt werden kann. Es gibt immer mindestens zwei Perspektiven einer Geschichte. Wir kennen und glauben oft nur der einen Version, meistens der, die vehementer in die Öffentlichkeit drängt. Und oft ist das die Version der Verlassenen. Bei ihnen greift ein Netzwerk aus Familie und Freunden, das die Aufbrechenden so nicht kennen. Sie machen meist alles mit sich aus.

Der Kinderbuchautor Paul Maar hat in seinem Buch »Der tätowierte Hund« das Märchen von Hänsel und Gretel aus der Sicht der Hexe erzählt, einer armen alten Frau, die es sich in ihrem Häuschen im Wald gemütlich gemacht hat. Bis diese ADHS-Kinder auftauchen und randalieren. Die gutmütige Hexe sucht den Dialog und bittet die Bengel ins

Haus. Als die Hexe den Kuchen aus dem Ofen holen will, den sie in aller Eile und zur Versöhnung gebacken hat, stoßen die Kinder die alte Frau in die Flammen. Und da sie wissen, sollte die Wahrheit ans Tageslicht kommen, müssten sie in Jugendhaft, denken sie sich die Geschichte von der bösen Alten aus, die sie fressen wollte.

Was ist im Wald nun tatsächlich geschehen? Wir kennen nur die Version von Hänsel und Gretel. Die der vermeintlich bösen Hexe wird nicht erzählt. Dabei hat jede Sichtweise das Recht, erzählt und gehört zu werden. Darum geht es auch vielen Menschen, die zu mir ins Coaching kommen. Sie wollen von ihren Problemen sprechen und hören, dass es anderen Aufbrechenden ebenso geht und sie nicht allein sind.

Die Erkenntnis, dass andere ebenfalls an Schuldgefühlen scheitern, sich Sorgen um den (Ex-)Partner und die Kinder machen, nicht loslassen können und gleichzeitig unter dem Druck fast zerbrechen, macht die Situation nicht besser, aber manchmal etwas einfacher. Zu erfahren, dass andere auch so fühlten, ihre Trennung als genauso schlimm empfanden und dass es für viele ein Licht am Ende des Leidenstunnels gab, das macht Mut und Hoffnung. Dafür muss man nicht zwangsläufig mit einem Coach oder Therapeuten reden. Ein Familienmitglied, ein Freund oder manchmal ein Fremder tut es auch. Aber: Man muss bereit sein zu reden.

Für die meisten sind die Isolation und das Schweigen aber sowieso nicht der richtige Weg, zumal die Angst vor Kritik dadurch nicht verschwindet. Angriff ist oftmals die bessere Verteidigung – allerdings mit Strategie. Ähnlich wie man sich überlegen sollte, wie ein Trennungsgespräch mit dem Partner aussehen könnte, sollte man sich auch Gedanken darüber machen, wann und wie man es den Eltern, Geschwistern und wichtigsten Freunden sagt.

Der Wunsch, eine Beziehung zu beenden, ist nicht verboten. Trotzdem kann er auf Unverständnis und Kritik treffen. In solchen Momenten sollten wir uns klarmachen: Kritik basiert immer auf den Werten und den Vorstellungen der kritisierenden Person. Die Ansicht der anderen ist keine faktische Aussage darüber, was wahr und was falsch ist. Kritik ist die Meinung eines anderen, wie man nach dessen Ansicht leben und was man tun sollte. Diese Auffassung muss aber mit uns und unseren Erfahrungen und Einstellungen nichts zu tun haben.

Und ja, wir wollen die Zustimmung möglichst vieler und vor allem von den Personen, die uns wichtig sind. Aber wenn die Vorstellungen vom Leben auseinandergehen, können wir es nicht allen recht machen. Und das ist nicht schlimm!

Trotzdem tut es weh, wenn Familie und Freunde keine Unterstützung leisten, sondern fragen: »Wie kannst du dein ganzes Leben einfach so wegwerfen? Hast du an die Kinder gedacht? Was ist denn mit dir los? Hast du dir das gut überlegt?« Wer möchte da nicht losschreien: »Überlegt? Ich? Nein, natürlich nicht! Ich mach das alles aus Jux und Tollerei.« Oder: »Ach stimmt, jetzt wo du es sagst: Ich hätte das nicht tun sollen. Das war eine blöde Idee.«

Oft geht es bei unserem Wunsch, dass die anderen um uns herum ähnlich denken sollen, nicht um die anderen, sondern es geht um uns selbst. Wir können es nur schlecht aushalten, wenn andere Menschen anderer Meinung sind und keine Harmonie herrscht.

Wie in einer Beziehung mit einem Partner ist es auch bei Freunden und Eltern wichtig für uns, zu lernen, die anderen sein zu lassen. Weil es auf Dauer ziemlich anstrengend und ungesund ist, überall Harmonie haben zu wollen oder sich für jeden verantwortlich zu fühlen. Denn im Grunde ist es wie immer: Alles fängt bei uns selbst an …

Hinterfrage deshalb deine Erwartungshaltung, die du an Freunde, Familie und Schwiegerfamilie hast, wenn du mit ihnen über die Trennung sprichst. Bei der Schwiegerfamilie dürfte die Position in den meisten Fällen klar sein: Schwiegereltern, -großeltern, Schwager und Schwägerin werden sich auf die Seite deines Partners schlagen, und das sollte auch in Ordnung sein.

Mit den eigenen Eltern ist das manchmal schon schwieriger, wie etwa bei Martin. Eigentlich würde man erwarten, dass sie sich eindeutig auf unserer Seite positionieren, den Partner für das Scheitern der Beziehung verantwortlich machen, den Kontakt zu ihm abbrechen und uns uneingeschränkt ihre Unterstützung und Empathie zukommen lassen. Stattdessen hören einige: »Wie konntest du uns das antun? Ich wollte nie, dass sich eines meiner Kinder scheiden lässt.«

Eltern leben in ihrer eigenen Welt, die oftmals durch die Trennung des eigenen Kindes ebenfalls ins Wanken gerät. Sie leiden mit und haben Ängste, ob sie beispielsweise die Enkel jetzt noch regelmäßig sehen. Manche wollen den Mediator zwischen den Partnern spielen, um die Harmonie wiederherzustellen. Andere stellen sich an einem Tag auf die Seite des Schwiegersohnes oder der -tochter, um am nächsten Tag über sie herzuziehen. Weder das eine noch das andere ist hilfreich.

Es wäre ein Fehler, sich in dieser Situation für das Wohl seiner Eltern verantwortlich zu fühlen. Wie du, müssen auch sie mit der Trennung umgehen lernen. Wenn es dir möglich ist, sei offen für ihre Kritik, im Bewusstsein, dass sie ihre eigenen Sichtweisen widerspiegelt und nicht deine. Manchmal hilft aber auch nur Abstand, um sich selbst zu schützen.

Auch bei Freunden erhoffen wir uns Loyalität und sind dann tödlich beleidigt, wenn sie ihre eigene, eine andere Sichtweise auf die Trennung haben. Versuche jetzt bloß nicht, dich zu rechtfertigen und zu diskutieren, um doch noch alle diese Freunde auf deine Seite zu ziehen. Auch Freundschaften können enden, schließlich hast du dich nicht nur von deinem Partner, sondern wahrscheinlich von deinem bis dahin besten Freund getrennt.

Tritt einen Schritt zurück und stelle dir vielmehr die Frage: Sind es meine Freunde oder seine/ihre? Auch wenn über die Jahre der Freundeskreis verschmilzt, wirklich gemeinsame Freunde gibt es eher selten. Männer halten vielleicht eher zu Männern, und Frauen zu Frauen. Oder auch nicht. Oft ist die persönliche Beziehung des Freundes zu einem der Ehepartner stärker ausgeprägt. Dieser Freund ergreift dann auch eher Partei für diesen Ehepartner.

Zwangsläufig ziehen sich Freunde dann auch zurück oder wenden sich ab. Gerade das kann wehtun und in einer Zeit zusätzliche Kraft kosten, in der man sowieso schon auf Reserve läuft. Vor allem wenn man es nicht erwartet hat. Martin ging es so.

Er hatte sich mit Daniel angefreundet, der in der Neubausiedlung zwei Häuser weiter wohnte. Ihre Kinder waren im gleichen Alter und ihre Frauen verstanden sich. Man traf sich zum Grillen, und Martin und Daniel gingen auch mal abends auf ein Bier in die Kneipe. An den Wochenenden unternahmen sie regelmäßig gemeinsame Ausflüge, und auch im Urlaub in Österreich und Kroatien waren die Familien zusammen. »Ich hätte ihn als engen Freund bezeichnet.«

Dann trennte sich Martin von seiner Frau. Er zog aus dem Haus aus und holte die Kinder nur noch an den Wochenenden ab. Bei diesen Besuchen sah er auch regelmäßig Daniel. »Wir redeten miteinander, aber irgendwie nur noch oberflächliches Zeug.« Martin fragte seinen Kumpel, ob sie mal wieder ein Bier trinken wollten. »Ja, klar«, habe Daniel gesagt, »gerade habe ich im Job viel um die Ohren, aber ich ruf dich an.« Doch der Anruf kam nie. Martin versuchte noch mehrmals, den Kontakt nicht abreißen zu lassen. »Zwischen uns hat das irgendwie gepasst. Dachte ich zumindest.« Als er ihn das nächste Mal auf der Straße sah, sprach Martin Daniel direkt darauf an. Der druckste zuerst herum, ehe er zugab: »Deine Kinder und deine Frau sind ständig bei uns. Und du nicht. Wie soll das gehen? Ich kann nicht mit dir und deiner Frau befreundet sein. Ich muss mich entscheiden. Versteh das bitte!«

Für Martin war das wie ein Schlag vor den Kopf. Die Enttäuschung saß tief. Es ist nicht einfach in solchen Momenten, aber du solltest anerkennen, dass eine Trennung auch für andere Menschen eine Belastung darstellt. Es war deine Entscheidung, dich zu trennen, und die anderen müssen mit den Folgen nun umgehen. Vielleicht haben diese Menschen Jahre oder Jahrzehnte mit dir und deinem Partner verbracht und teilen viele Erinnerungen. Vielleicht spielen die gemeinsamen Kinder eine Rolle, vielleicht die Nachbarschaft, der Arbeitsplatz, der Verein oder Hobbys. Im Idealfall verhalten sich Freunde und Familie dann neutral. Erwarte nicht, dass sie deinen Ex-Partner zum Feindbild erklären und bedingungslos für dich Partei ergreifen. Sie leben ihr eigenes Leben.

Welcher Freund und welche Freundin dir nach einer Trennung erhalten bleiben, zeigt sich oft erst hinterher. Es ist eigentlich immer so, dass man sich auf die eine oder andere Seite schlägt. Den Spagat, dass ein Freund weiterhin mit beiden Ex-Partnern gleich gut befreundet bleibt, schafft kaum einer.

Aber auch dein Leben verändert sich. Du ziehst vielleicht weg, wechselst die Arbeitsstelle und triffst neue Leute. Neue Bekanntschaften entstehen durch die Kinder. Sie werden größer und wechseln ihren Freundeskreis.

Sieh die Trennung als Chance, dich selbst und dein Umfeld positiv zu gestalten. Du musst nicht von allen gemocht werden. Das ist sowieso Augenwischerei. Solange du mit dir im Reinen bist und dich magst, werden sich neue Freunde finden.

Wissen To Go

- Es war deine Entscheidung, dich zu trennen. Das ist kein Grund, sich zu verstecken. Erwarte aber nicht, dass Freunde und Familie uneingeschränkt Partei für dich ergreifen. Auch die anderen Menschen müssen mit den Folgen nun umgehen und hatten vielleicht andere Interessen.
- Kritik basiert immer auf den Werten und den Vorstellungen der kritisierenden Person. Du musst aber sowieso nicht von allen anderen gemocht werden. Wenn wir ehrlich sind, können wir Disharmonie nur schlecht aushalten.
- Klare Kommunikation: Sprich mit deiner Familie und den Menschen, die dir wichtig sind, offen über deine Entscheidung. Erkläre ihnen deine Gründe und lasse sie verstehen, warum du dich getrennt hast. Erwarte aber nicht, dass sie deinen Entschluss nachvollziehen können. Das kann helfen, Missverständnisse aus dem Weg zu räumen und Kritik besser zu verstehen.
- Grenzen setzen: Wenn du dich unangemessen kritisiert oder behandelt fühlst, ist es wichtig, Grenzen zu setzen. Gib den Menschen deutlich zu verstehen, dass an diesem Punkt für dich Schluss ist und du dir eine Einmischung verbittest.
- Es ist eigentlich immer so, dass Freunde und Familie sich auf die eine oder andere Seite schlagen. Den Spagat, mit beiden Ex-Partnern gleich gut befreundet zu bleiben, schafft kaum einer.
- Sieh die Trennung als Chance, dich selbst und dein Umfeld positiv zu gestalten.

Trennungskinder: Bleibt Mama und Papa!

Eltern zu sein zählt zu einer der schönsten Aufgaben im Leben. Gleichzeitig bringt es aber auch die Last einer weitreichenden und komplizierten Verantwortung mit sich. Ständig und überall machen sich Mütter und Väter Sorgen. Erst über Bauchweh, Fieberkrämpfe und die Sicherheit der Kleinen, dann über Schulnoten, Freundeskreis und Drogenmissbrauch.

Wenn wir Eltern werden, geschieht zudem etwas Seltsames mit uns. Wir vergessen, dass wir Menschen sind – mit Empfindungen, Bedürfnissen und Fehlern. Wir fühlen uns nicht mehr frei, wir selbst sein zu dürfen. Wir kommen uns selbst abhanden. Da ist es auch nicht verwunderlich, dass die Beziehung zu unserem Partner darunter leidet – und bei vielen auch scheitert.

Wie bei Theresa: »Innerlich bin ich lange schon weit entfernt gewesen von meinem Mann. Die Trennung war nur der letzte Schritt«, sagte sie mir. »Ich habe über Jahre als Mutter für mein Umfeld nur noch funktioniert. Ich lachte zwar und machte das Beste draus, damit mein Mann und die Kinder ein Zuhause hatten und ich versorgt war. Aber in mir drin war ich am Ersticken.«

Viele Klienten melden sich bei mir, wenn ihre Kinder im Teenageralter oder gerade aus dem Haus sind. Sie stellen fest: »Da lebt zu Hause jemand neben mir, aber die Verbindung ist mir verloren gegangen.« So formulierte es Peter, ein anderer Klient, in unserem ersten Gespräch.

Peter, 51, hat mit seiner Frau Evelyn einen Sohn und eine Tochter, inzwischen 15 und 18 Jahre alt. Seit Jahren schon fand nach seinem Geschmack kein richtiges Eheleben mehr statt. Peter sehnte sich nach Zweisamkeit und Zärtlichkeit. Wenn sie sich dann doch mal abends bei einem Glas Wein unterhielten, ging es selten um sie als Paar oder auch mal um ihn, wie er es sich wünschte. »Ganz schnell war meine Frau bei den Themen Kinder und Familie«, erzählte er. Das machte ihn wütend, und es kam immer öfter zu Streit. »Und Sex gab es sowieso nur noch alle heiligen Zeiten.«

Auf einer Dienstreise lernte der Vertriebsleiter eines mittelständischen Unternehmens eine andere Frau kennen – und lieben. Zwei Jahre lief die Affäre neben seiner Ehe. Dann war er sich sicher: Er wollte sich von seiner Frau trennen. »Und wäre es auch nur um Evelyn gegangen, hätte ich es wahrscheinlich geschafft. Aber was ist mit meinen Kindern? Ich kann ihnen doch nicht ihr Zuhause kaputtmachen.«

Peters Sorge haben viele. Und ganz unberechtigt ist diese auch nicht. Für die meisten Kinder bricht eine Welt zusammen, wenn sich Vater und Mutter trennen – egal wie alt sie sind. Das schlechte Gewissen und Schuldgefühle sind deshalb oft der Grund, warum viele Zeit und Energie investieren, um die Beziehung wegen der Kinder zu retten oder es zumindest miteinander auszuhalten, obwohl sie eigentlich fühlen und wissen, dass es vorbei ist. Sie wollen sich nicht vorwerfen lassen müssen, dass sie Egoisten sind, die keine Rücksicht auf ihre Söhne und Töchter nehmen.

Wann haben Kinder das richtige Alter für eine Trennung? Diese Frage bekomme ich oft in den Coachings gestellt. Ich antworte dann: »Das richtige Alter gibt es nicht.« Und: »Es kommt auf die Umstände an.«

Natürlich ist für viele Kinder und Jugendliche die Übergangszeit der Trennung nur schwer erträglich. Und ein Fünfjähriger verfügt naturgemäß über weniger Schutzmechanismen als ein 18-Jähriger. Wenn die Eltern aber oft streiten, kann die Trennung auch für jüngere Kinder eine Erleichterung sein.

Laut Statistik trennen sich die meisten Eltern in Deutschland, wenn die Kinder zwischen drei und vier Jahre alt sind. Aber ist das nun besser oder schlechter, als wenn das Kind eins oder zehn ist? Wenn das Kind zu klein ist, um Fragen zu stellen, tut es das in der Pubertät. Und halten es die Eltern noch so lange aus, bis die Kinder flügge geworden sind, fühlen die sich wahrscheinlich trotzdem über Jahre hintergangen.

Diese Angst, die Kinder zu verletzen, weniger Kontakt zu ihnen zu haben oder sie zu verlieren, blockierte auch Peter fast zwei Jahre. Erst als der Druck ihn beinahe zerriss und die Freundin zusätzlich drohte, ihn zu verlassen, suchte er sich Hilfe.

Scheidungen und Trennungen sind heute normal. Das war früher anders. In meiner Grundschulklasse in den 1980ern gab es nur einen Jungen, bei dem sich die Eltern getrennt hatten. 2023 zählt ein Kind mit getrennten Eltern nicht mehr zu den Exoten. Inzwischen haben viele Freunde unserer Kinder geschiedene Eltern. In Deutschland werden pro Jahr zwischen 160 000 und 200 000 Jungen und Mädchen zu Trennungskindern. Sie sind also nicht stigmatisiert und mit ihrer Erfahrung allein.

Was zählt, ist sowieso nicht die Familienstruktur, wenn es um die kognitive und emotionale Entwicklung von Kindern geht. Das haben Studien längst dutzendfach belegt. Es sind die einzelnen Menschen im Leben eines Kindes, die seine Welt sind und es prägen, egal ob es in traditionellen Verhältnissen aufwächst, bei Alleinerziehenden oder in einer Kommune, egal ob die Eltern in hetero-, homo- oder bisexuellen Partnerschaften leben. Eine Bilderbuchfamilie von Vater, Mutter und Kindern kann sicherlich ein Ort der Fülle und Liebe sein – aber eben auch ein Schlachtfeld.

Machen wir uns nichts vor. Kinder sind sensibel und wissen mehr, als wir uns oft vorstellen. Es ist also zwecklos, schwierige Situationen vor ihnen geheim halten zu wollen. Oft leiden sie schon unter emotionalen Belastungen, die für uns als Erwachsene noch nicht sichtbar sind oder die wir noch nicht sehen wollen. Und so verwundert es nicht, wenn der Dreijährige schon ruft: »Papa und Mama, nicht streiten«, obwohl die Eltern nur über die Coronapolitik diskutieren und noch nicht einmal unterschiedlicher Meinung sind. Oder wenn ein Elternteil im Rückblick sagt: »Wir haben uns doch nie gestritten«, und die jugendliche Tochter ihm die Augen öffnet. »Nicht laut und nicht vor mir. Aber meinst du, ich habe diesen unterschwelligen Psychoterror zwischen euch nicht mitbekommen?!«

Wie organisiert man als Eltern also eine Trennung am besten? Wenn es eine goldene Regel gibt, wie man den Kindern Leid erspart, dann ist es vielleicht die: indem man seine Baustellen als Paar ohne die Kinder löst, trotz aller Konflikte respektvoll miteinander umgeht und sich weiterhin als Eltern versteht.

Sprecht frühzeitig in der Trennungsphase darüber, wie ihr das Umgangs- und gemeinsame Sorgerecht gestalten wollt. Bei wem sollen die Kinder künftig wohnen? Wie sehen die Betreuungszeiten aus? Steht ein Umzug an? Müssen Kindertagesstätten oder Schulen gewechselt werden?

Zu einer konstruktiven Elternrolle gehört auch, dass man nicht schlecht über den anderen spricht, seine guten Seiten weiterhin schätzt und nicht ständig die Fehler des anderen betont oder kommentiert.

Besonders nach einer schmerzhaften Trennung empfinden manche das als unmöglich. Schließlich ist der andere ein Arsch! Mag sein, aber dieser Arsch ist noch immer der Vater oder die Mutter des Kindes. Und das Kind fühlt sich immer beiden Elternteilen zugehörig. Wenn die eine Hälfte, aus der die Tochter oder der Sohn hervorgegangen ist, die andere abkanzelt oder schlechtmacht, dann sieht sich das Kind allzu oft auch als schlechte Person. Es fühlt sich hin- und hergerissen, weil es Vater *und* Mutter gegenüber loyal sein will. Doch das überfordert es. Es will nicht zwischen Vater und Mutter wählen müssen.

Essstörungen, Selbstverletzungen, schlechte Noten, Drogenmissbrauch können die Folge sein. Und selbst wenn äußerlich alles in Ordnung scheint, kann in den Kindern ein Gefühl tiefer Traurigkeit, der Leere und Heimatlosigkeit herrschen. Sie befinden sich mittendrin und nirgendwo.

Das wollen wir als Väter und Mütter nicht. Zumindest die meisten von uns. Wir möchten das Leben unserer Kinder möglichst stress- und sorgenfrei gestalten. Wir wollen, dass sie glücklich sind und zumindest nicht darunter leiden, dass wir aus unserer Sicht den falschen Partner gewählt haben oder weil es zwischen ihren Eltern unlösbare Konflikte gibt und sie sich deshalb getrennt haben.

Damit die Kinder das nicht erleben und erleiden müssen, sind manche von uns sogar bereit, ihr eigenes Glück und Leben hintenanzustellen. Nur: Aufgeschoben ist nicht aufgehoben. Wir können unsere Kinder nicht vor allem schützen. Kein Leben ist ohne Angst, Wut, Sehnsucht, Trauer und Verlust.

Ich muss an Annemarie denken, eine Hundertjährige, die in Kerstin Schweighöfers Buch »100 Jahre Leben« als eine von mehreren Frauen und Männern Antworten auf die großen Fragen gegeben hat. Annemarie erzählte, dass ihre Töchter es »shocking« gefunden hätten, als sie sich mit einem neuen Mann getroffen habe. »Mit welchem Recht?«, fragte sie sich, »es ging doch um mein Leben! Wieso sollte ich mich dafür rechtfertigen müssen?« Kinder hätten das Leben, das ihre Eltern führen, zu akzeptieren, selbst wenn sie sich noch so schwer damit tun. Und sie ergänzte: »So wie es umgekehrt von uns Eltern auch erwartet wird.«

Schützen können wir unsere Kinder nicht, aber wir können ihnen bei diesen Erlebnissen zur Seite stehen, den Schmerz erträglicher machen, es ihnen erklären und sie vielleicht trösten. Geben können wir aber nur das, was wir selbst haben. Deshalb ist es so wichtig, uns um unser eigenes Ich zu kümmern und uns unserer eigenen Gefühle bewusst zu sein.

Bin ich verzweifelt, gestresst, ängstlich, wütend oder traurig? Nur wenn ich das erkenne, bin ich offen und aufnahmebereit für die Gefühle anderer. Und erst dann bin ich in der Lage, den Schmerz meines Kindes auszuhalten und ihn vielleicht gemeinsam mit ihm durchzustehen, anstatt seinen Schmerz wegen meiner Schuldgefühle zu leugnen oder wegzuschieben.

Ein offenes Ohr und emotionale Unterstützung sind wichtig, damit die Kinder ihre Gefühle und Ängste verarbeiten können. Dazu gehört auch, mit ihnen altersgemäß offen und ehrlich zu reden. Was und wie viel man erzählt, stimmen die Eltern am besten untereinander ab. Aber eines sollte klar sein: Auf der Beziehungsebene des Paares haben die Kinder nichts verloren.

Stattdessen sollte man sich gemeinsam Zeit für die Sorgen und Nöte der Kinder nehmen. Jedes Kind quälen andere Fragen. Sandra Lüpkes teilt sie in ihrem Buch »Ich verlasse Dich. Ein Ratgeber für den, der geht« wie folgt ein:

- *Schuld:* Hat es vielleicht an mir und meinem Verhalten gelegen? Hätte ich die Trennung verhindern können?
- *Sehnsucht:* Wenn Papa oder Mama auszieht, werde ich ihn oder sie dann noch regelmäßig sehen?
- *Angst:* Mein Vater verlässt meine Mutter (oder umgekehrt). Wird er das auch mit mir machen?
- *Wut:* Meine Eltern wissen, dass meine Welt zusammenbricht. Warum trennen sie sich trotzdem?
- *Scham:* Bei meinen Freunden sind Mama und Papa noch zusammen. Bin ich jetzt weniger wert? Macht mich das zum Außenseiter?
- *Loyalität:* Ich liebe Papa und Mama. Muss ich mich jetzt zwischen beiden entscheiden?
- *Sorgen:* Muss das Haus oder die Wohnung jetzt verkauft werden? Müssen wir umziehen? Verliere ich den Kontakt zu meinen Freunden? Muss Mama/Papa jetzt mehr arbeiten und hat dann weniger Zeit für mich?

- *Wunschdenken:* Wenn ich nur fest genug daran glaube, dann wird alles wieder gut. Ich kann die Beziehung meiner Eltern noch retten.
- *Verantwortung:* Mama und/oder Papa geht es nicht gut. Ich muss nun die Verantwortung für sie/ihn übernehmen.

Das erste Gespräch führen die Eltern am besten gemeinsam. Zunächst ist es wichtig, das Kind auf die bevorstehende Trennung vorzubereiten, und auch auf den Auszug eines Elternteils: »Mama und Papa werden sich trennen. Wir wissen, dass du darüber sehr traurig bist und dass dir einer von uns fehlen wird. Wir werden aber beide weiter für dich da sein und dich lieb haben.«

Du solltest von vornherein akzeptieren, dass das Kind die Trennung seiner Eltern nicht will. Deshalb sind Sätze wie »Versteh doch, wir streiten nur noch, deshalb ist es das Beste, Papa zieht vorerst aus« kontraproduktiv. Gerade Floskeln wie »vorerst« oder »erst einmal«. Für die Kinder ist vor allem belastend, dass sie nicht wissen, was geschieht und wie ihre Zukunft aussieht. Sei so offen und ehrlich wie möglich. Und sage ihnen, was passieren wird: »Der Papa zieht aus und nicht wieder ein.«

Nimm ihnen ihre Ängste, soweit das möglich ist. Sprich aktiv darüber, bei älteren Kindern auch über deine eigenen Ängste als Eltern. Betone, dass du weiterhin zuverlässig da sein wirst, und sprich darüber, was du als Nächstes vorhast und wie sich der gemeinsame Alltag in nächster Zeit vermutlich gestalten wird. In dem Moment, in dem für das Kind die heile Welt zerbricht, sollte es das Gefühl haben, dass ihm trotzdem Mama und Papa erhalten bleiben und es auf die Zukunft vertrauen kann.

Um es gleich vorwegzunehmen: Es wird nicht bei diesem einen klärenden Gespräch bleiben. Deine Kinder werden unglücklich sein, wenn du dich trennst oder scheiden lässt. Fragen und Sorgen tauchen immer wieder auf, oft sogar noch Jahre nach der Trennung. Das bedeutet aber nicht, dass deine Kinder ein Leben lang darunter leiden werden.

Das haben zwei große Scheidungsstudien in den USA zeigen können, die Scheidungskinder über Jahrzehnte beobachtet haben. Die große Mehrheit von ihnen wird im späteren Leben genauso beziehungsfähig und erfolgreich in Schule und Beruf sein wie Kinder, deren Eltern sich nicht getrennt haben.

Besonders die ersten zwei Jahre nach der Trennung sind für die Kinder am schwierigsten zu bewältigen. Hier brauchen sie die meiste Unterstützung. Bekommen sie diese von beiden Elternteilen, stehen die Chancen gut, das Geschehene positiv zu verarbeiten.

Deswegen ist es so wichtig, wie du von Anfang an mit der Trennung umgehst. Nimm dir Zeit und die Kinder ernst. Nur so können diese die Trennung aufarbeiten und sie in ihr Leben integrieren. Naturgemäß fällt ihnen das, wenn sie älter und eigenständiger sind, leichter, zumal sie sich mit Freunden darüber austauschen und sich auch selbst Hilfe holen können.

Manchmal dauert es aber auch bis zur eigenen ersten Trennungserfahrung. »Ich habe nie verstanden, wie du Papa verlassen konntest«, hat der Sohn einer Klientin ihr immer wieder vorgeworfen, bis zu dem Zeitpunkt, als während des Studiums die Beziehung zu seiner Freundin in die Brüche ging. »Jetzt kann ich das endlich nachvollziehen.«

Erfahrungen sind mehr wert als Worte. Du kannst deiner Tochter jedes Mal wieder aufs Neue sagen, dass du sie liebst. Wenn du hinterher wegfährst, wird sie dennoch das Gefühl haben, du hättest sie verlassen. Das wird sich nach einer Trennung nicht verhindern lassen – trotzdem kannst du ihr deine Liebe deutlich machen, indem du ihr nicht nur sagst, sondern es ihr immer wieder auch zeigst, dass du sie lieb hast.

Dass Eltern trotz einer Trennung kooperativ miteinander umgehen und dem Kind das Gefühl geben, weiterhin gemeinsam für es da zu sein, ist wahrscheinlich der wichtigste Schutzfaktor für das Kind. Das hatte sich auch Peter vorgenommen. Für das Trennungsgespräch mit seiner Frau nutzte er ein Wochenende, an dem sein Sohn und seine Tochter nicht zu Hause waren. Evelyn weinte und wütete, als sie von Peters Freundin und seiner Entscheidung erfuhr, sie verlassen zu wollen. Sie willigte aber ein, gemeinsam mit ihm und den Kindern zu sprechen und nach einer guten Lösung zu suchen.

Als die beiden Jugendlichen am Sonntagnachmittag zurückkehrten, setzten sie sich alle an den Küchentisch. Peter ließ Evelyn den Vortritt, als sie das Wort ergriff. »Euer Vater verlässt uns. Er hat hinter unserem Rücken mit einer anderen gefickt, der Wichser. Und jetzt bildet er sich ein, ich halte dafür her, dass er euch weiterhin anlügt. Ich stelle es euch frei: Aber ihr müsst euch entscheiden, auf welcher Seite ihr steht. Er oder ich!«

So schilderte mir Peter hinterher die Situation. Seine Tochter brach in Tränen aus und flüchtete in Evelyns Arme. Sein Sohn kippte ihm ein Glas Wasser mit den Worten ins Gesicht: »Verpiss dich! Wie konntest du uns das antun?!«

Gerade weil viele Trennungen schmerzhaft sind, versuchen manche Elternteile in ihren Kindern Verbündete zu finden. Die Töchter und Söhne sind jedoch der komplett falsche Platz, um die eigene Enttäuschung und Wut über den Partner loszuwerden. Solche Väter und Mütter belasten ihre Kinder mit Informationen und Gefühlen, die diese nicht schultern können und dies auch nicht sollten. Egal ob dies anfänglich unbewusst oder bewusst geschieht.

Nach Peters Aussage war Evelyn die Genugtuung über die Reaktion der Kinder anzusehen. Ihr war es anscheinend in diesem Moment wichtiger, sich zu rächen und ihm Schmerz zuzufügen, auch wenn das auf dem Rücken der Kinder geschah.

Solche Momente sind nur schwer auszuhalten, gerade weil sie deutlich machen, dass zum Streiten nicht immer zwei gehören. Wenn sich Vater oder Mutter dazu entschieden haben, die Kinder zu instrumentalisieren, bleibt dem anderen oftmals nur eine vorläufige Kapitulation, um nicht auch noch an den Söhnen und Töchtern von der anderen Seite zu zerren und sie in einen Stellungskrieg zu zwingen. Peter tat das einzig Richtige, er verließ die Situation und ging.

Kinder sind Kinder und lieben beide Elternteile. Wenn von der anderen Seite geschoben, gezogen und blockiert wird, können es aber harte Wochen, Monate und sogar Jahre werden, bis sich das Verhältnis zu den Kindern wieder verbessert.

Und weil Kinder Kinder sind, suchen sie sich vielleicht auch einen Schuldigen. Auch sie brauchen eine Erklärung, ein Narrativ, warum es so gekommen ist. Und das fällt auch in ihrer Welt leichter, wenn sie jemand die Schuld geben können. Sie verbünden sich mit dem vermeintlich schwächeren Elternteil, oft ist das der Verlassene. Deshalb sollten sich Aufbrechende darauf einstellen, dass die Beziehung zu den Kindern (vorerst) schwierig und von Ablehnung und Feindseligkeit geprägt sein kann, vor allem wenn der Ex-Partner dies nutzt, um sich zu rächen. Da hilft es nur, langfristig zu denken, Verständnis für das Leid mitzubringen und jede Menge Geduld.

Sei da und biete dich immer wieder an – auch wenn das sehr frustrierend sein kann. Eine andere Chance hast du nicht. Sollte der Kontakt abgelehnt werden oder nicht zustande kommen, ist es auch eine gute Möglichkeit, Tagebuch darüber zu führen, was du versucht und angeboten hast, um es bei Bedarf den Kindern später einmal zeigen zu können.

Wenn du deine Kinder triffst, sprich altersgerecht über die Situation, falls dies die Kinder möchten. Verfalle dabei aber nicht in das gleiche Muster von Vorwürfen und Manipulationen wie dein Ex-Partner. Nimm den Kindern auch immer wieder die Angst, dass sie aus deinem Leben ganz verschwinden könnten.

Ich will es aber weder schönreden noch den Teufel an die Wand malen. In manchen Fällen ist die Entfremdung von Vater oder Mutter so erfolgreich, dass das Verhältnis überhaupt nicht mehr zu kitten ist. Da hilft kein regelmäßiger Umgang mit den Kindern, da helfen keine Anwaltsbriefe und keine Gespräche mit dem Ex-Partner, da helfen keine Familienberatung und Termine beim Jugendamt. Wenn der andere Elternteil querschießen und verbrannte Erde hinterlassen will, wird er das auch schaffen.

Natürlich hast du immer die Möglichkeit, das Aufenthaltsbestimmungs- und das alleinige Sorgerecht vor dem Familiengericht einzuklagen. Ob das aber gelingt und bei entfremdeten Kindern auch tatsächlich sinnvoll ist, steht auf einem anderen Blatt.

Peters Kinder sind nach der Trennung und der anschließenden Scheidung bei seiner Ex-Frau geblieben. »Mit meiner Tochter habe ich regelmäßig Kontakt. Wir treffen uns einmal im Monat. Und ein paar Mal hat sie jetzt auch schon in der Wohnung bei mir und meiner Freundin übernachtet.« Das Verhältnis zu seinem Sohn sieht anders aus. Trotz seiner Versuche hat sein Sohn den Kontakt fast vollständig abgebrochen. »Wenn ich ihn anrufe, geht er nicht ans Handy. Ich schreibe ihm auch immer wieder bei WhatsApp. Manchmal antwortet er, dann aber nur einsilbig. Und sehen möchte er mich überhaupt nicht«, sagt Peter und fügt schnell an: »Derzeit. Ich gebe nicht auf.«

Um als Eltern zu funktionieren, braucht es Mutter und Vater. Es gibt aber viele Punkte im Alltag, die du allein entscheiden und umsetzen kannst. Hier habe ich einige Vorschläge für dich:

Tipp

Tipps für Väter und Mütter

- Setze dich nicht unnötig unter Druck, die perfekte Mutter und den perfekten Vater gibt es nicht. Genauso wenig, wie es das perfekte Kindesalter für eine Trennung der Eltern gibt.
- Getrennte Elternpaare müssen sich vor ihren Kindern nicht übertrieben harmonisch zeigen. Die Kinder würden sich sonst fragen, warum sie sich eigentlich getrennt haben. Offener Streit und gegenseitige Beschimpfungen vor den Kindern sollten aber unterbleiben.
- Väter und Mütter, die nach der Trennung selbst psychisch geschwächt sind, sollten soziale Unterstützung von außen oder therapeutische Hilfe in Anspruch nehmen.
- Baue möglichst schnell eine verlässliche Alltagsstruktur auf, in der sich die Kinder aufgehoben fühlen.
- Wenn du die Kinder verlässt, behalte möglichst viele Gewohnheiten und die Nähe zu ihnen bei. Triff sie regelmäßig und hole die Kinder zu dir.
- Wenn die Kinder bei dir bleiben, gestehe ihnen auch die Nähe und die Sehnsucht zum anderen Elternteil zu.
- Sprich bei den Kindern an, dass diese das Recht haben, über die Trennung traurig und wütend zu sein, und dies auch deutlich machen dürfen.
- Sag den Kindern, dass sie keinerlei Schuld an der Trennung haben.
- Gib den Kindern Zeit, mit der neuen Situation zurechtzukommen und sie zu verkraften.
- Und der wichtigste Punkt: Trotz der Trennung sind und bleiben es die Kinder von beiden Elternteilen. Geht daher in Bezug auf die Kinder kooperativ miteinander um und gebt ihnen das Gefühl, weiterhin gemeinsam für sie da zu sein.

Als Coach sind mir viele Mütter und Väter begegnet, die diese Tipps für sich umgesetzt haben – und gleichzeitig verbittert waren, dass ihr Ex-Partner sich anders verhält und damit die Kinder vielleicht sogar für sich gewinnt. Das tut weh. Trotzdem stellt sich die Frage nach der Alternative. Es dem Ex-Partner gleichzutun kann nicht die Lösung sein. Ich bestärke meine Klientinnen und Klienten dann, Vertrauen ins Leben und vor allem in ihre Kinder zu haben. Viel anderes bleibt nicht.

Wissen To Go

- Das richtige Trennungsalter bei Kindern gibt es genauso wenig wie den richtigen Termin für ein Trennungsgespräch.
- Kinder sind sensibel und wissen mehr, als wir uns oft vorstellen. Es ist also zwecklos, schwierige Situationen vor ihnen geheim halten zu wollen.
- Du und dein Partner habt euch getrennt. Eure Kinder hatten kein Mitspracherecht. Mach dir deshalb immer bewusst: Die Kinder brauchen und lieben immer beide Elternteile.
- Vermeide einen Wettkampf um die Liebe des Kindes. Versuche auch nicht, das Kind auf deine Seite zu ziehen. Es ist schwer auszuhalten, wenn dein Ex-Partner das tut oder sogar versucht, die Kinder als Druckmittel einzusetzen. Verhalte dich trotzdem nicht so. Lästere auch nicht über den Ex-Partner vor den Kindern.
- Geht offen und ehrlich mit der Trennung und Scheidung um. Jedes Kind hat eine Erklärung verdient. Sprecht mit ihnen und nehmt ihnen die Angst, die Trennung könnte etwas mit ihnen zu tun gehabt haben.

- Allerdings haben Kinder nichts auf der Paarebene verloren.
- Kinder sollten nicht das Gefühl haben, ihre Eltern trösten zu müssen. Auch für sie ist eine solche Situation schwer. Sie sollten weiterhin Kind sein dürfen.
- Es kann sein, dass sich die Kinder auf die Seite des vermeintlich Schwächeren schlagen. Das ist zumeist der oder die Verlassene, und das muss man akzeptieren. Gib aber die Hoffnung nicht auf und bleibe eine feste Figur im Leben deiner Kinder. So etwas kann sich verwachsen.
- Bleibt gemeinsam Eltern und schafft trotz der Trennung ein stabiles Umfeld für eure Kinder.

Getrennt – und dann?!

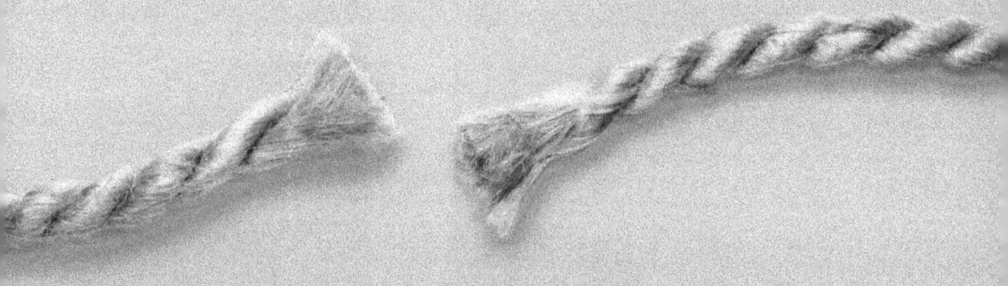

Akzeptieren: Wie gehe ich mit meinen Schuldgefühlen um?

Bis sich zwei Menschen ent-lieben, dauert es eine Weile. Es geht hin, es geht her. Auf einen Angriff folgen der Rückzug und die Ausweichbewegung. Enttäuschungen wechseln sich ab mit Gefühlsstürmen und Gleichgültigkeit. Wir zweifeln und quälen uns über Monate und Jahre. Was nicht sein soll, darf auch nicht sein. Wir betreiben Autosuggestion (»Mit jemand anderem wäre es auch nicht besser«) und wehren uns dagegen, aufzugeben. Der kleinste Funke Herzlichkeit lässt die Hoffnung neu auflodern, es könnte sich doch noch alles zum Guten wenden.

Schwierige Beziehungen erweisen sich daher lange als erstaunlich stabil. Irgendwann zerbricht die Liebe aber doch unter anhaltender Untreue, Eifersucht, Kontrolle, ernsthaften Drohungen, Gewalt, Alkohol oder Drogen. Für eine Klientin war Letzteres der entscheidende Riss in der Beziehung. »Wir hatten auch zuvor schon Probleme«, sagt Marlies, »irgendwie haben wir die immer wieder gekittet. Aber als mein Mann während Corona das Trinken und Kiffen wieder anfing, war Schluss.«

Marlies' Mann, ein Gastronom, sah im Lockdown alles zugrunde gehen, was er über Jahre aufgebaut hatte. Sein Ventil waren der Alkohol und Haschisch. Schon früh morgens griff er zum Vodka und steckte sich den ersten Joint an. »Er wurde nicht ausfällig oder laut. Betäubt saß er Tag um Tag vor der Glotze und verlotterte«, erinnert sich Marlies. Anfangs versuchte sie es mit Verständnis, gutem Zureden und Fürsorge. Nichts half. Dann wurde sie laut, zeigte ihre Enttäuschung und schüttete den Alkohol weg. Auch das half nicht. Er ignorierte sie und kaufte einfach Nachschub.

»In der Beziehung ging es schon immer mehr um ihn als um mich. Das war o. k.«, sagt Marlies. Aber diese negativen Gefühle, seine Passivität und Gleichgültigkeit erstickten ihre Liebe. Marlies konnte nicht mehr. Sie dachte zum ersten Mal an die Scheidung. Nach fünf Jahren Ehe zog sie von einem Tag auf den anderen aus. Erst zu einer Freundin und dann in eine kleine Zweizimmerwohnung. Erst da wachte ihr Mann aus seinem halbtoten Zustand auf.

Wie ein geprügelter Hund stand er fast täglich vor ihrer Wohnungstür, heulte Rotz und Wasser und flehte, sie solle zurückkommen. Hoch und heilig versprach er ihr, er werde keine Drogen mehr anrühren. Fast ein Vierteljahr ließ Marlies ihren Mann abblitzen. »Ich hatte kein Vertrauen mehr. Ich wollte einfach meine Ruhe.«

Irgendwann ertrug sie seinen vorwurfsvollen Blick nicht mehr, sein Betteln und Verzweifeln. »Ich wollte nicht die Verantwortung übernehmen, wenn er zugrunde geht.« Vielleicht war es auch das Gefühl, endlich einmal gesehen, gebraucht und begehrt zu werden. Sie stimmte zu zurückzukehren. »Ich dachte aus Liebe«, sagt Marlies. »Es war aber eher Mitleid. Ich hätte auf meine Alarmglocken hören sollen.«

Sie sagte Ja, obwohl ein Nein besser gewesen wäre. An ihrem Mann lag es nicht. Er war tatsächlich wie ausgewechselt, trank und rauchte nicht mehr, war aufmerksam und liebevoll. Aber da, wo Marlies eigentlich Freude und Zuwendung fühlen wollte, war nur Pflicht und Schmerz. »Er hatte sich so angestrengt und verhielt sich so, wie ich ihn immer wollte.« Aber es war zu spät. Marlies' Liebe war versiegt. Sie blieb nur, weil sie ihm nicht wehtun wollte.

Stattdessen ging es ihr immer schlechter. Es kam ihr vor, als hätte sie versagt, persönlich alles falsch gemacht und als sei sie unfähig, eine Beziehung zu führen, während es alle um sie herum anscheinend hinbekamen. Schuldgefühle machten ihr zu schaffen. Weil sie spürte, was sie ihm antun würde, wenn sie ging. »Er hat mir doch nichts getan. Im Gegenteil: Er hat sich für mich so bemüht. Ich trete ihm dafür in die Fresse und sage, das reicht mir nicht. Was bin ich für ein Mensch? Wie undankbar kann man eigentlich sein.« Schuld, Angst und Trauer lähmten Marlies noch viele Wochen, ehe sie ihren Mann endgültig verlassen konnte.

Auf der Hitliste der Gefühle, die wir während einer Trennung nicht spüren möchten, ist die Schuld ganz weit oben. Am liebsten würden wir sie sofort abschütteln oder schnell wegpacken. Aber wie alle anderen Gefühle ist die Schuld nicht verschwunden, nur weil wir sie ignorieren. Auch sie hat eine Funktion und möchte uns etwas sagen.

Die natürliche Funktion des Schuldgefühls ist es, uns darauf aufmerksam zu machen, dass das, was wir gerade tun oder getan haben, nicht in Ordnung ist, weil wir uns oder jemand anderem damit schaden, und zwar – ganz wichtig – nach unseren eigenen Maßstäben. Das Gefühl sagt daher: »Tu das nicht wieder!« Und: »Du bist schuldig.« Es sagt aber nicht: »Du bist ein schlechter Mensch.« Das ist das, was wir daraus machen, wenn wir das Gefühl nicht nur wahrnehmen, sondern es festhalten und uns damit identifizieren.

Manchmal steckt hinter einem Gefühl aber auch ein zweites, wenn wir etwa wütend werden, obwohl wir eigentlich verletzt sind. Könnte es sein, dass du dich hinter deiner Schuld verschanzt? Weil du damit zumindest noch ein Gewissen zeigst und einen guten Kern hast? Oder verschanzt du dich hinter der Schuld, weil es auch andere Gefühle gibt, die noch mehr schmerzen? Verrat, Verurteilung, Ungerechtigkeit, Ablehnung.

»Sind Sie von sich selbst enttäuscht, wenn Sie andere enttäuschen müssen?«, hatte ich Marlies gefragt. »Bemühen Sie sich deshalb eher, es den anderen Menschen recht zu machen?« Marlies hielt das für wahrscheinlich, sie sei schon immer so gewesen und habe Schuld nie gut aushalten können. Damit steht sie nicht allein. Dabei hat eine Enttäuschung auch etwas Gutes, wir können uns ent-täuschen, also von einer Täuschung befreien.

Enttäuschungen zeigen uns, was uns am Herzen liegt, sie sagen etwas aus über unsere Erwartungen und darüber, wie wir gerne leben würden, wie wir gerne selbst wären und wie unser Partner oder unsere Umwelt sein sollte. Jeder Frust, jeder Ärger, jede Wut entstehen überhaupt nur, wenn etwas, das uns wichtig ist, verletzt zu werden droht oder bereits verletzt wird.

Wichtig ist die Erkenntnis: Gefühle sind keine Tatsachen. Manchmal machen nur wir selbst uns diese Vorwürfe, manchmal gibt es tatsächlich andere Stimmen. Wir fühlen uns verletzt, als Verräter, ungerecht behandelt, verurteilt, abgelehnt und getroffen. Aber warum trifft uns das so? Schuldig zu sein heißt nur, die Verantwortung für diese Handlung zu tragen. Das ist das, was ein Erwachsener tun sollte. Es heißt nicht, etwas falsch gemacht zu haben oder gar von Grund auf falsch zu sein.

Rede dir also nicht ein, dass etwas nicht mit dir stimmt. Verurteile dich nicht. Sag dir lieber: »Ich bin, wie ich bin. Und ich bin gut so, wie ich bin.« Lass dir auch nichts von anderen einreden. Nimm deine Gefühle wahr, auch die verdrängten. Alles, was du nicht zulässt, nicht akzeptierst, leugnest, das alles mündet in Schuldgefühlen.

Der Psychiater und Neurowissenschaftler Raphael Bonelli vergleicht Schuldgefühle mit Schmerzgefühlen. Während physischer Schmerz uns darauf aufmerksam macht, dass etwas mit unserem Körper nicht stimmt, weisen Schuldgefühle auf einen sozialen Schaden hin. Allerdings ist auch ein falscher Alarm nicht ausgeschlossen. So wie es Phantomschmerzen gibt, kann es auch zu Phantomschuld kommen.

Zudem fällt es uns manchmal schwer, zwischen echter Schuld, die wir anerkennen und aus der wir lernen können, und übersteigerten, irrationalen Schuldgefühlen zu unterscheiden, die uns eine Verantwortung für etwas einreden, das gar nicht in unserer Macht liegt oder lag.

Wie wir Schuld empfinden, wie wir streiten, lieben und was für Ängste uns plagen – vieles davon lässt sich auf Erfahrungen zurückführen, die wir in unserer Kindheit gemacht haben. Leider lernen wir es häufig nicht, uns selbst zu verstehen, was dazu führt, dass wir ausgesprochen schlecht darauf vorbereitet sind, mit den Belastungen unseres Lebens umzugehen und uns mit unserem emotionalen Ich zu arrangieren. Stellen Eltern etwa Regeln auf oder fordern Dinge, denen wir als Kinder nicht nachkommen können, führt das im späteren Leben manchmal zu irrationalen Schuldgefühlen.

Ich begegne immer wieder Menschen, die den Anspruch, andere glücklich zu machen, wie eine Monstranz vor sich hertragen. Damit übernehmen sie bei einer Trennung auch die Verantwortung, das Leben des Ex-Partners zu zerstören.

Ole geht das so. Beim Blick in die Muster seiner Vergangenheit ist er auf eine Aussage seiner Mutter gestoßen: »Jetzt hast du Papa mit deinem Verhalten traurig gemacht!« Dieser Vorwurf kam oft, wenn er sich nicht so verhielt, wie er sollte. Ole hat ihn in sein Leben übernommen. Es liegt in seiner Macht, andere Menschen traurig zu machen – und dann natürlich auch glücklich. Das wurde ihm vermittelt und das glaubte er. Daran konnte Ole nur scheitern.

Wie soll das gehen, jemanden glücklich zu machen? Jeder definiert für sich selbst, was ihn glücklich oder traurig macht. Und das ändert sich beständig. Heute macht mich Freizeit glücklich, morgen gehe ich in meiner Arbeit auf. Gestern war es eine Begegnung mit Freunden, übermorgen möchte ich mit mir allein sein. Wie soll man das also schaffen? Ein Außenstehender hat dazu keine Chance. Ole versuchte es trotzdem.

Sein kindliches Schuldgefühl trieb ihn an, es allen recht machen zu wollen und eigene Bedürfnisse zurückzustellen, damit es anderen gut geht. »People Pleaser« nennt man solche Menschen. Ihnen fällt es schwer, Nein zu sagen. Selbst bei Dingen, die sie nicht mögen oder für die sie eigentlich keine Zeit haben.

Sie fürchten, dass ein Nein zu Konsequenzen in ihren Beziehungen führt, sie nicht mehr gemocht oder geliebt werden. Aus Furcht, andere zu verärgern oder zu verlieren, übernehmen sie deshalb manchmal die Verantwortung für die emotionale Verfassung ihres Gegenübers.

Der andere ist unzufrieden, gereizt, wütend, enttäuscht, eingeschnappt, ungerecht, verbittert, schlecht gelaunt – immer fühlen sich die People Pleaser schuldig und versuchen alles, um diesen Gefühlszustand zu beheben oder erst gar nicht eintreten zu lassen. Im Laufe der Zeit kann das dazu führen, dass sie selbst nicht mehr wissen, was ihnen im Leben wichtig ist, weil sie ihre eigenen Emotionen und Bedürfnisse so lange ignoriert haben. Erschöpfung und Verbitterung sind die Folge, sie fühlen sich unwichtig und nicht anerkannt.

Die Ironie dieses Verhaltens ist nämlich, dass es uns nicht liebenswerter macht oder uns mehr Ansehen verleiht, wenn wir es permanent allen recht machen wollen. Wen achten wir mehr? Denjenigen, der uns wie ein Hündchen hinterherrennt, oder diejenige, die uns Grenzen setzt und eine eigene Meinung vertritt?

Schuldig fühlt man sich immer dann, wenn man entweder den eigenen Erwartungen oder denen der anderen nicht genügt. Weil wir kein Fleisch oder zu viel davon essen, weil wir zu dick sind, nicht gendern, weil wir Freiheit wichtiger finden als ein sicheres Einkommen, weil wir hassen, was wir lieben sollten, weil wir »blau« sagen und der andere »rot«. Das ist doch absurd. Muss man sich tatsächlich dafür schuldig fühlen? Ich denke nicht, gerade wenn man sonst wie ein Hamster im Rad den Erwartungen und Ansprüchen der anderen hinterherrennt und ihnen doch nie gerecht werden kann. Wenn das so ist und wir nicht alle anderen glücklich machen können, wie wäre es, wenn wir bei uns damit anfingen? Nur wenn wir glücklich sind, kann dieses Gefühl auf andere abstrahlen. Und ein Nein zu den anderen ist fast immer ein Ja zu uns.

Trotzdem belasten so viele Menschen ihr Leben und ihre Liebesbeziehungen mit irrationalen Schuldgefühlen. Sie empfinden Schuld nicht nur ihrem Ex-Partner gegenüber. Sie fühlen sich auch schuldig, wenn sie an ihre Eltern, Kinder, Freunde, Arbeitskollegen und auch an ihren aktuellen Partner denken. Bei Ole war das so.

Seine Eltern warfen ihm vor, sie würden wegen seiner Trennung ihre Enkelkinder nicht mehr sehen. Ole fühlte sich schuldig und versuchte, seine Eltern in die Treffen mit seinen Kindern zu integrieren. Seine Kinder warfen Ole vor, auch sie verlassen zu haben und sich nicht für sie zu interessieren. Ole fühlte sich schuldig und machte jede Begegnung und jeden Urlaub zu einem besonderen Erlebnis, bei dem die Kinder immer im Mittelpunkt standen. Das nervte seine Freundin, die ihm vorwarf, wegen der Kinder sowieso nur die Hälfte des Urlaubs mit ihm verbringen zu können. Und an diesen Urlaubstagen zettelte regelmäßig Oles Ex-Frau einen nervenzehrenden Streit an, wofür ihn seine Freundin ebenfalls verantwortlich machte. Auch dafür übernahm Ole die Verantwortung.

Diese überbordende Schuldneigung machte Ole anfällig für Selbstbeschimpfungen und Versagensängste. Allen und jedem brachte er Mitgefühl und Verständnis entgegen, sah nicht nur ihre Schwächen, sondern auch ihre Stärken. Verzieh ihnen, wenn sie einen Fehler gemacht hatten, und nahm sich Zeit, um sie mit einfühlsamen Worten wieder aufzubauen.

Die einzige Person, der er unbarmherzig gegenüberstand, war er selbst. Regelmäßig warf er sich vor, ein Versager zu sein, der nichts kann und immer alles falsch macht. Selbst für Misserfolge, die tatsächlich nicht abzusehen waren oder auf die er keinen Einfluss hatte, fühlte er sich bisweilen verantwortlich.

Ist das nicht traurig? Einen Freund, dem es nicht gut geht, würden wir niemals als »Verlierer« beschimpfen. Instinktiv würden wir ihn in den Arm nehmen und trösten. Nur bei uns bekommen wir das nicht hin. Bei dem Menschen, der uns am meisten am Herzen liegen sollte. Umso bitterer ist die Erkenntnis, dass nur eine Person dafür verantwortlich ist: Das sind wir selbst.

Die Macht eines jeden Gedankens liegt darin, welchen Glauben wir ihm schenken. Gedanken sind keine Tatsachen. Es sind wilde Mischungen aus Wissen, Meinungen, Erlebnissen, Traumata, Erfahrungen und Vorurteilen. Um sie in die eine oder andere Richtung zu lenken, ist es hilfreich zu lernen, mit uns selbst liebevoller umzugehen und ihnen Grenzen zu setzen. Oder anders gesagt: Wir brauchen ein größeres Selbstwert- und Selbstmitgefühl.

Wir gehen mit uns um, wie wir mit uns umgehen, weil wir es so gelernt haben. Warum sollten wir uns dann nicht einen neuen inneren Dialog beibringen können, der uns bessere Dienste leistet, bei dem unser Innerer Kritiker nicht die lauteste Stimme ist und Fehler okay sind?

Es muss gar nicht immer alles großartig sein, wie wir es täglich tausendfach in unsere Social-Media-Kanäle eingespielt bekommen. Wenn wir uns einreden und vorbeten, wir seien stark, liebenswert, unverwundbar und wir könnten alles schaffen, wenn wir nur fest genug daran glauben, kann das sogar kontraproduktiv für unser Selbstwertgefühl sein, hat eine Studie gezeigt. Auf Tschakka folgt Katzenjammer, weil wir es mal wieder nicht schaffen, fest genug an uns zu glauben, und deshalb nicht alles hinbekommen.

Andersherum wird aber ein Schuh draus: Weil wir Zweifel an unserem Selbstwert haben, schaffen wir nicht alles – aber das ist okay, genauso wie es unsere negativen Gedanken sind. Wenn wir das akzeptieren, müssen wir uns nicht damit quälen, uns von etwas zu überzeugen, an das wir sowieso nicht glauben. Als Folge steigt unsere Stimmung und damit unser Selbstwertgefühl, sagt die Studie.

Sollte das nicht geschehen, könnten wir immerhin noch Selbstmitgefühl mit uns haben. Das hat nichts mit Selbstmitleid zu tun. Während man sich beim Selbstmitleid als bedauernswertes Opfer sieht, das nichts für sein Elend kann, nehmen wir beim Selbstmitgefühl die Beobachterposition ein und versuchen zu erfühlen, was mit uns los ist. »Wer sich in Momenten des Scheiterns Mitgefühl entgegenbringt, braucht nicht zu leugnen, zu unterdrücken oder zu vermeiden – die Gefühle können anerkannt, akzeptiert, verarbeitet werden und dann weiterziehen«, sagt Kristin Neff, die in einer Studie an der University of Texas festgestellt hat, dass Menschen, denen ein hohes Maß an Selbstmitgefühl attestiert wurde, besser mit ihrem Scheitern klarkamen. Sie verdrängten es weniger und konnten damit die negativen Gedanken schneller auflösen.

Was ist also das Ziel? Weniger hart mit uns ins Gericht zu gehen und Selbstmitgefühl zu zeigen, wenn wir spüren, wir kommen nicht vorwärts. Viele haben Angst, einen Fehler zu begehen, oder bereuen gar eine Entscheidung. Mit einer Verurteilung kommen wir nicht weiter, mit Selbstmitgefühl schon. Es nimmt uns den Druck und hilft uns, nach vorne oder vielleicht noch einmal genauer hinzuschauen.

Ich habe dir eine Übung rausgesucht, mit der du den Unterschied zwischen Mitgefühl und Selbstmitgefühl besser nachvollziehen kannst und erkennst, warum Letzteres so wichtig ist. Sie ist an eine Idee von Kristin Neff in ihrem Buch »Selbstmitgefühl. Wie wir uns mit unseren Schwächen versöhnen und uns selbst der beste Freund werden« angelehnt.

Übung

Dir geht es schlecht – mir geht es schlecht

Nimm dir Zettel und Stift: Stell dir vor, ein enger Freund oder eine enge Freundin meldet sich bei dir und sagt, ihm/ihr ginge es schlecht. Dann schildert er/sie dir das Problem, das du selbst gut kennst. Was würdest du tun? Wie würdest du reagieren und dich verhalten? Was würdest du sagen? In welchem Tonfall? Schreib es auf! Dann wechselst du die Perspektive: Du hast nun das Problem. Was sagst du zu dir und in welchem Ton? Was tust du? Schreib es auf! Nun vergleiche dein Verhalten und deine Antworten. Was fällt dir auf? Was würde geschehen, wenn du dich wie deinen Freund oder deine Freundin behandeln würdest? Was hindert dich daran, dir selbst ein guter Freund zu sein? Schreib es auf! Dann probiere es aus, sei dir selbst ein guter Freund.

Alles im Leben hat mindestens zwei Seiten. Stets sitzen auf unseren Schultern ein Engelchen und ein Teufelchen. Eines flüstert: »Eigenbestimmung und Selbstständigkeit«, das andere »Egoismus und Verantwortungslosigkeit«. Doch wer sagt was? Wer will nur unser Bestes und wer will uns vom rechten Weg abbringen? Das ist alles eine Frage der Perspektive. Habe ich durch die Trennung den anderen in sein Unglück gestoßen oder habe ich dadurch einen noch größeren Schaden für mich abgewendet? Man verliert selten ausschließlich, zumeist gewinnt man gleichzeitig auch etwas – und sei es Erfahrung.

Wenn ich die Wünsche und Erwartungen anderer erfülle, bin ich nicht zwangsläufig fremdbestimmt. Ich sollte allerdings sicherstellen, dass sie zu dem passen, wie ich sein möchte, und dass ich sie freiwillig erfülle. Wer sich also zugunsten des Partners entscheidet, sollte sich nicht gegen sich selbst entscheiden. Sonst stellt sich dieser Kompromiss wahrscheinlich als weit schlechter heraus, als wenn man zu seinen Gefühlen gestanden hätte. Denn wer seine innersten Bedürfnisse und Wünsche ignoriert, wird keinen Frieden finden.

Weil Schuld unangenehm ist, versuchen wir sie gerne an andere zu adressieren, gerade während und am Ende einer Beziehung. Es ist der (Ex-)Partner, der lieblos, untreu, gemein handelt. »Vorwürfe sind sozusagen nach außen verlegte Schuldgefühle«, schreibt dann auch der Paartherapeut Wolfgang Schmidbauer in seinem Buch »Du bist schuld. Zur Paaranalyse des Vorwurfs«. Kurzfristig mag dieses Verhalten Linderung bringen. Langfristig hilft es mehr, sich seiner Schuld zu stellen und sie anzunehmen.

Wer zu seiner Entscheidung steht und die Trennung konsequent umsetzt, macht es sich und den anderen leichter, damit umzugehen. Wer geht, tut das nicht leichtfertig. Wer geht, tut das deswegen, weil er aus seiner Sicht alles versucht hat und das trotzdem nicht ausgereicht hat.

Zur Ehrlichkeit gehört auch: Wer hätte weiter gelitten, wenn man beim ungeliebten Partner geblieben wäre? Man selbst. Jeder trägt die Verantwortung für sein Leben und die übernimmt er mit diesem Schritt. Dafür muss sich niemand schuldig fühlen.

Schuldzuweisungen bringen in Trennungsgesprächen sowieso nichts – und, wenn man ehrlich ist, sonst auch nicht. Ob dein Partner von Schuld spricht, das kannst du nicht beeinflussen. Du solltest es aber nicht tun. Und du musst auch nicht den Vorwurf der Schuld übernehmen, ins Büßergewand schlüpfen und dich für deinen Trennungswunsch mit der neunschwänzigen Katze geißeln.

Du tust das, wovon du überzeugt bist, dass es das Richtige ist, oder zumindest nimmst du an, dass es so ist. Dafür musst du dich nicht schuldig fühlen. Zumal du wahrscheinlich seit Monaten darüber nachdenkst, wie du die Trennung für alle (nicht nur für dich) bestmöglich gestalten kannst.

Das tat auch Ole. Ins Coaching vor dem Abend, als er es seiner Frau sagen wollte, brachte er ein Zitat des Schauspielers Robin Williams mit. Demnach sollte man zu allen Menschen, die man im Leben trifft, freundlich sein, weil sie ihre eigenen Kämpfe führten, von denen man meist nicht wisse.

Ich sagte: »Das gilt auch für Sie. Seien Sie verdammt noch einmal nett und nachsichtig mit sich. Ihre Ängste, Ihre Vermeidung, aber auch Ihre Träume und Ihre Leidenschaft haben Ursachen. Sie dürfen so sein. Also gehen Sie freundlich mit sich um und hadern Sie nicht ständig, dass Sie falsch sind. Das tun Sie schon viel zu lange. Das sind Sie nicht, Ole. Sie sind ein guter Typ, der über viele Jahre treu an der Seite seiner Frau und der Familie stand, der aber das Gefühl hat, dass es noch mehr gibt, und deshalb nach seinem Weg sucht. Und das dürfen Sie. Sie dürfen Ihr Leben leben. Und Sie müssen es auch. Mit allen Hochs und Tiefs, mit allen Konsequenzen. Stehen Sie dazu, stehen Sie zu sich.«

Ole schwieg. Fast eine Minute. Als er »Ja, aber« sagte, ging ich dazwischen, was sonst nicht meine Art als Coach ist. »Kein *Ja, aber.* Packen Sie die Selbstvorwürfe ein. Sie sind, wie Sie sind. Was andere daraus machen, das ist ihre Entscheidung. Lassen Sie sich nicht von ihnen und auch nicht von Ihren inneren Stimmen quälen. Als Kind haben Sie etwas getan, was Ihrem Papa nicht passte. Er hat sich entschieden, dass ihn das traurig macht. Das war seine Verantwortung und nicht Ihre. Sie haben keine Schuld.«

Es gehört Mut dazu, ehrlich zu sich zu sein. Lass die quälenden Gedanken zu, akzeptiere deine Fehler und verzeihe dir selbst. Die folgende Übung soll dir dabei helfen.

ÜBUNG **Es ist nicht deine Schuld**

Wichtig ist, sich seinen Schuldgefühlen zu stellen. Sie zuzulassen und sich mit ihnen auseinanderzusetzen. Auch Wunschdenken ist erlaubt – also nach dem Motto »Hätte, hätte, Fahrradkette«. Alles trägt zur Heilung bei. Nimm dir einige Minuten in Ruhe Zeit und beschäftige dich mit folgenden Fragen bzw. vervollständige folgende Sätze:

- Wie konnte es eigentlich dazu kommen? (Blick in die Vergangenheit)
- Welche Fehler habe ich aus meiner Sicht gemacht?
- Was werde ich künftig anders machen? (Blick in die Zukunft)
- Wie wäre es mir emotional ergangen, wenn ich geblieben wäre?
- Hätte ich doch nur schon vor Jahren die Beziehung beendet …
- Wenn ich mehr auf meine Wünsche geachtet hätte, müsste ich mir eingestehen …
- Wäre ich bloß nicht …
- Das habe ich in den letzten Monaten gelernt …

Es gibt viele Gründe, warum eine Beziehung endet. Fehler macht jeder. Das hat aber nichts mit dir als Person zu tun. Es gibt sowieso kein objektives Richtig oder Falsch. Du hast subjektiv nach bestem Wissen und Gewissen entschieden. Mach dich also nicht verrückt und höre auf, dich selbst zu verurteilen. Die Vergangenheit lässt sich nicht ändern. Schau nach vorne und frage dich stattdessen, was du künftig besser machen kannst.

Wissen To Go

- Gehen oder bleiben. Egal was man macht, es schmerzt immer. Und das Gewissen wird sich melden.
- Eine Trennung ist nicht das Schlimmste, was einem Paar passieren kann. Es ist schlimmer, sich gegenseitig das Leben durch Bitterkeit zu zerstören.
- Wer geht, tut das deswegen, weil er aus seiner Sicht alles versucht und es trotzdem nicht ausgereicht hat. Jeder trägt die Verantwortung für sein Leben. Diese Verantwortung übernimmst du mit diesem Schritt. Dafür musst du dich nicht schuldig fühlen.
- Wichtig ist, sich seinen Schuldgefühlen zu stellen, sie zuzulassen und sich mit ihnen auseinanderzusetzen. Das trägt zur Heilung bei.
- Vermeide es, Schuldzuweisungen zu machen oder dir selbst die Schuld zu geben. Vergib dir selbst und lass die Vergangenheit hinter dir.
- Wir bereuen nicht die Dinge, die wir tun. Wir bereuen die Dinge, die wir nicht getan haben.

Loslassen: Trauern gehört zum Neuanfang

Vor einiger Zeit zog ich eine E-Mail aus meinem Postfach. Petra hatte mir geschrieben. Ich war auf dem Weg aus ihrer langjährigen Beziehung ein paar Wochen an ihrer Seite gewesen. »Sicher meldet sich ab und zu ein schlechtes Gewissen«, schrieb sie mir, »und manchmal fragt man sich, ob man leichtfertig seine Ehe hingeschmissen hat. Aber im Grundsatz fühle ich mich mit mir und der Entscheidung im Reinen und ich könnte es mir gerade auch gar nicht mehr anders vorstellen, selbst wenn ich manchmal denke: Wer weiß, was da noch kommt?!«

Sie fuhr fort: »Im Rückblick war das Loslassen gar nicht so schwer. Irgendwann muss ich mich konkret mit der Scheidung auseinandersetzen, dann melde ich mich sicher noch einmal bei Ihnen. Jetzt brauche ich aber erst einmal eine Pause und werde nichts tun. Und dann, in ein paar Wochen, möchte ich das Haus umräumen und auch sonst einige Dinge verändern.«

Ich habe mich über diese Mail sehr gefreut, vor allem auch über die letzten Zeilen. Ich finde es gut, wenn Klientinnen und Klienten auf ihrem Weg in ein neues Leben auch Pausen einlegen, ihre Leistung anerkennen und genießen können, was sie bisher erreicht haben. Viele können das nämlich nicht oder, anders formuliert, erlauben es sich nicht. Dabei ist das ein wichtiger Punkt, um Kraft zu sammeln für die Anstiege und Täler, die noch kommen werden. Daraus entsteht Resilienz.

Ich antwortete Petra: »Sie haben noch einen langen Weg vor sich, bevor Sie Ihre Verbindung gelöst haben. Sie haben aber bereits sehr wichtige Schritte hinter sich gebracht. Da dürfen Sie stehen bleiben, zurückblicken und sich Anerkennung dafür zollen, was Sie geleistet haben. Ich weiß nicht, ob Sie das so annehmen können. Lassen Sie sich aber von mir sagen, der ich ja nun einige Erfahrung mit der eigenen Trennung und mit der von anderen Menschen gesammelt habe, es war schon jetzt eine besondere Leistung, die nicht jeder und jede so hinbekommt. Sicherlich sind die Lebenswege und Partner immer unterschiedlich, trotzdem dürfen Sie das anerkennen.«

Und ja, bei Petra und auch bei vielen anderen wird noch der eine oder andere Zweifel kommen und sich wahrscheinlich auch immer wieder das Gewissen mit Schuldgefühlen melden. Das ist nach der langen Zeit in den Beziehungen und vor allem bei bestimmten Beziehungsmustern normal. Denn selbst wenn wir uns sagen können, wir lieben den Partner nicht mehr, haben wir doch oft noch fürsorgliche Gefühle für ihn oder fühlen uns sogar noch verantwortlich, vielleicht auch, weil er der Vater oder sie die Mutter der gemeinsamen Kinder ist.

Ich beendete meine Mail an Petra: »Im Grunde ist uns allen oftmals nicht ganz klar, was wir wollen bzw. was der richtige Weg sein könnte. Dann gilt es, die Ängste anzunehmen, Mut zu fassen und den Sprung zu wagen. Natürlich kann der Aufprall auch (erst einmal) wehtun. Wenn ich aber überzeugt davon bin, das Richtige zu tun, dann gibt es keine Alternative dazu – und auch keinen Grund, sich selbst zu verleugnen, um jemand anderes zu sein. Zumal wir in großen Teilen die Macht haben, unser Leben selbst zu gestalten. Das Beruhigende dabei ist doch, dass wir gar nicht von all den Gelegenheiten, die wir schon verpasst haben, wissen. Und das ist auch gut so. Der beste Moment, loszulassen, ist jetzt.«

Dinge und Menschen ändern sich, genauso wie Gefühle, Wünsche und Ziele. Die Liebe zum anderen ist vorbei und hatte keine Chance, wieder zu erwachen. Das ist ein guter und übrigens der beste Grund, Verantwortung für sich selbst zu übernehmen und einen neuen Weg einzuschlagen.

Trennung und Scheidung sind sicher keine alltäglichen Erfahrungen, heben sie doch das komplette Leben aus den Angeln. Beziehung, Wohnort, Freunde, Finanzen, Lebensgewohnheiten, alles ändert sich, warum so eine Erfahrung zu einem Crashkurs in Sachen Persönlichkeitsentwicklung wird. Häufig werden wir in einen Sog aus negativen Gefühlen und Gedanken gezogen, was auch okay ist. Es ist normal, sich schlecht zu fühlen, und sogar wichtig, den Schmerz anzunehmen.

Trotzdem sollte und muss das normale Leben weitergehen, die Arbeit erledigt, Sport gemacht werden, die Kinder müssen versorgt und Freunde getroffen werden. Das ist auch gut so, um sich nicht verrückt machen zu lassen und in allem eine Katastrophe zu sehen. Das Leben besteht aus Millionen von Graustufen. Weder ist man die einzig getrennte Person, die ihre Zufriedenheit über die des Partners gestellt hat, noch ist man das einzige Paar, das es nicht geschafft hat, seine Probleme in den Griff zu bekommen. Wie es hinter der Fassade von vermeintlich glücklichen Partnerschaften aussieht, wissen wir wahrscheinlich selbst gut genug.

Wir hätten uns in den vergangenen Monaten und Jahren immer mal wieder die Frage stellen sollen, ob wir mit unseren Partnern noch zusammen wären oder sie noch einmal heiraten würden, wenn wir nicht durch Kinder, Haus, Ehe und andere gesellschaftliche Verpflichtungen aneinandergebunden wären. Die ehrliche Antwort wäre oftmals ein Nein.

Stattdessen klammern wir uns an fixe Vorstellungen, wie wir selbst sein sollten, wie sich andere verhalten müssten und wie unser Leben verlaufen sollte. Wenn es nicht so kommt, und es kommt selten so, hadern wir. Mit uns selbst, aber auch mit den anderen. Und wir halten dennoch daran fest.

Zumindest sind wir damit nicht allein. Laut einer Umfrage des Meinungsinstituts Civey für »Spektrum.de« unter 5000 Menschen in Deutschland fällt es jedem zweiten

Menschen schwer, sich aus Beziehungen zu lösen. Warum eigentlich?

Wie problematisch es ist, sich zu lösen, hängt mal wieder mit den Prägungen aus unserer Kindheit zusammen, gepaart mit unserer Risikobereitschaft und psychischen oder auch finanziellen Abhängigkeiten. Wir sollten daher unsere emotionalen Muster und Glaubenssätze kennenlernen und die biografischen Kerben, die das Leben in uns hinterlassen hat. Dann können wir auf unser Handeln Einfluss nehmen und unseren Spielraum erweitern.

Wenn wir begreifen, warum wir immer wieder auf denselben Typ Mensch in unseren Partnerschaften anspringen, der oder die uns nicht guttut, können wir unser Verhalten Schritt für Schritt ändern und auch loslassen. In unserer Gesellschaft ist Loslassen jedoch mit Scheitern verbunden. Was zählt, sind Durchhaltevermögen und Leidensfähigkeit. Wer loslässt, hat versagt.

So erging es auch Annalena. Über lange Jahre war ihr Partner ein fester Halt in ihrem Leben gewesen. Gemeinsam haben sie viel erlebt und so manche Herausforderung überstanden, ein Kind großgezogen, ein altes Bauernhaus gekauft und renoviert. Sie ist mit ihrem Partner nicht nur physisch zusammengezogen. Er ist auch psychisch bei ihr eingezogen und ist ein Teil von ihr geworden. Das macht es so schwer, loszulassen, zumal der Schmerz in der Beziehung auch selten konstant ist. Sobald er für ein paar Augenblicke aufhört, entsteht wieder Hoffnung, dass alles doch noch gut wird.

Über Jahre hat Annalena gebangt, gelitten und mit sich und der Trennung gerungen. Immer wieder hat sie sich und ihrem Partner eine letzte Chance gegeben und sich an ihr bekanntes Leben geheftet. Wenn wir aber krampfhaft an etwas festhalten, fühlen wir uns weder frei, die Beziehung zu verändern, noch können wir sie (wieder) genießen. Wir hoffen auf ein Wunder, dass sich die Situation ändert. Gleichzeitig spüren wir, wie uns die Beziehung entgleitet. Wir haben so viel in diese Partnerschaft investiert, vielleicht gibt es Kinder, ein Haus, einen gemeinsamen Freundeskreis. Und wir packen trotzig noch fester zu. Das Festkrallen bringt aber unweigerlich den Schmerz zurück. Wut, Angst, Verzweiflung sind die Folge.

Kein Wunder, dass Menschen, die in schlechten Beziehungen leben, viel häufiger unter chronischem Stress, körperlichen Schmerzen oder auch Schlafstörungen leiden als Menschen, die eine gute Beziehung führen. Auch Annalena ging es so. Die satten Farben verschwanden aus ihrem Leben. Wie eine Blume drohte sie zu verwelken, alles wirkte auf sie nur noch schwarz und grau. »Ich wollte nicht traurig sein, nicht streiten und hassen. Ich wollte glücklich sein, lieben und geliebt werden.«

Loslassen bedeutet, Überholtes aufzugeben, sich von Belastungen und Gewohnheiten zu trennen, sich weiterzuentwickeln und Platz für Neues zu schaffen. Viele von uns schleppen stattdessen den Ballast aus der Vergangenheit herum, der uns nicht nur belastet, sondern vor allem daran hindert, das zu tun, was wir eigentlich möchten.

Wer schon einmal bei sich ausgemistet hat, weiß, welch gutes Gefühl es uns verschafft, sich von alten Lasten zu befreien. Warum schaffen wir es also nicht, uns aus den Beziehungen zu lösen? Ist es die Liebe, die trotz der Krisen immer noch da ist, oder vielmehr Gewohnheit oder unsere Angst vor dem Alleinsein?

Zumindest zweifeln viele von uns an ihrem Selbstwert. Wer sind wir ohne den anderen? Für viele Menschen ist es einfacher, sich in einer Partnerschaft die benötigte persönliche Aufmerksamkeit zu holen, als sich mit sich selbst auseinanderzusetzen. Eine Beziehung bedeutet emotionale Stabilität. Sie saugen die Zuwendung ihres Partners wie ein Staubsaugroboter ein und beginnen, wohlig zu summen und zu strahlen. Leider lässt sich echter Selbstwert nicht von außen und durch andere Menschen stärken. Das ist ein innerer Prozess, der Zeit benötigt. Auch wenn wir diese Dynamik oft nicht bemerken, ist diese Art Infusion meist nicht von langer Dauer, und das Energielevel ist schnell wieder am Boden.

Das mag einer der Gründe sein, warum uns die Anwesenheit oder die Emotionalität unseres Partners beruhigt. Der Partner füllt uns mit seiner Energie, die aber entweicht, wenn er nicht mehr in unserer Nähe ist. Und dann bekommen wir Panik, weil wir es nicht schaffen, uns selbst zu genügen, weil wir es nie gelernt haben. Daran sollten wir arbeiten, um den Teufelskreis zu durchbrechen.

Denn es ist sicher so: Wir alle brauchen die Nähe, Fürsorge, Zuwendung und Berührung anderer Menschen, um überhaupt überleben zu können. Das Alleinsein empfinden wir daher oft als Strafe. Und als solche wird es auch von Eltern und anderen Bezugspersonen eingesetzt, wenn wir beispielsweise als Kind nicht so funktionieren, wie es sich die anderen vorstellen. Da wird mit Liebesentzug gedroht, das Kind im Zimmer eingesperrt oder ein Hausarrest verhängt und so die Angst weiter geschürt.

Dieses Mittel wird später auch in anderen Beziehungen angewendet: im Beruf, unter Freunden oder in der Partnerschaft. Annalenas Mann wusste, was er tun musste, um Annalena am Weggehen zu hindern. Er war ihr Bezugspunkt, ihr Hafen, wenn das Leben draußen stürmte. »Ich legte mich in seine Arme und hatte das Gefühl, alles wird gut«, erinnerte sich Annalena. Genau das Gegenteil vermittelte er ihr in der Trennungsphase. Sie bekam Angst und kehrte ein ums andere Mal zurück.

Mit Blick auf die Evolutionsgeschichte ist unsere Angst vorm Alleinsein sehr berechtigt, ist es doch eine Warnung davor, nicht mehr dazugehören zu dürfen. Das fühlt sich dann lebensbedrohlich an, schürt Panik, auch wenn wir heute als Erwachsene wissen sollten, dass wir nicht mehr von anderen abhängig sind, sondern uns selbst gut versorgen können. So sollte das zumindest sein.

Oft ist es so, dass wir Verluste stärker gewichten als Gewinne. Wichtige Aufgaben einer Partnerschaft sind eine gegenseitige Bestätigung und Anerkennung, Vertrauen, Schutz und eine positive Kritik. Und obwohl das in unglücklichen Beziehungen oft fehlt, hält uns eine Verlustangst oder -aversion lange zurück, diese Leidenszeit zu beenden. Denn wenn es auch ein unangenehmes Gefühl ist, das alles zu ertragen, scheint es häufig viel weniger bedrohlich als die Leere und die Schuldgefühle, die durch eine Trennung entstehen. Wir halten an dem alten Übel fest, um kein neues Übel ertragen zu müssen.

Unsere Erinnerungen spielen dabei eine wesentliche Rolle. Menschen können sich an dasselbe Ereignis in unterschiedlichen Versionen erinnern oder an Dinge, die gar nicht passiert sind, wenn sie sie sich nur oft genug erzählen. Deshalb tut sich die Polizei auch mit Zeugenbefragungen so schwer.

Retromanie oder Gegenwartsflucht nennt man es in der Sozialpsychologie, wenn man sich die Vergangenheit schönredet. Denken wir an unsere Kindheit zurück, erinnern wir uns hauptsächlich an die positiven Seiten. Psychologen vermuten darin einen wichtigen Effekt: Wir sehen die Vergangenheit besser, als sie war, um an der Gegenwart nicht zu verzweifeln.

Hätten wir nämlich ein realistisches Gedächtnis, würden wir Erinnerungen so abspeichern, wie sie waren – und das bedeutet, nicht immer positiv. Wir Menschen kommen aber schlecht damit zurecht, wenn unsere Erinnerungen widersprüchliche Gefühle in uns hervorrufen. In der Sozialpsychologie wird dieser Zustand als kognitive Dissonanz bezeichnet. Und diese Dissonanz wollen wir mit allen Mitteln verhindern.

Das führt dazu, dass wir jedes Mal, wenn wir uns an etwas aus unserer Vergangenheit erinnern, unsere Erinnerung umschreiben und sie positiver aussehen lassen, ungefähr so, als würden wir ein altes Haus neu anmalen. Das ist auch der Grund, warum Senioren gerne von der guten alten Zeit sprechen, obwohl sie oft gar nicht so großartig und komfortabel gewesen ist. Oder ein Bekannter von seinem Grundwehrdienst bei der Bundeswehr schwärmt, obwohl er mich damals wöchentlich angerufen, geklagt und ernsthaft überlegt hat, nachträglich den Wehrdienst zu verweigern. Daran kann oder will er sich heute nicht mehr erinnern.

Mit der Zeit verblassen die Erinnerungen: Ich vergesse dann, wie mein Ex-Partner roch oder meine Ex-Frau sich anfühlte, wie ihre Brüste aussahen, obwohl ich sie oft liebkost habe, oder wie ihre Stimmen klangen. Dem einen bleibt die erste gemeinsame Nacht im Gedächtnis, die andere hat den letzten unbeschwerten Urlaub in Südfrankreich vor Augen oder das herzzerreißende Ende der Beziehung.

Erinnerungen sind also nicht objektiv. Allein die Wortwahl und die Ausdrucksweisen, die du und dein Partner wählen, können Erzählungen eine andere Wendung geben. Deshalb wird es nie die eine Version unserer Partnerschaft geben, selbst solange wir glücklich damit sind. Es sind immer mindestens zwei. Und das ist auch in Ordnung, damit jeder und jede die Ereignisse, das Glück und die Schmerzen für sich verarbeiten kann. »Verarbeiten? Wie geht das?«, das fragte sich auch Annalena. »Ich möchte ja gehen. Wenn ich es könnte, hätte ich es schon längst getan. Aber ich kann nicht. Ich bin eben so.«

ÜBUNG **Was ich (nicht) vermissen werde**

Oft fühlt sich das eigene Innenleben nach einer Trennung chaotisch an. Überall stehen in unserem Kopf Erinnerungen herum, vielleicht auch Umzugskartons und ein großer Müllcontainer. Was kommt den meisten von uns hier in den Sinn? Genau: aufzuräumen. Lass uns nach dem emotionalen Auf und Ab zumindest wieder etwas Ordnung in dein Leben bringen. Schreib zwei Listen: »Was ich vermissen werde« und »Was ich nicht vermissen werde«. Rein subjektiv, ohne auf die Stimmen der sozialen Erwünschtheit zu hören.

Loslassen ist eine Grundvoraussetzung, um sich im Leben verändern zu können. Gleichzeitig ist es in uns auch Teil eines Gefühlsprozesses, des Trauerns. Wir trauern immer dann, wenn wir etwas verloren haben, auf das wir nicht verzichten wollten. Auslöser dieses Gefühls ist ein schmerzhafter Verlust, seine Funktion ist das Loslassen, um darüber hinwegzukommen.

Wahrscheinlich erinnerst du dich an die Phasen der Trauer, über die wir im Kapitel »Aus dem Partner wird der oder die Ex« gesprochen haben. Nun gilt es für uns, sie zu durchleben, vom Zustand des Leugnens, über den Zorn gegen und ein Feilschen mit uns selbst, bis hin zum Akzeptieren. Sigmund Freud sprach dabei von »Trauerarbeit«. Und vielleicht macht dieser Begriff dem einen oder der anderen Hoffnung, die Trauer als Arbeit zu begreifen, weil sie sich diesem Prozess damit nicht hilflos ausgesetzt fühlen. Arbeit hört sich nach einer Aufgabe an, nach Schweiß und einer Anstrengung, die wir aber bewältigen können.

Das Loslassen ist tatsächlich ein herausfordernder Prozess, der körperlich und psychisch spürbar ist und verschiedenste Gefühlsregungen auslösen kann, wie Wut, Trauer, Scham oder Depression. Anfangs wollen wir das nicht wahrhaben und können Gefühle und Gedanken nicht akzeptieren. Wir hoffen darauf, aus diesem bösen Traum aufzuwachen.

Wir sind in erster Linie wütend auf uns selbst, hadern mit möglichen Fehlentscheidungen und machen uns Vorwürfe. Es plagen uns ständig neue Fragen: Warum musste ausgerechnet mir das passieren? Wie soll es weitergehen? Habe ich nicht genug getan, um die Katastrophe abzuwenden? Was ist, wenn sich das alles nicht mehr rückgängig machen lässt?

Es quält uns ein möglicher Verlust, dann wieder die Gegenwart und ein zuversichtlicher Blick nach vorne. Wir sollten annehmen, was uns widerfahren ist. Jeder Mensch macht im Leben auch negative Erfahrungen und nicht immer können wir unser Schicksal beeinflussen. Wir spüren eine tiefe Traurigkeit.

Bei unterschiedlichsten Gelegenheiten kommen Gedanken und unbewusst festgehaltene Gefühle hoch, die sich zwar sehr vertraut anfühlen, aber keinen positiven Nutzen mehr für unser Leben haben. Erst langsam und anfangs nur halbherzig beginnen wir, die Realität zu akzeptieren. Die Liebe ist vorbei, nicht aber das Leben. Oft stellt sich heraus, dass wir das Verlorene gar nicht mehr gebraucht haben. Es ist gut, Dinge aus der Vergangenheit zurückzulassen. Es geht aber nicht darum, über sie hinwegzukommen, sondern mit ihnen in unserer Erinnerung zu leben, sie sein zu lassen und sie auch zu fühlen.

Trauern heißt, positiv ins Leben zu schauen. Wir lassen etwas zurück, um etwas anderes zu finden. Um abschließen zu können, müssen wir über uns hinauswachsen, das Alte verlassen und uns auf etwas Neues einlassen. Wir tun uns leichter damit, wenn wir begreifen, dass alle Bindungen endlich sind. Daher sollten wir loslassen. Wenn wir das nicht schaffen, ändert sich nichts in unserem Leben. Dann wäre alles vergeblich. Unsere Beziehungen sind nicht für die Ewigkeit gemacht. Sie kommen und gehen. Und wenn sie schiefgehen, sind sie eben kein Tattoo, sondern ein blauer Fleck, der vergeht. Folgende Übung soll dies deutlich machen.

ÜBUNG **Ein Fleck und kein Tattoo**

Nimm einen Filzstift und schreibe einen kurzen Satz, ein Wort oder ein Symbol an eine Stelle deines Körpers, das den alten Zustand symbolisiert. Nimm dir jeden Morgen und Abend Zeit, um zu beobachten, wie die Schrift undeutlicher wird und irgendwann verschwunden ist.

Es ist tröstlich, zu sehen, dass das Loslassen für viele nicht vergeblich ist. Sie treffen ihre Entscheidung erst nach Monaten und Jahren und nach einem langen Prozess der Trauer und des Aufgebens, aber sie tun es. Irgendwann wurde der Schmerz, zu bleiben, stärker empfunden als der Schmerz, zu gehen. Sie waren nicht mehr ängstlich und wütend auf sich selbst, sondern nur noch erschöpft und das Ganze leid. Sie wollten handeln.

Bei Annalena kam der Impuls, als ihre Tochter auszog. Da merkte sie: So geht es nicht mehr weiter. Auch wenn ihr die beste Freundin den Rücken stärkte, suchte sie professionelle Unterstützung und startete in einen Coachingprozess.

Annalena stellte sich über Wochen viele Fragen, ehe sie den Mut fand, endlich loszulassen. Die ganze Situation sei so traurig gewesen, und sie wisse, dass noch ein langer Weg zu gehen sei. Aber dennoch fühle sie sich seit Monaten erstmals wieder erleichtert.

Liebe ist etwas Positives und Wunderbares. Sie bedeutet nach meinem Verständnis aber nicht, Opfer zu bringen, sich abhängig zu machen und die Erwartungen des anderen zu erfüllen, damit dieser bleibt. Wenn ich meine Entscheidungen von anderen abhängig mache, finde ich das persönlich sogar fragwürdig. Ich möchte für mich selbst entscheiden. Und dann kann ich schauen, wie ich das in Einklang mit meinen Bezugspersonen bringe, wie ich auch ihnen gerecht werde oder ihnen möglichst wenig wehtue.

Dabei ist es in Ordnung, noch Gefühle für den anderen zu haben – positive wie negative. Schließlich habe ich einen Teil meines Lebens mit diesem Menschen verbracht, um dann festzustellen, dass es nicht mehr so weitergeht. Das ist traurig. Vielleicht auch, weil der andere die Trennung nicht möchte.

Dieser Schmerz darf in Trauer münden, muss in Trauer münden, um loslassen zu können. Wir sollten die Trauer also nicht nur negativ und als Grauen sehen. Wir tun es aber, weil wir in den seltensten Fällen gelernt haben, angemessen mit den vorwiegend negativ belegten Gefühlen wie Angst, Wut, Verzweiflung, Traurigkeit usw. umzugehen.

Das ist meist so, weil unsere Eltern das selbst nicht konnten und stattdessen sagten, dass wir keine Angst zu haben brauchen, nicht wütend sein sollen, dass ein Indianer keinen Schmerz kennt … Weil auf diese Weise viele von uns aufgewachsen sind, müssen wir den Umgang mit (negativen) Gefühlen nun schmerzhaft im Erwachsenenalter lernen. Lernen, diese Gefühle zuzulassen und sie zu durchleben, denn nur dann werden wir sie loslassen und daran wachsen können.

Die Forschung zeigt: Menschen überschätzen die Dauer und Intensität von Trauerphasen nach Trennungen. Auch deshalb verharren viele so lange in dysfunktionalen Beziehungen. So wurden glückliche Beziehungspartner gefragt, wie sie sich zwei Monate nach einer Trennung fühlen würden. Die meisten sagten vorher, dass sie sich in einer Weltuntergangsstimmung befinden würden. Befragte man hingegen Menschen, die tatsächlich zwei Monate zuvor eine Trennung überstanden hatten, wurde festgestellt, dass es ihnen erstaunlicherweise recht gut ging. Das fand Jens Förster heraus und dokumentierte es in seinem Buch »Warum wir tun, was wir tun«.

Wann ist also der richtige Moment gekommen, um loszulassen? Für Menschen, die auf einen allgemeingültigen Ratschlag gehofft hatten, kommt jetzt vielleicht der meist enttäuschende Satz in diesem Text: Den gibt es nicht. Genauso wenig wie die Sicherheit, dass ein Neuanfang gelingt. Loszulassen ist etwas ganz Persönliches. Das ist wie mit dem Trennungsgespräch oder dem Schmerzempfinden – was dem einen schon wehtut und Tränen in die Augen treibt, lässt andere gerade einmal zucken.

Es ist dein Leben, du entscheidest. Solange du unbewusst an alten Überzeugungen, Denkmustern und unbewältigten Gefühlen festhältst, kannst du dir so viele neue Ziele setzen und positive Absichten formulieren, wie du willst, du wirst dich doch nicht von der Leine lassen.

Such dir Menschen, mit denen du über das Beziehungsende, deine Schwierigkeiten und Gewissensbisse sprechen kannst, darüber, was dich bewegt. Das hilft, um den Schmerz zu verarbeiten und möglichst schnell (wieder) ein eigenständiger Mensch mit eigenen Plänen und Hoffnungen zu werden. Eine Studie aus dem Jahr 2015 mit über 200 frisch getrennten Frauen und Männern hat genau das gezeigt. Wer ausführlich über seinen Kummer und die Zukunftsängste redete, dem ging es nach neun Wochen deutlich besser als der Versuchsgruppe, die nur einen Ankreuz-Fragebogen ausgefüllt hatte. Daraus schlossen die Forscher: Das Formulieren unserer Gedanken unterstützt uns, eine eigene Identität fern vom Ex-Partner auszubilden.

Diesen Abstand können wir unterstützen, indem wir die sozialen Bande zum Ex-Partner tatsächlich und auch virtuell kappen. So hart es ist: Experten raten zu diesem kalten Entzug. Manchmal wirke der Ex-Partner wie ein Suchtmittel, sagt die US-amerikanische Anthropologin Helen Fisher. Und bei Abhängigkeit helfe am besten Abstinenz. Also kappe alle Verbindungen, so weit wie möglich. Damit baust du vor, nicht aus Scham und schlechtem Gewissen schwach zu werden, wie Susie Reinhardt in »Oh, du armes Herz!« schreibt.

Du weißt selbst am besten, wann der Moment gekommen ist, um loszulassen. Egal ob du im Neuen oder im neuen Alten weitermachen möchtest. Denn Loslassen kann ausdrücklich auch bedeuten, sich vom Gedanken zu befreien, sich von seinem Partner zu trennen. Nicht für jeden Menschen lautet die Antwort: Ich gehe. Auch die Erkenntnis, ich trenne mich (derzeit) nicht, kann befreiend sein, weil ich vielleicht noch nicht so weit bin oder weil ich das Gemeinsame nicht aufgeben möchte. Stattdessen versuche ich beispielsweise, mit einer Paartherapie das Ruder noch einmal herumzureißen.

Ein »Blick nach innen« hilft, seine Ängste und Sorgen zu sortieren und Klarheit und Struktur in das Chaos zu bringen. Folgende Übung kann dir einen Rahmen dafür bieten.

ÜBUNG **Memo an mich – ein Abschiedsritual**

Bist du bisher immer wieder daran gescheitert, loszulassen, dann erlaube es dir doch ganz bewusst selbst und formuliere einen Brief, in dem du dir von der Seele schreibst, was dich beschäftigt. Lasse den Ärger oder die Enttäuschung über jemanden los oder notiere, was du demjenigen gerne direkt sagen möchtest. Meistens ist ein solcher Brief schon entlastend genug, dir deine Gefühle auf diese Weise von der Seele zu schreiben. Du kannst ihn aber auch als Argumentationsgrundlage verwenden, um tatsächlich mit dieser Person zu sprechen.

Vielleicht möchtest du daraus auch ein Abschiedsritual machen, indem du loslässt und dich von deinen Zeilen ganz bewusst mit einem Ritual verabschiedest. Verbrenne den Zettel, spüle ihn das Klo hinunter, verschicke ihn mit einer Flaschenpost, hänge ihn an einen Heliumballon oder vergrabe ihn im Garten.

Egal wie viel Mühe es kostet, loszulassen und den Neuanfang zu wagen oder von Neuem den Aufstieg zu beginnen, ist es doch gut zu wissen, dass ein gesunder Erwachsener mit jeder Art von Verlust fertigwerden kann. Mit dem einen wie mit dem anderen. Wachstum ist genauso schmerzhaft wie Veränderung, aber nichts ist schmerzhafter, als in einem unglücklichen Leben festzustecken. Zumal wir erst hinterher feststellen können, dass wir das Verlorene gar nicht mehr gebraucht haben.

Wissen To Go

- Akzeptiere Veränderungen: Das ganze Leben lang machen wir die Erfahrung, etwas aufgeben oder verlassen zu müssen. Dinge oder Menschen in der Vergangenheit zurückzulassen, ist dabei ein wichtiger Schritt in die Zukunft. Du wirst merken, dass auch oder gerade das Neue viel Schönes bereithält.
- Stärke dein Selbstwertgefühl: Wer an einer unglücklichen Beziehung festhält, geht fast immer den falschen Weg. Du hast etwas Besseres verdient. Sei stolz auf dich und dein Leben. Nutze die Chance und stärke dein Selbstwertgefühl.
- Erlaube dir zu trauern: Loslassen tut weh, selbst wenn deine Partnerschaft gescheitert ist oder du erkannt hast, dass dein Partner nicht der richtige war. Nimm dir Zeit, um damit abzuschließen. Erst dann wirst du wirklich loslassen können.
- Gib nicht auf! Loslassen ist ein Prozess, in dem es auch Rückschläge gibt. Mach dir keine Vorwürfe, weil du dir vielleicht damit schwertust. Schau nach vorne und habe Geduld. Auch viele kleine Schritte bringen dich ans Ziel.
- Du entscheidest: In deinem Leben gibt es nur eine Person, der du Rechenschaft ablegen solltest, und das bist du selbst. Lass dich von nichts und niemandem bedrängen oder zu etwas überreden. Du bestimmst allein, ob und wann der richtige Zeitpunkt gekommen ist.

Beim nächsten Mal wird alles anders

Wenn Thomas von seiner Freundin erzählt, dann kommt er stets ins Schwärmen. Nicht nur, weil er verliebt ist, sondern weil er mit ihr so völlig anders als mit seiner Frau kommunizieren kann. »Es war von Anfang an so leicht. Ich kann mit ihr über Dinge reden, die hätte ich mich in meiner Ehe nie ansprechen getraut«, erklärte er mir. Das galt für den Sex, aber auch für Alltägliches. Für den 46-Jährigen ist diese Offenheit das Geheimnis, warum aus dem One-Night-Stand schnell mehr als eine Affäre wurde. Trotz der großen Entfernung von mehr als 600 Kilometern. Da sie beide damals in anderen Beziehungen lebten, blieb ihnen über weite Strecken des Jahres nur der heimliche Austausch über WhatsApp und tägliche Telefonate. »Diese Heimlichkeit hatte auch ihren Reiz«, sagt Thomas und grinst, »aber durch unsere vielen nächtelangen Textnachrichten hatte ich bald das Gefühl, dass ich meine Freundin nach kurzer Zeit besser kannte, als ich meine Frau nach 13 Jahren je gekannt habe.«

Wenn wir jemand neu kennenlernen, starten wir scheinbar als leeres Blatt, das erst noch beschrieben werden muss. Wir tun uns leichter, ein unzerknittertes, unbelastetes Bild von uns zu schaffen. Wir können uns anders geben und so darstellen, wie wir schon immer sein wollten. Vielleicht schaffen wir es, offener über unsere Gefühle, Sorgen und Nöte zu sprechen, weil der oder die andere uns endlich zuhört oder ebenfalls über die eigenen Wünsche spricht.

Aber auch dieses Bild gibt keinen unverstellten Blick auf unser Inneres preis. Jeder hat seine Geheimnisse, die er nicht zeigen möchte, und blinde Flecke, die er selbst nicht kennt. Zudem geben viele von uns bewusst und unbewusst der sozialen Erwünschtheit nach, das heißt, wir verhalten uns gesellschaftskonform oder so, wie wir denken, dass unser Gegenüber das von uns erwartet. Und schon stecken wir wieder in einer Schublade, in der wir vielleicht nicht sein wollten.

Sich dagegen zu wehren ist sehr schwer. Oder wie es Ödön von Horváth formulierte: »Ich bin eigentlich ganz anders, ich komme nur so selten dazu.« Denn eines sind wir natürlich nie: unbelastet. Wir haben gelebt, geliebt und gelitten. Bilder, Erfahrungen, Gefühle, alles ist in uns bewahrt. Wir haben eine Vergangenheit. Das ist gleichzeitig Vorteil und Hypothek auf dem Weg in eine neue Liebe. Wenn wir uns dessen bewusst sind, ist es aber vor allem ein großer Schatz für unsere nächste Beziehung, wie Thomas mit seiner Freundin erfahren hat. Zumal auch sie ihr Leben trotz ihrer gescheiterten Beziehungen nicht in Einsamkeit verbringen wollten.

Die Forschung gibt ihnen recht: Was macht Menschen im Leben wirklich glücklich und zufrieden? Seit über 80 Jahren haben sich Wissenschaftlerinnen und Wissenschaftler aus Harvard mit dieser Frage in einer Langzeitstudie beschäftigt. Sind es Ruhm, Reichtum und Macht? Der Spaß an der Arbeit oder die soziale Herkunft? »Ein gutes Leben besteht aus guten Beziehungen«, fasst der US-amerikanische Psychiater und aktuelle Studienleiter Robert Waldinger auf der Website der Studie die Ergebnisse zusammen. Es sind die persönlichen Verbindungen, die Einfluss auf unsere Gesundheit und unser seelisches Wohlbefinden haben und beides bewahren. Fast so wie Essen und Trinken. Wobei der positive Einfluss von Verbindungen nicht nur auf Lebenspartnerschaften und Ehen zutrifft, sondern auf alle Beziehungen, egal ob zu Freundinnen und Freunden, Familie, Kindern oder anderen Bezugsgruppen.

Zu diesem Ergebnis kommen nicht nur wissenschaftliche Studien, sondern auch die Gespräche mit Sterbenden, wie sie die Autorin und Krankenschwester Bronnie Ware für ihr Buch »5 Dinge, die Sterbende am meisten bereuen« geführt hat. Auf ihre Frage, was sie im Rückblick auf ihr Leben am meisten bereuen, sagten diese Menschen nicht, zu wenig Zeit in ihre Karriere investiert zu haben oder nicht berühmt gewesen zu sein. Sie sagten:

- Ich wünschte, ich hätte den Kontakt zu meinen Freunden aufrechterhalten.
- Ich wünschte, ich hätte den Mut gehabt, mein eigenes Leben zu leben.
- Ich wünschte, ich hätte nicht so viel gearbeitet.
- Ich wünschte, ich hätte meine Gefühle ausgedrückt.
- Ich wünschte, ich hätte mir erlaubt, glücklicher zu sein.

Erlaubt, glücklicher zu sein? Was können wir tun, um auf dem Sterbebett nicht das Gleiche sagen zu müssen? Was für Möglichkeiten haben wir, unsere Beziehungen positiv zu gestalten? Denn wir Menschen sind soziale Wesen, uns drängt es nach Gemeinschaft. Sind wir längere Zeit allein, fühlen wir uns einsam und suchen nach Menschen, zu denen wir eine Beziehung knüpfen können.

Aber nicht irgendwelche. Es sind die *guten* Beziehungen, die uns glücklicher und gesünder machen. Eine konfliktreiche Ehe zeigte sich in der Harvard-Studie genauso schädlich wie eine Scheidung. Mit dem Unterschied, dass nach einer Trennung die Chance besteht, wieder in einer guten und aufrichtigen Beziehung zu leben.

Das sage ich dann auch meinen Klientinnen und Klienten, die trotz aller Probleme Zweifel haben, ihre Beziehung zu beenden, aus Angst, nie wieder einen Menschen zu finden, der mit ihnen gemeinsam (und im Einklang) durch das Leben geht. Dann lieber eine schlechte Beziehung als gar keine. Sie fürchten sich vor einer möglichen Einsamkeit. Doch viele sind auch in ihrer aktuellen Zweisamkeit einsam. Eine Trennung ist daher nicht das Schlimmste, was einem Paar passieren kann. Ist es nicht schlimmer, sich gegenseitig das Leben durch Bitterkeit zu zerstören? Ich finde schon.

Und ja, es ist schade, dass uns niemand eine Gebrauchsanweisung in die Hand drückt, wie das geht, eine gute Beziehung zu führen. Das Fach Beziehungskunde sollte in den Lehrplan der weiterführenden Schulen aufgenommen und die Integralrechnung oder das Wurzelziehen gestrichen werden. Oder wann haben sie dieses Wissen zum letzten Mal benötigt? – Eben.

Die üblicherweise im Kindesalter gelernten Verhaltensmuster im Umgang mit Beziehungen sind oft nicht hilfreich, wie wir bei den Bindungsstilen im Kapitel »Eine Frage von Nähe und Distanz« sehen konnten. Unsere Art, Konflikte auszutragen sowie mit Nähe und Distanz in unseren Beziehungen umzugehen, haben wir bei unseren Eltern abgeschaut. Sie haben uns geprägt.

Um sich zu ändern, ist es nie zu spät. Das trifft auch auf unsere Beziehungen zu. Nicht immer sind die Trennung und die Suche nach einer neuen Partnerin oder einem Partner die Lösung, auch wenn es auf den ersten Blick keinen anderen Weg zu geben scheint. Manches lässt sich reparieren – aber nicht alles.

Viele Menschen halten trotzdem am Grundsatz *Bis dass der Tod uns scheidet* fest und ziehen daraus eine vermeintliche Sicherheit. Ich bin dagegen eher dafür, mich jeden Tag wieder neu und bewusst für meinen Partner oder meine Partnerin zu entscheiden, im Wissen, dass eine Beziehung vergänglich ist. Das gesamte Leben besteht aus Veränderung. Warum sollte es bei Beziehungen anders sein?

Beziehungen sind sowieso nicht für alle von uns von gleicher Bedeutung. Natürlich macht es Sinn, dass Partner ihre Verbindung, die Ziele und Werte ähnlich definieren. Wenn das gelingt, spielt beispielsweise Nähe oder Distanz eine untergeordnete Rolle. Die Konzepte meiner Klientinnen und Klienten sind völlig unterschiedlich und keines stellte sich bisher als besser oder als schlechter heraus: Die Mehrzahl kann es sich nicht vorstellen, auf Dauer in unterschiedlichen Wohnungen oder gar Städten zu leben. Bei mir waren aber auch schon Männer und Frauen, die zum Teil über Jahrzehnte unter der Woche an unterschiedlichen Orten lebten und arbeiteten, ehe die Partnerschaft in die Brüche ging. Und fast alle waren davon überzeugt, dass gerade diese Distanz das Erfolgsgeheimnis war.

Selbst in den besten Partnerschaften gibt es Meinungsverschiedenheiten, verletzte Gefühle und Richtungswechsel. Aus Paaren werden Familien und dann wieder Paare. Der Wunsch nach Zugehörigkeit wird abgelöst durch den Drang nach Selbstbestimmung. Affären kommen und gehen. Aus der romantischen Liebe kann Freundschaft werden, oder es kann zumindest das gegenseitige erotische Begehren abnehmen.

Dies alles muss nicht zwangsläufig zu einer Trennung führen. Die lässt sich oft verhindern, wenn das Paar das große Ganze im Blick behält, weiß, wo es in diesem Moment steht, und im Gespräch darüber bleibt, wo es gemeinsam hinmöchte. Die folgende Übung könnte in deiner nächsten Beziehung ein hilfreiches Werkzeug dabei sein.

ÜBUNG Gemeinsamer Ziele- und Werte-Check

Schreibt die kommenden Fragen jeder für sich auf ein Blatt, beantwortet diese getrennt voneinander, zeigt dem Partner bzw. der Partnerin anschließend eure Antworten und besprecht, wie daraus ein gemeinsamer Weg werden kann: Welche Träume habt ihr im Leben? Was ist der Kern eures jeweiligen Lebens? Was versteht ihr unter einer Beziehung? In welcher Form möchtet ihr für den anderen Sorge tragen? Welche Ziele habt ihr für diese Partnerschaft? Was bedeuten euch Familie, Kinder, Beruf, Hobbys, ehrenamtliches Engagement, Kirche, Umwelt, Wohnort? Die Liste lässt sich beliebig fortsetzen.

Das größte Hindernis für eine intakte, glückliche Beziehung ist ein Machtgefälle zwischen den Partnern. Wenn eine Person eine andere zwingen kann, etwas gegen ihren Willen zu tun, ist dieses Verhältnis zueinander problematisch. Solche ungerechten oder einseitigen Beziehungen reiben sich in Machtkämpfen und anderen Bewältigungsstrategien auf. Wer in der passiven Rolle ist, gibt nicht einfach nach. Er muss Strategien entwickeln, um in dieser Partnerschaft überleben zu können. Laut Thomas Gordon in »Gute Beziehungen. Wie sie entstehen und stärker werden« wechseln sich Kampf und Flucht mit Unterwerfung ab. Weitere Ausprägungen können Schweigen, Schmeicheln oder Aufgeben sein, auch Wutanfälle, Niedergeschlagenheit, Krankheiten, Alkohol und andere Drogen.

Oftmals liegt der entscheidende Schlüssel in der *Paarkommunikation*. Durch gute Kommunikation verbessern wir unsere Beziehungen, durch schlechte verschlechtern wir sie. Wer also nicht zielgerichtet und auf Augenhöhe an seiner Kommunikation arbeitet, kommt leicht vom Kurs ab und verfehlt sein Reiseziel. Oder um es mit den Worten von Khalil Gibran zu sagen: »Zwischen dem, was gesagt und nicht gemeint wird, und dem, was gemeint und nicht gesagt wird, geht der Großteil der Liebe verloren.«

Nur zu oft bekommen wir den Mund nicht auf, wenn wir gerade von Emotionen wie Wut, Angst oder Trauer beherrscht werden. Fühlen wir uns angegriffen, beschämt oder verletzt, können wir nicht mehr klar denken und schalten in den Verteidigungsmodus. Klar und ehrlich in diesen Momenten zu artikulieren, was wir denken und fühlen, können die wenigsten. Wir sollten es aber dringend lernen, da viele Kämpfe vermieden werden könnten, wenn wir um das bitten würden, was wir brauchen, und uns nicht hernach beschweren, weil wir es nicht bekommen haben.

Um ehrlich zu sagen, was man meint, muss man sich aber selbst kennen, seine Verhaltensmuster und Fehler.

Dafür ist Abstand zu seinen Gefühlen und Gedanken nötig. Das ist Arbeit, denn die Qualität einer Beziehung lässt sich vor allem verbessern, wenn wir uns einerseits selbst verstehen und andererseits auch die Muster der anderen kennen. Dann können wir nach neuen Wegen suchen, eine Verbindung zu den Menschen herstellen, die uns wichtig sind. Das bedeutet nicht, dass, wenn wir anders kommunizieren, das auch unser Gegenüber tut. Und wir sollten unsere Selbst- und Fremdwahrnehmung nicht ausnutzen, um die andere Person zu manipulieren, das zu tun, was unserer Ansicht nach richtig ist. Das geht oftmals schief.

Wer das Gefühl hat, immer geben zu müssen, während der oder die andere nur nimmt, wird auf Dauer unglücklich und ist wahrscheinlich über kurz oder lang auf dem Absprung. Deshalb vertreten die Beziehungspsychologin Caryl Rusbult und ihre Kollegen ein Investmentmodell, in dessen Zentrum die Verhandlungen stehen, die man mit seinem Beziehungspartner oder seiner -partnerin ähnlich wie bei einem Geschäftspartner führen soll, damit beide zu ihrem Recht kommen. Die meisten Paare, die sich als gleichberechtigt und glücklich ansehen, verhandeln vielleicht auch deshalb automatisch ihre Positionen.

Viele von uns müssen das in einer Beziehung erst lernen. Einwände von Klientinnen und Klienten höre ich daher nur allzu oft: »Ich kann aber nicht reden« oder »Gegen meinen Partner habe ich im Streit argumentativ keine Chance«. Das lasse ich aber nicht gelten. Manche müssen eben mehr üben als andere, aber für alle gilt: »Reden lernt man nur durch Reden«, wie Marcus Tullius Cicero sagte.

Bei einer solchen Problemstellung bringe ich gerne Elemente aus dem Gordon-Modell ein. Der Psychologe und Autor liefert darin leicht nachvollziehbare Strategien, wie man seine Beziehung verbessern oder von Anfang an besser gestalten kann: indem ich identifiziere, wer aktuell ein Problem hat, indem ich lerne, wie ich richtig zuhöre oder wie ich Gespräche einleite und fortführe, und indem ich mich mitteile und der andere mich versteht. Wir beschäftigen uns auch damit, welche Kommunikationssperren ich vermeiden sollte und wie eine Keiner-verliert-Lösung aussieht.

Viele dieser Tipps sind zudem wichtige Elemente bei der Gestaltung eines Trennungsgesprächs, wie wir es in »Die Trennung: Sprich es aus« skizziert haben. Wenn du das Kapitel gelesen hast, wirst du einige Parallelen erkennen.

TIPP **Kommunikationsklima**

»Mich würde interessieren, was du darüber denkst.« Ich kann viel dazu beitragen, ein offenes Gespräch zu führen und nach einer gemeinsamen Lösung zu suchen, indem ich Interesse am anderen und seiner Sichtweise zeige.

Ich kann das Gespräch aber auch im Keim ersticken, indem ich den anderen in die Defensive treibe: »Das ist doch Schwachsinn, was du da erzählst!«

Möchtest du also einen Streit vom Zaun brechen, gibt es nichts Geeigneteres, als Urteile, Annahmen oder Warnungen zu äußern. Der häufigste Fehler ist, dem anderen mitteilen zu wollen, was er zu tun hat: »Also, an deiner Stelle hätte ich schon längst …« Ich kann ihn auch vermeintlich trösten oder ihm Ratschläge erteilen: »Nimm dir das doch nicht so zu Herzen« oder »Da brauchst du dich doch nicht zu ärgern«.

Unheilvoll ist auch, ihn zu verhören: »Was hast du eigentlich getan, um das Problem zu lösen?« Oder ihn nicht ernst zu nehmen: »Da muss jeder mal durch. Komm, lass uns ein Bier trinken, das ist alles halb so wild.« Oder seine Redlichkeit in Zweifel zu ziehen: »Tu doch nicht so, als wenn du das jetzt zum ersten Mal hörst.«

Es ist fast immer hilfreich und nützlich, dem Gegenüber sorgfältig zuzuhören und ernst zu nehmen, was er oder sie sagt. Denn jedes Wort hat Konsequenzen. Jedes Schweigen auch.

TIPP

Wer hat das Problem?

Konflikte lassen sich auf unterschiedliche Weise lösen. Welches Kommunikationswerkzeug ich dafür einsetze, hängt von der Situation ab bzw. davon, wer gerade damit ein Problem hat. Bin ich es oder ist es der oder die andere?

Wenn ich das Problem habe, muss ich so sprechen, dass andere Menschen mich verstehen. Am besten spreche ich über mich und beschreibe genau, welche Handlungen oder Äußerungen mir Probleme bereiten. Damit der andere meine Gedanken und Gefühle verstehen kann, eignen sich Ich-Botschaften besser als Du-Botschaften. Eine Du-Botschaft ist: »Du siehst immer nur dich.« Eine passende Ich-Botschaft wäre: »Wenn du mich nicht ausreden lässt oder nicht zuhörst, habe ich das Gefühl, dass es dir egal ist, was ich zu sagen habe.« Während bei der Du-Botschaft die konfrontierte Person raten muss, um was es mir genau geht, wird in der Ich-Botschaft genau beschrieben, was das Problem aus meiner Sicht ist.

Ich-Botschaften können Meinungen ausdrücken (Für mich wäre vegane Ernährung nichts), Wünsche formulieren (Ich würde mich besser fühlen, wenn wir uns bei deinen Eltern entschuldigen) oder auch ein Problem adressieren (Wenn ich die Kinder morgen früh anziehen muss, komme ich zu spät zur Arbeit und bekomme Ärger mit meinem Chef). Anstatt mit einer wertenden Du-Botschaft einen Konflikt zu provozieren, beschreibe ich mit Ich-Botschaften eine Situation aus meiner Sicht. Allerdings ist das keine Garantie, dass sich das Gegenüber nicht doch angegriffen fühlt, auch keine Garantie dafür, dass es auf mich eingeht. Wenn der andere mit der Konfrontation nicht klarkommt, solltest du allerdings umschalten und versuchen, ihn an seinem Standpunkt abzuholen, etwa durch aktives Zuhören.

TIPP

Aktives Zuhören

Wir sollten offen sein für die Perspektive des oder der anderen. Sie kann meine Sicht ergänzen oder korrigieren. Dafür müssen wir aufmerksam zuhören und verstehen wollen, ohne in Gedanken selbst schon an der nächsten, eigenen Entgegnung zu feilen. In manchen Punkten sieht mein Gegenüber klarer als ich, weil mir der Abstand zu mir selbst fehlt. In anderen Punkten ist es umgekehrt.

Zeige deinem Partner, dass du ihn oder sie verstanden hast, indem du dessen Aussage mit deinen eigenen Worten zusammenfasst, in der Psychologie spricht man von »spiegeln«. Du könntest sagen: »Wenn ich dich richtig verstanden habe, bist du enttäuscht, wütend, traurig ...« oder »Ich habe das Gefühl, dass ...« oder »Verstehe ich dich richtig, du ...?«.

Wenn deine Wahrnehmungen und Vermutungen richtig sind, wird dein Gegenüber das bestätigen und fühlt sich verstanden. Dafür musst du ihm oder ihr noch nicht einmal recht geben, spiegle einfach die Worte. Allerdings musst du den anderen annehmen, wie er ist, ohne seine Aussage zu bewerten. Das fällt uns in emotionalen Situationen, in denen wir uns vom Gesagten angegriffen fühlen, nicht leicht.

TIPP

Nein heißt Nein!

Eigentlich sind es nie die anderen Menschen, die wir aushalten müssen. Wir können jederzeit aufstehen und gehen. Eigentlich. Letztlich kommen uns gerne unsere eigenen inneren Spannungen in die Quere, selbst wenn sie durch andere hervorgerufen werden. Das Problem liegt also bei uns – deshalb können auch nur wir selbst es lösen.

Wenn unser Partner etwas von uns möchte, erzeugt das in uns einen Entscheidungs- und Handlungsdruck. Wir müssen darauf irgendwie reagieren. Entweder gehen wir den Weg des geringsten Widerstands. Das hat mit Selbstbestimmung und -behauptung aber wenig zu tun – zumal es oft als Bumerang zurückkommt. Oder wir fragen uns, ob wir uns die Erwartung des anderen zu eigen machen möchten, ob sie stimmig für uns ist und ob sie zu unseren Werten und Zielen passt. Ist sie das nicht, sollten wir Nein sagen, wenn wir selbstbestimmt handeln möchten.

Vielen fällt dieses Nein schwer. Stattdessen reden wir lieber um den heißen Brei herum. Unserem Gegenüber signalisiert das, dass wir uns nicht sicher sind und er oder sie nachsetzen kann. Sagen wir »Nein, ich will das nicht«, sorgen wir dafür, dass unsere Position deutlich wird. Meistens wird sie dann von den anderen schneller verstanden und akzeptiert.

Viele von uns haben das Gefühl, wenn ich schon Nein sage, dann muss ich wenigstens einen triftigen Grund dafür mitliefern. Aber erstens haben wir alles Recht der Welt, Nein zu sagen. Und zweitens führen solche Rechtfertigungen selten zum Ende der Diskussion. Dein Gegenüber kann sich entspannt zurücklehnen und dir dabei zusehen, wie du dich abzappelst und dein Nein begründest und erklärst. Er oder sie muss nichts weiter tun, als zu sagen: »Das verstehe ich nicht.« Und du drehst die nächste Runde.

Bleib höflich, aber bestimmt. Wiederhole dein Nein, wenn es sein muss, mehrmals. Mach dir aber nicht mehr Arbeit als nötig und benutze dann gerne auch dieselbe Formulierung.

Natürlich solltest du bei der Argumentation deines Partners aktiv zuhören. Und ihm auch mit Empathie begegnen: »Ich kann verstehen, dass dich das traurig macht. Aber ich bleibe bei meinem Nein.« Oder: »Es tut mir leid, dass du dir das anders vorgestellt hast, aber ich kann das trotzdem nicht.«

Sollte deine Partnerin nicht lockerlassen und sich die Diskussion in eine Endlosschleife verwandeln, scheue dich nicht, das Gespräch abzubrechen oder zu vertagen.

Solltest du doch einmal schwach geworden sein und dich auf ein Ja eingelassen haben, ist das kein Weltuntergang. Wer sagt, dass du deine Antwort nicht revidieren darfst? »Ich habe zwar gestern Ja gesagt. Ich habe mir das alles aber noch einmal gründlich überlegt und bin zu dem Schluss gekommen, dass ich das doch nicht möchte und zu deinem Vorschlag Nein sage.«

TIPP

Ein Kompromiss als Lösung

Wenn wir in einem Konflikt stecken, halten wir meistens an unserem Standpunkt fest, wie der andere auch. Ich versuche, dir meine Lösung aufzuzwingen, und du mir deine. Mindestens einer von uns beiden wird der Verlierer sein, wenn nicht sogar wir beide, wenn der Preis zu hoch wird. Wir können den Konflikt natürlich auch totschweigen und darauf hoffen, dass sich das Problem von selbst erledigt.

Mein Klient Daniel brachte einen Konflikt mit in eine Sitzung, der fast schon klischeehaft wirkte. Er wollte Urlaub am Meer machen und seine Frau tatsächlich in den Bergen. Er konnte ihr seine Vorstellung von einem schönen Hotel und einsamen Strand genauso wenig schmackhaft machen, wie sie ihm idyllische Bergwanderungen und abendliche Saunabesuche. Das Problem ging auch nicht weg, indem sie es über Wochen ignorierten und damit der Buchungsdruck eines Zieles wuchs. Die Diskussionen wurden immer lauter und erbitterter geführt. Das Problem war zu diesem Zeitpunkt längst nicht mehr die Wahl des Urlaubsortes. Aber das war es schon zuvor nicht.

Der Konflikt um den Urlaubsort stand stellvertretend für ihre Beziehung. Keiner von beiden fühlte sich noch gesehen. Daniel sah seine Bedürfnisse und Wünsche in der Beziehung nicht erfüllt. Ähnlich ging es auch seiner Frau, wie er mir sagte. Deshalb empfahl ich ihm, aus dem Kampf von Gewinnen oder Verlieren auszusteigen und sich stattdessen mit seiner Frau auf die Suche nach den unbefriedigten Bedürfnissen zu begeben. Unbefriedigte Bedürfnisse können Autonomie, Geborgenheit, Sicherheit, Freiheit, Liebe, Fürsorge, Wohlbefinden, Entspannung, Anerkennung, Vollkommenheit, Vertrauen, Selbstverwirklichung oder auch gemeinsame Zeit sein.

In der Beziehung meines Klienten ging es um Machtfragen und unerfüllte Bedürfnisse. Er hatte durch seinen Beruf und seine Karriere den Wohnort festgelegt, sie entschied mit dem Verweis darauf sonst alles und zeigte ihm die kalte Schulter. Zumindest hatte er dieses Gefühl. Beim Perspektivwechsel stellte er fest, dass seine Frau umgekehrt wohl den gleichen Eindruck hatte. Ihrer Ansicht nach bestimmte er in den großen Fragen des Lebens, für sie blieb nur noch, was es zu essen gab und welche Blumen im Garten wachsen durften. Ihr fehlte es an Anerkennung und Selbstverwirklichung, ihm an Liebe und Geborgenheit.

Wenn sich feststellen lässt, welche Bedürfnisse unbefriedigt sind, ist schon viel gewonnen. Am besten arbeitet man mit dem »Rad des Lebens« (Kapitel »Es ist aus«) oder stellt sich seine Bedürfnisse als Flüssigkeit in Gläsern vor. Jedes bekommt ein Glas. Dann betrachtet man den Wasserstand. Welche Bedürfnisse sind derzeit gut ge- oder erfüllt? In welchen Gläsern neigt sich der Wasserstand dem Boden zu? Wie sieht es bei mir aus, wie bei meinem Gegenüber?

Gemeinsam kann man dann in einem zweiten Schritt in einem Brainstorming überlegen, welche Lösungen es noch gibt, um die Beziehungsprobleme aus der Welt zu schaffen. Alle Vorschläge sind erlaubt. Bewertet werden sie erst hinterher.

Schaut euch an, ob es eine Alternative gibt, die beide bereit sind auszuprobieren. Bei größeren Dingen kann man sich auch über die Umsetzung unterhalten und darüber, wie überprüft wird, ob dieser Weg funktioniert.

Meinem Klienten kam im Coaching die Idee, sich einen Urlaubsort zu suchen, wo beides möglich war: an einem Tag in die Berge zu gehen und am anderen Tag die Seele am Strand baumeln zu lassen. Neuseeland fiel ihm ein, wo man tatsächlich früh Skifahren und nachmittags baden kann. Ich schlug ihm Korsika vor. Darauf ließ sich dann tatsächlich auch seine Frau ein, genauso wie auf die Bedürfnis-Gläser.

Diese Art der Konfliktlösung funktioniert bei jeglicher Art von Beziehungsproblemen und garantiert, dass niemand verliert. Allerdings ist auch sie nicht für umsonst zu haben, da sie uns abverlangt, über unsere (unbefriedigten) Bedürfnisse zu sprechen und vor allem auch dem Gegenüber zuzuhören.

TIPP

»Es tut mir leid!«

Manchmal hilft auch ein ehrlich gemeintes »Es tut mir leid …« oder »Das habe ich nicht so gemeint …«. Damit lassen sich oft stundenlange Diskussionen, Scheingefechte und Machtkämpfe abkürzen. Die Betonung liegt jedoch auf »ehrlich«. Wenn uns das tatsächlich gelingt, trägt eine solche Streit- und Kommunikationskultur zur Stärkung einer Beziehung bei. Fehler und Fehltritte können dann leichter überwunden werden.

Es gibt noch viele weitere Möglichkeiten, abseits der Kommunikation unsere Beziehungen zu stärken und zu gestalten. Ich denke, es ist vor allem wichtig, Zeit in sie zu investieren. Trotz unserer tiefen Sehnsucht nach einer Partnerschaft halten wir aber fast alles andere für wichtiger. Wer jedoch sagt, er ist zu beschäftigt dafür, setzt die falschen Prioritäten. Ich muss an Edith aus dem Neustart-Kapitel denken. Für sie ist das Leben eine Autofahrt. Wer immer Vollgas gibt, ohne anzuhalten und nachzutanken, dem geht irgendwann das Benzin oder die elektrische Ladung aus. Du solltest also rechtzeitig anhalten.

Wenn beide Partner sich auf eine solche offene und ehrliche Kommunikation einlassen, entsteht ein wirklicher Austausch, die Bindung wird gestärkt und das Fundament, auf dem die Beziehung fußt, wird breiter. Das Ganze wird stärker als die Summe seiner Teile.

Vielleicht hast du diese Erfahrung auch schon gemacht. Auf mich trifft das zu. In meinem Leben stand ich beruflich und privat bereits an einigen Punkten, die ich allein sicherlich nicht so gut gemeistert hätte. Meine Frau hat mir nicht nur zugehört, wenn ich mir Sorgen machte, sie stärkte mir auch den Rücken und gab mir das Gefühl, dass die Gegner es nicht nur mit mir zu tun hatten, sondern auch mit ihr. In diesen Krisen schafften wir es sogar, zu wachsen, uns gemeinsam selbst zu erweitern. Unsere Liebe wuchs.

Wissen To Go

- Beziehungen erfordern Mühe und Zeit. Sei geduldig und investiere kontinuierlich in deine Beziehungen, um sie stark und gesund zu halten.
- Eine offene und ehrliche Kommunikation ist der Schlüssel zu starken Beziehungen. Nimm dir Zeit, um wirklich zuzuhören und deine Gedanken und Gefühle zu teilen. Sei dabei respektvoll und achte darauf, wie du dich ausdrückst.
- Konflikte sind in jeder Beziehung normal, aber es ist wichtig, sie konstruktiv anzugehen und gemeinsam Lösungen zu finden. Versuche, in schwierigen Situationen ruhig zu bleiben, und suche nach Kompromissen. Konflikte können auch dazu beitragen, eine Beziehung zu stärken, wenn sie auf eine gesunde Art und Weise gelöst werden.
- Sei einfühlsam und mitfühlend. Biete deinem Gegenüber deine Unterstützung an und stehe ihm bei Problemen oder Herausforderungen zur Seite.
- Zeige den Menschen in deinem Leben, dass du dankbar für ihre Anwesenheit bist. Sage ihnen regelmäßig, wie wichtig sie für dich sind und wie sehr du sie schätzt. Kleine Gesten der Wertschätzung können einen großen Unterschied machen.

Ab ins Eiswasser: Notfall-Set bei Stress und Erschöpfung

Ein Trennungsprozess fühlt sich manchmal an, als würde man sich in der Todeszone am Mount Everest aufhalten. Jeder Atemzug schmerzt, die Urteilsfähigkeit leidet und hier wie dort kann man sich nicht mehr erholen. Bergsteiger beschreiben den Aufenthalt in der Todeszone, als würde man auf einem Laufband rennen und durch einen Strohhalm atmen.

Viele meiner Klientinnen und Klienten werden diesem Eindruck zustimmen können. Wir fühlen uns müde, erschöpft, unkonzentriert und irgendwie durcheinander. Auch wenn wir uns bemühen, alles dauert länger und kostet mehr Kraft, die man sowieso schon nicht mehr hat.

Die Ursachen für die Watte im Kopf können vielfältig sein. Oftmals ist dieses Gefühl in einer physischen und psychischen Überforderung begründet. Wir schlafen zu wenig und haben dauerhaft Stress. Unser Arbeitsspeicher ist blockiert, von Angst, Wut, Trauer oder Schuldgefühlen. Das Gedächtnis leidet, man kann sich nicht auf seine normalen Aufgaben konzentrieren, geschweige denn kreativ sein.

Im Normalfall bauen ausreichend Schlaf, regelmäßige Bewegung und ausgewogene Ernährung Stress ab und helfen uns, unsere allgemeine geistige Verfassung zu verbessern. Eine Trennung ist aber nicht der Normalfall. Wir verlieren leicht aus dem Blick, was wir brauchen und tun sollten. Um den Nebel zu lichten, ist es wichtig, sich den Problemen zu stellen und sie anzugehen. Wir müssen raus aus der Todeszone. Wenn wir das allein nicht schaffen, sollten wir uns von Freunden helfen lassen oder uns professionelle Unterstützung durch einen Coach oder Psychotherapeuten holen.

Es gibt aber auch ein paar nützliche Erste-Hilfe-Maßnahmen, die uns darüber hinaus in solchen Krisensituationen unterstützen können. Sie fördern Achtsamkeit, entschärfen stressige Momente und füllen unsere Energie- und Kreativitätsspeicher wieder auf. Was aber dem einen hilft, zeigt bei der anderen nur wenig Wirkung. Deshalb kann die folgende Liste nur eine Auswahl an Werkzeugen sein, mit denen ich meine Klienten experimentieren lasse.

ÜBUNG **Erdung**

Eiswasser:
Diese Methode wirkt unmittelbar. Fülle dein Waschbekken mit eiskaltem Wasser. Wenn du möchtest, kannst du auch noch einige Eiswürfel dazugeben. Dann halte die Luft an und tauche mit dem Gesicht ins Wasser ein. Für 20 bis 60 Sekunden – oder solange du es schaffst. Anschließend auftauchen, durchatmen und gerne noch einmal wiederholen.

Warum funktioniert das? Wenn eine Panikattacke oder ein Wutanfall im Anmarsch ist, durchbricht das Eiswasser dein Muster und bringt schnelle Erleichterung. Durch die plötzliche Temperaturänderung und das Wasser auf deiner Haut wird ein Tauchreflex ausgelöst, den alle lungenatmenden Wirbeltiere haben. Die Atmung und die Herzfrequenz verlangsamen sich. Gehirn und Herz werden vorrangig mit Sauerstoff versorgt, sodass wir notfalls auch ohne Atmung länger überleben können. Da das Blut aus den Gliedmaßen zurück zum Herz transportiert wird, setzt sofort Entspannung ein.

Einfach mal ausprobieren!

Solltest du gerade nicht die Zeit oder die Möglichkeit haben, ein Waschbecken zu füllen oder Eiswürfel zu organisieren, dann lass kaltes Wasser über deine Handgelenke fließen, wo man den Puls messen kann. Das zeigt nach einiger Zeit auch einen kleinen, ersten Effekt.

5-4-3-2-1-Methode:
Du brauchst nichts als deine Beobachtungsgabe und die Umgebung. Sieh dich um. Nenne fünf Dinge, die du sehen kannst. Zähle sie laut auf oder benenne sie nur im Geist. Das kann alles sein, vom Hochhaus bis zur Staubfluse. Es gibt kein Richtig oder Falsch.

Nenne vier Dinge, die du berühren kannst. Wähle vier Gegenstände aus. Berühre sie mit den Händen, betaste sie mit den Fingern, nimm wahr, wie sie sich anfühlen – und benenne dies auch: »Ich spüre das Leder des Schreibtischstuhls, es fühlt sich glatt und speckig an.«

Nenne drei Dinge, die du hören kannst. Es kann dein Atem oder dein Herzschlag sein. Wenn es um dich herum laut ist, gern auch der Bagger an der Baustelle oder pfeifender Wind. Registriere die Geräusche um dich herum und benenne sie. Falls du die Geräusche bewertest, nimm es zur Kenntnis und geh zum nächsten.

Nenne zwei Dinge, die du riechen kannst. Was riechst du? Benenne den Geruch. Ich rieche den Tee in der Tasse, den Sommerregen vor dem Fenster, das Waschmittel meines Pullovers.

Nenne ein Ding, das du schmecken kannst. Nimm den Geschmack bewusst wahr. Falls kein Getränk oder Snack greifbar ist, erspüre, ob du im Mund einen Geschmack wahrnimmst. Ich schmecke meinen Kaffee, er ist ziemlich stark. Ich schmecke den Apfel, er ist süß.

Warum hilft das? Wenn dich gerade Wut, Angst oder Trauer plagt und du von diesen Gefühlen überwältigt bist, ist dein Hirn allein damit beschäftigt, dich auf die mögliche Bedrohung zu fokussieren. Indem du dich mit der Übung ins Hier und Jetzt holst, machst du dir klar, dass du nicht in Gefahr bist.

Diese Übung kannst du so oft, wie du möchtest, machen, zum Beispiel auch, wenn du weißt, es wird in den kommenden Stunden stressig.

Übung **Organisation**

Journaling:
Sich etwas von der Seele zu schreiben ist ein probates Mittel, um angestaute Emotionen herauszulassen. Beim Schreiben fassen wir bewusst in Worte, was uns bewegt, uns ängstigt, Sorgen bereitet oder wütend macht. Es ist ein geschützter Raum, den nur wir betreten, weshalb wir keine Rücksicht auf ein Gegenüber nehmen müssen. Das hilft und ist tröstend.

Nimm einen Stift und einen Notizblock. Setz dich am Morgen oder am Abend hin, stelle dir einen Timer von 15 Minuten und schreibe ohne Unterbrechung und langes Nachdenken los. Entweder über das, was dich gerade beschäftigt, oder du überlegst dir im Vorfeld ein bestimmtes Thema, zu dem du schreiben möchtest. Höre in dich hinein und lass es ohne Kontrolle fließen.

Warum funktioniert das? Stress und unterdrückter emotionaler Schmerz führen zu Spannungen und einem erhöhten Cortisolspiegel. Durch das Schreiben lösen sich Belastungen und die Anspannung. Oftmals gelingt uns ein Perspektivwechsel und der Knoten im Gehirn bekommt endlich einen Angriffspunkt. Wir sehen klarer und können negativen Schlüssen entgegenwirken. Durch das Schreiben schaffen wir ein Narrativ, ordnen das Erlebte ein und können es dann besser in unsere Lebensgeschichte integrieren.

ÜBUNG — **Atemübung und Entspannung**

Die Box-Atmung (oder 4x4x4x4):
Diese Technik wird sowohl von Elitesoldaten, Profiathleten, Yogis als auch anderen professionellen Anwendern genutzt, um selbst in äußersten Belastungssituationen ein ruhiges Gemüt zu bewahren. Im Alltag kann die Übung auch zur akuten Nervenberuhigung, einem erholsamen Schlaf und langfristiger Stressprävention genutzt werden. Denn Stress lässt sich einfach wegatmen.

Bei der Box-Atmung wird das Atmen in vier Phasen eingeteilt: Einatmen, Pause, Ausatmen, Pause. Jede der vier Phasen ist gleich lang.

- Suche dir einen ruhigen Ort, an dem du mindestens fünf Minuten lang allein und ungestört sein kannst.
- Beginne mit dem Ausatmen, um die gesamte Luft aus der Lunge zu bekommen.

- Nun kannst du mit der quadratischen Atmung starten. Sie besteht aus vier Teilen. Der erste Teil beginnt mit einer Einatmung. Atme langsam ein, während du im Kopf bis vier zählst. Dann sollten deine Lungen mit Luft gefüllt sein.
- Halte die Luft und zähle wieder bis vier.
- Atme nun die Luft langsam aus und zähle dabei im Kopf noch einmal bis vier. Wenn du bei vier angekommen bist, sollte die gesamte Luft aus deiner Lunge entwichen sein.
- Halte zum Schluss, ohne zu atmen, wieder für vier Sekunden still.
- Wiederhole diese Übung, so oft du willst. Bereits drei bis fünf Minuten sollten dir helfen, dich zu entspannen und deine Achtsamkeit zu verbessern. Vorsicht: Es kann ein leichtes Schwindelgefühl eintreten.

Warum funktioniert das? Da Menschen üblicherweise eher im Rhythmus um die drei bis sechs Sekunden atmen, sorgen diese starke Verlangsamung und Bewusstmachung der Atmung dafür, dass der gesamte Organismus sich beruhigt. Der Herzschlag verlangsamt sich, die Körpertemperatur senkt sich ab, der Blutdruck wird normalisiert, und zusammen mit diesen physiologischen Veränderungen kommt auch die Psyche zur Ruhe. Gedanken werden klarer und das Stressempfinden lässt nach.

STOP-Technik:
Die Übung dauert nicht lange, lässt sich leicht in den Alltag integrieren und hilft dabei, dich zu entspannen, wenn du plötzlich gestresst oder ängstlich reagierst. Diese Übung lässt sich auch vorbeugend und ohne eigentlichen Grund in den Tagesablauf integrieren, um die eigene Achtsamkeit zu schulen.

S – *Stopp:* Halte inne, egal was du tust.

T – *Take a breath:* Atme ein paar Mal tief durch und versuche, nur im gegenwärtigen Augenblick zu bleiben.

O – *Observe:* Beobachte und erkenne deine Gefühle, körperlichen Empfindungen sowie die Dinge, die in der äußeren Umgebung um dich herum vor sich gehen. Versuche, die Gründe zu erkennen, warum du dich so fühlst, und notiere sie.

P – *Proceed:* Fahre mit deiner Aufgabe fort und beziehe deine Einsicht aus dieser kurzen Selbstbeobachtung dabei ein.

Warum funktioniert das? Du schaffst es mit dieser Technik, für kurze Zeit deinen Autopiloten auszuschalten, aus deinem System von Bewertungen, Interpretationen und Vorurteilen auszubrechen und einen klaren, unvoreingenommenen Blick auf das Jetzt zu werfen, auf das, was gerade geschieht. Wir können beispielsweise erkennen, wenn sich wieder eine Gedankenlawine oder eine Panikattacke auf den Weg macht.

Ich freue mich, wenn du dir die Zeit nimmst und mit diesen Übungen tatsächlich experimentierst. Es gibt keine echte Veränderung ohne entsprechendes Handeln. Psychologische Ratgeber nur zu lesen oder den Tipps deines Coaches oder Therapeuten nur zuzuhören, ohne selbst aktiv zu werden, ist ungefähr so, als wenn du alles über eine Sportart liest und dann denkst, du könntest golfen, Fußball spielen oder reiten. Du kannst es nicht.

Es ist vielmehr so, dass das sogar eine Vermeidungsstrategie sein kann. Ich beschäftige mich intellektuell mit den Themen, die mich belasten. Das ist doch auch schon etwas. Und manchmal hilft es dabei, dass wir uns besser fühlen. Es hilft uns aber nicht dabei, tatsächlich an den Punkten aktiv zu werden, an die wir ranmüssten, um etwa den Schmerz zu verarbeiten oder die Dinge zu beseitigen, die uns blockieren.

Da ich immer wieder von Menschen den Satz höre »Ich müsste endlich mal meditieren, damit es mir besser geht und ich entspannen kann«, sei der Hinweis gestattet: Meditation ist nicht dazu da, uns trotz Stress und Problemen ein Wohlgefühl zu verschaffen oder unliebsame Situationen einfach wegzuatmen. Es geht im Gegenteil darum, zu erkennen, dass unser Muster, ständig nach positiven Gefühlen zu gieren und die negativen zu vermeiden, uns zwangsläufig leiden lässt. Weil alles vergänglich ist, Höhen und Tiefen hat. Deshalb sollen uns Achtsamkeitsübungen unterstützen, bewusst im Augenblick zu sein, ohne zu urteilen. Zum Leben gehört Freude, aber auch Leid.

Also: Werde aktiv, um dir die Fertigkeiten und Techniken anzueignen, damit es dir bald wieder besser geht. Ach ja, und auch hier gilt der Satz, den ich in meinen Coachings oft sage: Es ist ein Prozess, es braucht alles seine Zeit. Gib dir und den Übungen Zeit und sag nicht nach dem ersten Versuch: »Das funktioniert nicht! Das wird nie funktionieren!« Doch, es funktioniert. Ich habe diese Übungen ausprobiert und viele meiner Klienten auch.

Wissen To Go

- Meditation und Achtsamkeitsübungen können helfen, Stress abzubauen und das allgemeine Wohlbefinden zu verbessern. Durch regelmäßiges Üben kann man lernen, den Geist zu beruhigen und sich auf den gegenwärtigen Moment zu konzentrieren, anstatt sich ständig Sorgen über die Zukunft oder die Vergangenheit zu machen.
- Indem man achtsam atmet oder regelmäßig meditiert, kann man lernen, Ablenkungen zu reduzieren und sich besser auf eine Aufgabe oder eine bestimmte Aktivität zu konzentrieren.
- Auch Spazierengehen, Joggen, Yoga oder Tanzen sind eine Form der Achtsamkeit. Fokussiere dich auf die körperlichen Empfindungen, während du dich bewegst, und sei präsent im Moment.
- Jeder kann von achtsamerem Leben profitieren und seine Lebensqualität verbessern. Auch du kannst Praktiken finden, die zu dir passen, und sie regelmäßig in deinen Alltag integrieren.

Nachwort

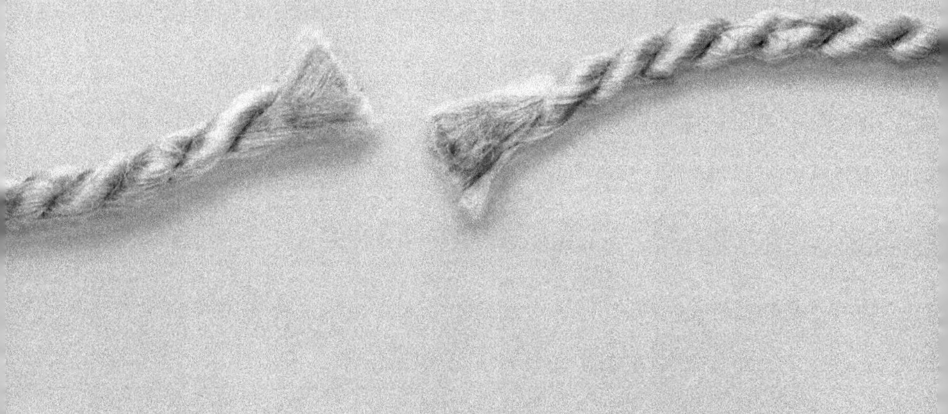

Als ich bei Facebook einen meiner ersten Posts für TrennDICH schrieb, antwortete mir eine Frau: »Ein Trennungscoach – Wer braucht denn so etwas?« Ich überlegte kurz und schrieb dann: »Sie offensichtlich nicht. Ich freue mich für Sie, wenn es so bleibt.«

Braucht es also einen Beziehungscoach, der sich vornehmlich mit Trennungen beschäftigt? Wann sollte man sich professionelle Hilfe holen? Dafür gibt es kein Regelwerk. Ich würde sagen, Unterstützung brauchst du immer dann, wenn du nicht weiterweißt, wenn du dich allein fühlst und sich der Problemhügel zu einem Bergmassiv auswächst. Viele warten trotzdem ab, reiben sich auf und sind nervlich kurz vor dem Ende, bevor sie die Nummer eines Coaches oder Psychotherapeuten wählen, weil sie denken, wegen Liebeskummer oder Trennungsschmerz dürften sie das nicht.

Dabei schrieb schon der Dichter Rainer Maria Rilke in einem Brief an seinen Freund Friedrich, welche Mühe er mit der Liebe hatte: »Da habe ich immer und immer wieder erfahren, dass es kaum etwas Schwereres gibt, als sich lieb zu haben. Dass das Arbeit ist, Tagelohn, Friedrich, Tagelohn; weiß Gott, es gibt kein anderes Wort dafür.«

Liebe ist Arbeit, Tag für Tag. Wie bei anderen Fertigkeiten wächst sie aus Versuch und Irrtum. Jede neue Beziehung bietet die Chance, zu lernen oder das Gelernte aus vorangegangenen Partnerschaften einzubringen. Eine Verfeinerung der Verbindung erfordert Nähe, Intimität und Zeit – und die Bereitschaft beider Partner, sich darauf einzulassen. Nach Monaten, Jahren oder Jahrzehnten kann trotz bester Absichten die Trennung stehen. Sie muss es aber nicht.

Wir können an uns arbeiten, uns verändern und akzeptieren, dass es keine negativen Gefühle gibt, sondern nur der Umgang mit ihnen sie negativ erscheinen lässt. Diese Erkenntnisse tun fast immer unseren Beziehungen gut, egal ob zu unserem Partner, zu unseren Kindern oder in unserem Freundes- und Bekanntenkreis. Wichtig ist, dass wir verstehen, dass wir nur die Macht über uns haben. Andere können wir nicht ändern, zumindest nicht nachhaltig, wenn sie das nicht möchten.

Das ist doch logisch, wirst du sagen. Ist es eigentlich auch, wenn da nicht die Frau gewesen wäre, die mich eines Nachmittags anrief: »Helfen Sie auch Menschen, die sich nicht trennen wollen?«, fragte sie mich zunächst. »Natürlich«, sagte ich, »mir geht es nicht darum, Beziehungen zu beenden. Ich unterstütze Menschen dabei, Probleme zu lösen, bei Bedarf Veränderungen anzugehen und sich vor allem klar zu werden, was sie möchten.« Das kann eine Trennung sein, muss es aber nicht.

Ja, das sei genau das, was sie suche, sagte die Frau, worauf ich sie bat, ein wenig über sich und ihre Beziehung zu erzählen. »Nein, da haben Sie etwas falsch verstanden«, wendete sie ein, »es geht hier gar nicht um mich. Ich rufe für meinen Mann an. Der muss sich ändern. Bringen Sie den bitte mal auf Spur!«

So funktioniert Coaching aber nicht. Die Gespräche mit dem Coach sollen die Klientin oder den Klienten in die Lage versetzen, eigene Ressourcen zu aktivieren, um den Knoten im Leben zu lösen. Alles basiert auf Freiwilligkeit, ähnlich wie bei einer Hypnosesitzung, einer Paartherapie oder einer Mediation.

»Mein Mann hat sich aber verändert«, erklärte mir die Frau. »Er war nicht immer so. Er war aufmerksam, liebevoll und wollte Zeit mit mir verbringen. Heute arbeitet er nur noch in seiner Werkstatt oder ist mit seinem Rennrad unterwegs. Das ist doch keine Beziehung.« Sie komme aber nicht an ihn ran. »Wenn ich etwas sage, streiten wir nur noch. Ich will den Tobias von früher zurück.«

Ich sagte ihr, dass ich sie verstünde, dass ich aber genauso wenig Tobias wieder »auf Spur« bringen könne. »Verändern kann nur er sich, wenn er das möchte. Ich hätte aber einen anderen Vorschlag: Wie wäre es, wenn wir mal über

Sie sprechen und was Sie von Ihrem Leben und Ihrer Beziehung erwarten?« Die Frau ließ mich gar nicht ausreden. »Das Problem liegt bei meinem Mann!«, sagte sie und schlug vor: »Ich könnte ihm doch sagen, dass Sie mal mit ihm reden möchten.« Worauf ich ihr sagte, dass ich gerne mit ihm rede, wenn er das wolle. »Er wird sich bei Ihnen melden«, meinte die Frau und legte auf.

Tatsächlich hatte ich am nächsten Tag Tobias am Telefon. Er solle sich bei mir melden, blaffte er in den Hörer. Worauf ich sagte, dass das so nicht stimme. »Ich rede gerne mit Ihnen, wenn Sie das möchten. Sonst macht so ein Gespräch oder ein Coaching keinen Sinn.« Am anderen Ende der Leitung schnaufte jemand erleichtert auf. Tobias sagte: »Ich habe keinen Bedarf an Ihrem Coaching. Ich will meine Frau auch gar nicht verlassen«, meinte er, »aber sie geht derzeit durch eine schwere Phase.« Die Zwillingstöchter der beiden waren vor Kurzem zum Studieren in die nächste Stadt gezogen. Während er die freie Zeit genieße und sich ein neues Rennrad gekauft habe, blase seine Frau Trübsal. »Ich sage ihr immer wieder, sie soll sich auch ein Hobby suchen. Das will sie aber nicht und hängt mir stattdessen ständig am Rockzipfel. Wenn das so weitergeht, überlege ich es mir vielleicht doch noch mit einer Trennung.«

Tobias schob schnell hinterher, er meine das nicht so. Er liebe seine Frau. Früher sei sie aber so eigenständig gewesen. Dafür habe er sie bewundert. Durch die Kinder habe sie diesen Wesenszug aber völlig verloren. »Für sie zählt seitdem nur noch die Familie. Das ist so schade. Ich würde ihr gerne dabei helfen, sich wieder selbst mehr in den Mittelpunkt zu stellen.«

Nachdem Tobias und ich unser Gespräch beendet hatten, dauerte es nicht lange, bis seine Frau am Telefon war. Sie habe alles aus dem Nebenraum gehört. »Es stimmt, seit die Kinder weg sind, bin ich in ein Loch gefallen. Ich weiß zwar nicht, ob das etwas bringt, aber ich würde doch gerne auf

Ihren Vorschlag eingehen und mich mal mit mir und meinem Leben beschäftigen.«

Das haben wir dann getan. Martina, so heißt die Frau, hat im Coaching versucht, sich besser zu verstehen, ihre Gefühle, Gedanken, Wünsche und Werte. Wir haben über Enttäuschungen und Verletzungen gesprochen, aber auch über die vielen zurückliegenden schönen Stunden und Tage. Wir haben festgestellt, die Vergangenheit ist da, um aus ihr zu lernen, nicht um in ihr zu leben. Deshalb hat sich Martina überlegt, wie ein glückliches und sinnvolles Leben künftig aussehen kann. Das möchte sie mit Tobias besprechen.

Als Hausaufgabe habe ich Martina einige unfertige Sätze mitgegeben, die sie vervollständigen sollte, um sie in der nächsten Stunde zu besprechen. Diese Satzanfänge sind die letzte Übung dieses Buchs.

Übung **Anfänge …**

- Einen Menschen zu lieben bedeutet für mich, …
- Ich schäme mich dafür, dass …
- Schuld bedeutet für mich …
- Mich macht traurig, dass …
- Mich macht wütend, dass …
- Mich verletzt …
- Mich macht glücklich …
- Ich kann mir nicht verzeihen, dass …
- Ich kann mir selbst verzeihen, dass …
- Wenn ich mich mehr akzeptieren würde, dann …
- Wenn ich meine Ängste mehr annehmen würde, dann …
- Wenn ich jetzt Verantwortung für mein Leben übernehme, muss ich …
- In meinem Leben vermisse ich …

- Eine der Sachen, die andere Menschen an mir nicht verstehen, ist …
- Eine der Sachen, die ich bei anderen Menschen nicht verstehe, ist …
- Ich könnte mir eigentlich viel mehr vertrauen, denn …
- Mein Leben auszukosten bedeutet für mich …
- (Du befindest dich in einem Raum mit allen Menschen, die du je getroffen hast.) Aktuell würde ich vor allem Ausschau halten nach … und die Nähe suchen zu …
- In fünf Jahren werde ich …
- Wenn ich das jetzt so lese, wird mir bewusst, dass …

Manche dieser Sätze vervollständige ich für mich immer wieder, wenn ich etwa in meiner Freizeit joggen gehe. Mein Weg führt mich dabei oft an einer alten, aufgelassenen Bahnstrecke entlang, die als Fuß- und Radweg inzwischen asphaltiert ist. Nach vier Kilometern freue ich mich, wenn ich am Straßenrand den grauen Stromkasten entdecke, der dort im Gras steht. Darauf hat jemand in roter Farbe gekritzelt: »Sei Pippi, nicht Annika.« Eine Anspielung auf Astrid Lindgrens Pippi-Langstrumpf-Geschichte. Für mich ist das zu einem Leitmotiv geworden. Und das wünsche ich auch dir. Sei mutig wie Pippi und nimm dein Leben in die Hand, egal in welche Richtung es dich führt. Und vielleicht konnte ich dich ja mit diesem Buch auf deinem ganz persönlichen Weg ein Stück begleiten und bestärken.

Dank

Wem dankt man in einem Trennungsratgeber? Wahrscheinlich allen Menschen, von denen ich mich oder die sich von mir getrennt habe(n): Freundinnen und Freunde, Kollegen, Chefs und andere Vorgesetzte. Manche Erfahrungen waren sicher nicht schön, trotzdem hätte ich ohne die Begegnungen mit diesen Menschen nicht die Erfahrungen und Perspektiven entwickeln können, die zu diesem Buch geführt haben, haben sie mich doch zu dem gemacht, der ich heute bin.

Systemische Coaches und Therapeuten gehen von der Haltung des Nicht-Wissens aus. Nicht-Wissen bedeutet, es nicht besser zu wissen als die Klientinnen und Klienten. Allein deshalb danke ich diesen Menschen, mit denen ich so viele Stunden in den letzten Jahren verbringen durfte, dass sie mit mir ihr Wissen, ihre Geschichten und ihr Leben geteilt haben. Und dass sie mir erlaubt haben, all dies hier einfließen zu lassen. Das ist für mich keine Selbstverständlichkeit. Die meisten Menschen, die sich gerade trennen oder getrennt haben, scheuen die Öffentlichkeit und erzählen außerhalb der Coachingsituation wenig über ihre Beweggründe, ihre Schuldgefühle und Skrupel. Dabei ist ihr Beispiel für viele andere so wichtig.

Danke an den Goldegg Verlag und vor allem an Maria Schlager, die dieses Projekt auf ihren Schreibtisch bekommen, angenommen und mit einem großen Vertrauensvorschuss und Einfühlungsvermögen begleitet hat. Ich habe mich dadurch von Anfang an bei euch im Verlag wohlgefühlt. Danke auch an Elmar Weixlbaumer.

Ein besonderer Dank geht auch an meine Lektorin, Ulrike Moshammer, die viele wertvolle Anmerkungen gemacht hat. So ein Buchprojekt ist für einen Autor wie ein Kind. Natürlich ist alles gelungen und phänomenal. Da tut ein wohlwollender und objektiver Blick von außen gut, von jemand, der schon bei vielen Büchern Geburtshelferin war.

Ich danke dir, Anke (Scheifling), für die tollen Fotos, die du für das Buchprojekt und von mir im Barockgarten geschossen hast.

Warum sollten sich Menschen bewegen und sich anstrengen, wenn sie nicht das Gefühl hätten, es könnte sich dadurch etwas verändern oder in der Zukunft sogar besser werden? Ich danke dir, Kerstin (Debudey), für unsere vielen privaten und beruflichen Gespräche und Diskussionen. Gemeinsam mit Lisa und mir hast du TrennDICH gegründet, hast Mut gehabt, bist losgegangen und bist immer noch auf deinem Weg.

»Ah ja, was bringt dich auf die Idee, das gerade so zu sehen?« Das ist eine der wichtigen Fragen, für die ich meinen Freundinnen, Freunden und den vielen, vielen anderen Menschen danke, mit denen ich über diese Buchidee gesprochen habe und die mir unzählige gute Tipps und Anregungen geben konnten. Namen nenne ich keine, das birgt nur die Gefahr, jemanden zu vergessen. Wer sich angesprochen fühlt, ist wahrscheinlich auch gemeint.

Das Leben ist eine lange Reise. Am längsten begleitet mich meine Familie. Danke für eure immerwährende Unterstützung und den Rückhalt, aber auch für eure Zweifel und die Gabe, mich anzutreiben.

Ein besonders blumiger Dank gilt Lisa. Du bist nicht nur meine andere Hälfte, sondern hast auch eine besondere Rolle in meinem Leben, worauf ich schon im Buch hingewiesen habe. Wir teilen sowohl unser Privat- als auch unser Berufsleben. Danke deshalb nicht nur für deine Liebe und Partnerschaft, sondern auch für die vielen inhaltlichen Gespräche. Du hast mir entscheidend geholfen, dieses Buch umzusetzen.

Glück bedeutet für mich, im Moment zu sein und in mir

zu ruhen. Für diese Lektion hätte ich keine besseren Lehrer als meine Kinder finden können, selbst wenn ich nicht immer der beste Schüler war und bin. Ich weiß, was ich an euch habe. Ich liebe euch. Immer.

Anhang

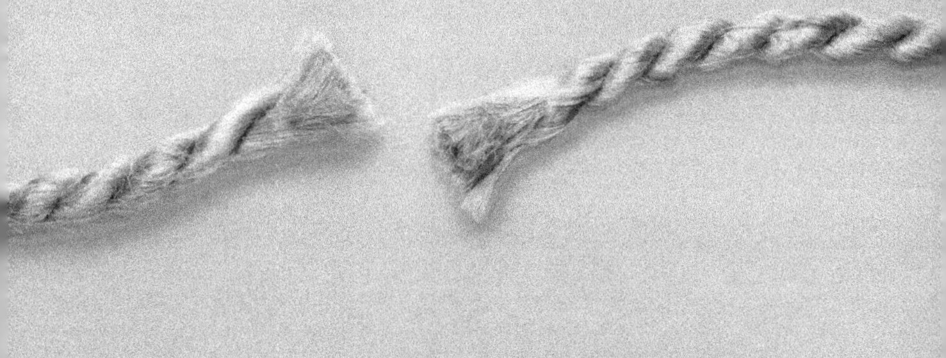

Quellenverzeichnis

»Jeder ist der Andere und Keiner er selbst«, schrieb schon Martin Heidegger. Texte bestehen aus fremden Gedanken, von denen man gelesen und gehört hat, manchmal auch schon vor längerer Zeit. Ergänzt um eigene Gedanken und Erfahrungen, die daraus etwas Neues machen. Für dieses Buch habe ich mich nach besten Kräften bemüht, wo immer möglich, die Quellen aufzuspüren und in der folgenden Übersicht anzuführen. Doch wie alle Menschen bin auch ich nicht frei von Fehlern. Solltest du eine fehlende Quelle oder einen sonstigen Fehler entdecken, schreibe mir gerne unter info@trenndich.info, um beides nach Möglichkeit in weiteren Auflagen dieses Buches zu korrigieren.

Adler, Alfred: Gesammelte Werke, München 2020

Alred, Dave: The pressure principle: Handle Stress, Harness Energy, and perform when it counts, München 2016

Aron, Arthur & Aron, Elaine N.: Love and the expansion of self: Understanding attraction and satisfaction. New York 1986

Auffenberg, Lisa: Bin ich hier richtig?, in: Psychologie Heute Compact 72_2023

Aurel, Marc: Selbstbetrachtungen, Wiesbaden 2014

Ayerle, Nina: Partnerschaft: Wie der Bindungsstil trennt und zusammenhält, in: Spektrum Psychologie 3/2021

Bachim, Sacha: Therapie to go. 100 Psychotherapie Tools für mehr Leichtigkeit im Alltag, Florida 2022

Bierhoff, Hans-Werner & Schmohr, Martina (2004). Romantic and Marital Relationships. In F. R. Lang & K. L. Fingerman (Eds.), Growing together: Personal relationships across the lifespan (pp. 103–129). Cambridge University Press.

Bonelli, Raphael: Selber schuld! Ein Wegweiser aus seelischen Sackgassen, München 2016
Bordt, Michael SJ: Die Kunst, sich selbst zu verstehen. Den Weg ins eigene Leben finden. Ein philosophisches Plädoyer, München 2020
Bordt, Michael SJ: Die Kunst, die Eltern zu enttäuschen. Vom Mut zum selbstbestimmten Leben, München 2021
Bucay, Jorge: Drei Fragen. Wer bin ich? Wohin gehe ich? Und mit wem?, Frankfurt am Main 2020
Bucay, Jorge: Der Innere Kompass. Wege der Spiritualität, Frankfurt am Main 2020
Bucay, Jorge: Das Buch der Trauer. Wege aus Schmerz und Verlust, Frankfurt am Main 2020
Bucay, Jorge: Komm, erzähl mir eine Geschichte, Frankfurt am Main 2020
Camus, Albert: Der Fall, Hamburg 2012
Conen, Horst: Das kann ich, das will ich, in: Psychologie Heute Compact 72_2023
De Balzac, Honoré: Physiologie der Ehe, Treuchtlingen 2015
De Shazer, Steve & Dolan, Yvonne: Mehr als ein Wunder. Lösungsfokussierte Kurztherapie heute, Heidelberg 2018
Ende, Michael: Momo, Hamburg 2010
Feldman Barrett, Lisa: How emotions are made. The secret life of the brain, London 2017
Festinger, Leon: Theorie der Kognitiven Dissonanz, unveränderter Nachdruck von 1978, Bern 2012
Förster, Jens: Warum wir tun, was wir tun, München 2018
Forsyth, John P. & Eifert, Georg H.: Angst kommt und geht. 52 Wege, inneren Frieden zu finden, Göttingen 2020
Frankl, Viktor E.: ... trotzdem Ja zum Leben sagen. Ein Psychologe erlebt das Konzentrationslager, München 2018
Frazzetto, Giovanni: Nähe. Wie wir lieben und begehren, München 2018

Freutel, Linda: Was du über eine Scheidung in der Schweiz wissen musst, https://www.femelle.ch/hochzeit/scheidung-schweiz-das-musst-du-ueber-das-schweizer-scheidungs-recht-wissen-2719

Fromm, Erich: Die Kunst des Liebens, München 1995

Fromm, Erich: Haben oder Sein. Die seelischen Grundlagen einer neuen Gesellschaft, München 2019

Gibran, Khalil: Der Prophet, München 2014

Gigerenzer, Gerd: Bauchentscheidungen, München 2008

Gilbert, Daniel: Stumbling on Happiness, New York 2006

Gillihan, Seth J.: Kognitive Verhaltenstherapie leicht gemacht: Strategien und Übungen zur Bewältigung von Depressionen, Ängsten und Sorgen, Paderborn 2021

Gordon, Thomas: Gute Beziehungen. Wie sie entstehen und stärker werden, Stuttgart 2013

Gottman, John: Die sieben Geheimnisse der glücklichen Ehe, Berlin 2014

Gran, Sissel: Ich verlasse dich, weil ich leben will, Freiburg im Breisgau 2019

Haig, Matt: The Comfort Book, Edinburgh 2021

Haig, Matt: The Midnight Library, Edinburgh 2021

Harari, Yuval Noah: 21 Lektionen für das 21. Jahrhundert, München 2019

Hargens, Jürgen: Systemische Therapie … und gut, Dortmund 2003

Harris, Russ: Wer dem Glück hinterherrennt, läuft daran vorbei. Ein Umdenkbuch, München 2013

Hartmann, Corinna: Paartherapie: Es ist nie zu früh, um an einer Beziehung zu arbeiten, in: Spektrum Psychologie 4/2020

Heer, Klaus: »Beziehungsratschläge bringen nichts!«, in: Blick vom 19.3.2015, https://www.blick.ch/schweiz/der-beruehmteste-paartherapeut-der-schweiz-sagt-beziehungs-ratschlaege-bringen-nichts-id3582051.html, aufgerufen am 28.11.2023

Heidegger, Martin: Sein und Zeit, Tübingen 1967

Hohensee, Thomas & Georgy, Renate: Scheidung ohne Drama, in: Psychologie Heute Compact 63_2021

Holiday, Ryan & Hanselman, Stephen: Der tägliche Stoiker, München 2020

Hombach, Stella Marie: Warum loslassen so schwer ist, in: Spektrum kompakt vom 6.8.2021, https://www.spektrum.de/news/neuanfaenge-warum-ist-es-so-schwer-loszulassen/1909009, aufgerufen am 28.11.2023

Illouz, Eva: »Macht euren Kinderwunsch nicht von Liebe abhängig«, in: DER SPIEGEL vom 11.10.2011, https://www.spiegel.de/kultur/literatur/soziologin-illouz-macht-euren-kinderwunsch-nicht-von-liebe-abhaengig-a-790592.html, aufgerufen am 28.11.2023

Kagge, Erling: Stille, Berlin 2021

Kahneman, Daniel: Thinking fast and slow, London 2012

König, Eckard & Volmer, Gerda: Handbuch Systemisches Coaching, Weinheim 2008

Koch, Claus: Trennungskinder, Ostfildern 2019

Kübler-Ross, Elisabeth: Über den Tod und das Leben danach, Güllesheim 2002

Lobe, Mira: Das kleine ich bin ich, Wien u. a. 1980

Lorenz, Stefanie: »Mein neues Ich«. Das große Arbeitsbuch, Wroclaw 2021

Lüpkes, Sandra: Ich verlasse Dich. Ein Ratgeber für den, der geht, Frankfurt am Main 2017

Maar, Paul: Der tätowierte Hund, Hamburg 2003

Marshall, T.C., Bejanyan, K. & Ferenczi, N.: Attachment styles and personal growth following romantic breakups: the mediating roles of distress, rumination and tendency to rebound, in: PLoS One 2013

McCrae, R. R., Costa, P. T., Jr., Ostendorf, F., Angleitner, A., Hřebíčková, M., Avia, M. D., Sanz, J., Sánchez-Bernardos, M. L., Kusdil, M. E., Woodfield, R., Saunders, P. R., & Smith, P. B. (2000): Nature over nurture: Temperament, personality, and life span development. Journal of Personality and Social Psychology, 78(1), 173–186

Michaelsen, Sven: Mitten im Leben. Wo mag das sein? Eine Selbsterkundung in 777 Fragen, Salzburg – Wien 2022

Mort, Sophie: Anleitung für dein Leben, München 2021

Neff, Kristin D., Hsieh, Ya-Ping & Dejitterat, Kullaya: Self-compassion, Achievement Goals, and Coping with Academic Failure, Self and Identity, London 2005.

Neff, Kristin D.: Selbstmitgefühl: Wie wir uns mit unseren Schwächen versöhnen und uns selbst der beste Freund werden, München 2012

Nidiaye, Safi: Gefühle sind zum Fühlen da, München 2017

Osho: Was kann ich tun? 101 einfache Methoden, um Stress und emotionale Probleme zu lindern, München 2002

Osho: Emotionen. Frei von Angst, Eifersucht, Wut, München 2000

Osho: Leben. Lieben. Lachen. Ein Lebensfreude-Buch, Köln 2005

Otto, Anne: Belastende Verbindungen – Es ist kompliziert, in: Psychologie Heute Compact 67_2022

Pearson, Carol S.: Die 12 seelischen Archetypen, München 2019

Perls, Fritz: Gestalt-Therapie in Aktion, Stuttgart 2018

Reinhardt, Susie: Oh, du armes Herz!, in: Psychologie Heute Compact 59_2019

Rilke, Rainer Maria: Briefe aus den Jahren 1892–1904, Leipzig 1939

Rogers, Carl: Entwicklung der Persönlichkeit, Stuttgart 2020

Rogers, Carl: Therapeut und Klient, Frankfurt am Main 2021

Roth, Gerhard: Fühlen, Denken, Handeln, Berlin 2003

Rusbult, Caryl E. (1983): A Longitudinal Test of the Investment Model: The Development (and Deterioration) of Satisfaction and Commitment in Heterosexual Involvements. In: Journal of Personality and Social Psychology, 45, 01, 101–117

Rusbult, Caryl E.; Agnew, Christopher; and Arriaga, Ximena, "The Investment Model of Commitment Processes" (2011). Department of Psychological Sciences Faculty Publications.Paper 26.

Saunders, George: Herzlichen Glückwunsch übrigens. Ein paar Gedanken zur Güte, Zürich – Hamburg 2019

Schellenbaum, Peter: Das Nein in der Liebe, München 2015

Schmidbauer, Wolfgang: »Du bist schuld. Zur Paaranalyse des Vorwurfs«, Stuttgart 2020

Schönberger, Birgit: Sich von Schuldgefühlen befreien, in: Psychologie Heute 7_2021

Schubert-Golinski & Wandhoff, Haiko (Hrsg.): Alles außer Q. Das ABC der systemischen Beratung, Hamburg 2018

Schweighöfer, Kerstin: 100 Jahre Leben. Hundertjährige geben Antworten auf die großen Fragen, München 2021

Smith, Julie: Aufstehen oder liegenbleiben? Tools für deine mentale Gesundheit, Hamburg 2022

Stahl, Stefanie: Das Kind in dir muss Heimat finden, München 2015

Strack, Juliane & Esteves, Frederico: Exams? Why worry? Interpreting anxiety as facilitative and stress appraisals, in: Anxiety Stress Coping 2014

Syllaba, Linda & Thomashoff, Hans-Otto: Wenn Eltern nur den Kindern zuliebe zusammenbleiben, in: Der Standard vom 30.5.2022, https://www.derstandard.de/story/2000136138832/wenn-eltern-nur-der-kinder-zuliebe-zusammenbleiben, aufgerufen am 23.11.2023

Tiegel, Johannes: Der »looking glass effect«, das »Spiegel-Selbst« oder das »reflected self«, München 2008

Thoreau, Henry David: Walden. Oder Leben in den Wäldern, Hamburg 2021

Uhle, Christian: Wozu das alles? Eine philosophische Reise zum Sinn des Lebens, Frankfurt am Main 2022

Urner, Maren: Raus aus der Dauerkrise. Mit dem Denken von morgen die Probleme von heute lösen, München 2021

Ustorf, Anne-Ev: Raus aus alten Mustern, in: Psychologie Heute 2/2021

Van Voss, Daan Heerma: Die Sache mit der Angst. Und wie ich lernte, damit zu leben, Zürich 2023

Varga von Kibéd, Matthias & Sparrer, Insa: Ganz im Gegenteil, Heidelberg 2020

Von Glasenapp, Helmuth: Die fünf Weltreligionen, München 2005

Von Schlippe, Arist & Schweitzer, Jochen: Lehrbuch der systemischen Therapie und Beratung I+II, Göttingen 2016

Waldinger, Robert: https://www.adultdevelopmentstudy.org

Waldinger, Robert, TED-Talk unter: https://go.ted.com/6P7X

Ware, Bronnie: 5 Dinge, die Sterbende am meisten bereuen, München 2015

Watzlawick, Paul: Anleitung zum Unglücklichsein, München 1993

Watzlawick, Paul, Beavin, Janet H. & Jackson, Don D.: Menschliche Kommunikation, Bern u. a. 1969

Windscheid, Leon: Besser Fühlen. Eine Reise zur Gelassenheit, Hamburg 2021

Welter-Enderlin, Rosmarie: Einführung in die systemische Paartherapie, Heidelberg 2010.

Wimmer, Alexandra: https://www.medizinpopulaer.at/2015/partnerschaft-sexualitaet/schmusekur-warum-kuessen-so-schoen-und-gesund-ist/

Yalom, Irvin D.: Der Panama-Hut oder was einen guten Therapeuten ausmacht, München 2010

Zittlau, Jörg: Verliebt zu sein ist ungesund, in: Welt Printausgabe vom 17. 7. 2008

Nützliche Websites

Scheiden tut weh! Es gibt dutzende Optionen und noch mehr Hindernisse auf dem Weg in ein neues Leben. Im Internet beschäftigen sich mindestens genauso viele Websites mit den Themen Beziehungsprobleme und Trennungen. Einige, die auch ich immer wieder nutze, findest du hier:

Welcher Bindungstyp bin ich? Test der vier klassischen Bindungsstile https://www.idrlabs.com/de/bindungsstil/test.php

Von Bindungsangst bis Konfliktmanagement: Hilfestellungen und Tipps der Allgemeinen Ortskrankenkassen (AOK) https://www.aok.de/pk/magazin/familie/beziehung/

Streit und Trennung meistern: Alltagshilfe, Rat und Konfliktlösung www.stark-familie.info

Ratgeber zu Trennung und Scheidung von Beziehungsproblemen bis Zugewinnausgleich www.trennung.de

Trennung und Scheidung mit Kindern, Bayerischer Erziehungsratgeber https://www.baer.bayern.de/familie-umfeld/familie/familie-krise/trennung-scheidung/

Blog zur Trennung, Entscheidungsfindung und dem Start in ein neues Leben https://www.trenndich.info/blog

Krisentelefone und Beratungsstellen nach Ländern

In Krisen und belastenden Situationen ist es wichtig, sich mitzuteilen und sich den Kummer von der Seele reden zu können – etwa, wenn der Partner oder die Partnerin physische oder psychische Gewalt ausübt oder sie androht, oder wenn er oder sie bei einer Trennung einen Suizid ankündigt. In jedem Land gibt es für diese Gespräche unterschiedliche Websites und Notfallnummern.

Deutschland
Telefonseelsorge
www.telefonseelsorge.de
Tel. 0800-1110111 und
0800-1110222

Österreich
Telefonseelsorge
www.telefonseelsorge.at
Tel. 142

Schweiz
Dargebotene Hand
www.143.ch
Tel. 143

Liechtenstein
Dargebotene Hand
www.143.ch
Tel. 143

Südtirol
Caritas Telefonseelsorge
www.telefonseelsorge-online.bz.it
Tel. 0471 052 052

Rechtsauskünfte und weiterführende Literatur nach Ländern

Eine Scheidung funktioniert in jedem Land etwas anders. Erste Informationen zu Trennung, Scheidung, Unterhalt und Sorgerecht findest du unter folgenden Links und Literaturhinweisen. Diese können jedoch eine individuelle rechtliche Erstberatung nicht ersetzen.

Deutschland

Stiftung Warentest (Hrsg.): Hilfe bei Scheidung und Trennung. Rechte kennen und wahrnehmen, Frankfurt 2022

Trennung: Staatliche Leistungen, Patchworkfamilien, Sorge- und Umgangsrecht, Familienportal des Bundesfamilienministeriums https://familienportal.de/familienportal/lebenslagen/trennung

Trennungs- und Scheidungsberatung bei Kindern, Unterstützung durch die Jugendämter https://www.unterstuetzung-die-ankommt.de/de/das-machen-wir/fuer-eltern/trennungs-und-scheidungsberatung/

Informationen zum Ehe- und Scheidungsrecht (Unterhalt, Gütertrennung oder Versorgungsausgleich), Broschüre des Bundesjustizministeriums https://www.bmj.de/SharedDocs/Publikationen/DE/Broschueren/Eherecht.html?nn=17568

Ratgeber für Familienrecht www.familienrechtsinfo.de

Ratgeber zu Trennung und Scheidung www.scheidung.org

Österreich

Klaar, Helene: Scheidungsratgeber für Frauen (Ausgabe Österreich), Wien 2024

Kompakte Informationen zur Scheidung https://www.oesterreich.gv.at/themen/familie_und_partnerschaft/scheidung.html

Ratgeber für Familienrecht www.familienrechtsinfo.at

Scheidung mit Kindern https://www.frauenberatung.gv.at/informationen/trennung-tcheidung_mit_kindern_Was-nun.html

Scheidungsberatung für Frauen https://www.frauenberatenfrauen.at/scheidungsberatung.html

Trennungsberatung von Mann zu Mann https://maennernotruf.at

Schweiz

Bucher, Michael/Mettler, Simon: Faire Scheidung. Gute Lösungen für alle Beteiligten, Zürich 2021

Scheidungsverfahren und Folgen einer Scheidung, Informationen der Schweizerischen Eidgenossenschaft https://www.ch.ch/de/familie-und-partnerschaft/scheidung

Ratgeber für Familienrecht www.familienrechtsinfo.ch

Trennung mit Kind https://www.familienleben.ch/leben/konflikte/trennung-mit-kind-rechte-und-pflichten-schweiz-8919

Väterberatung https://www.vaeterberatung-schweiz.ch

Beratungsstelle für Frauen https://www.bif-frauenberatung.ch/recht/trennung-scheidung/

Liechtenstein

Rechtsauskünfte über das Landgericht www.gerichte.li oder über die Website der liechtensteinischen Rechtsanwaltskammer www.lirak.li

Eltern bleiben. Ein Leitfaden bei Trennung und Scheidung, Amt für Soziale Dienste https://www.verein-mediation-liechtenstein.li/wp-content/uploads/2017/01/Leitfaden_Obsorge_19_1_2015.pdf

Informations- und Kontaktstelle für Frauen infra www.infra.li

Fachstelle Männerfragen, E-Ratgeber Trennung & Scheidung https://www.maennerfragen.li/Portal/UserFiles/files/eRatgeber/Trennung%20%26%20Scheidung/VfM%20e-R%20TS%20Komplett.pdf

Südtirol

Familienagentur www.provinz.bz.it/familie

Damit Familie bleibt. Wie Krisen, Trennung und Scheidung positiv bewältigt werden können, E-Ratgeber der Familienagentur der Autonomen Provinz Bozen https://issuu.com/landsuedtirol-provinciabolzano/docs/trennung_broschuere_16_dt

Landesgericht Bozen www.tribunale.bolzano.it

Übersicht der Familienberatungsstellen https://www.provinz.bz.it/familie-soziales-gemeinschaft/familie/eltern/familienberatung.asp